Hans Lenk

Umweltverträglichkeit und Menschenzuträglichkeit

Die neue Verantwortung für unsere Umwelt und Zukunft

an der Universität Karlsruhe (TH)

Schriftenreihe des
Zentrums für Technik- und Wirtschaftsethik
an der Universität Karlsruhe (TH)

Band 2

Herausgegeben von Matthias Maring

Umweltverträglichkeit und Menschenzuträglichkeit

Die neue Verantwortung für unsere Umwelt und Zukunft

von
Hans Lenk

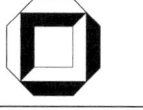

universitätsverlag karlsruhe

Impressum

Universitätsverlag Karlsruhe
c/o Universitätsbibliothek
Straße am Forum 2
D-76131 Karlsruhe
www.uvka.de

Universitätsverlag Karlsruhe 2009
Print on Demand

ISSN: 1867-5530
ISBN: 978-3-86644-297-9

Inhaltsverzeichnis

1. Der Mensch als technischer Beherrscher und Gestalter

Ist der Mensch auch kein Schöpfer, sondern Geschöpf der Natur, so scheint er doch ein Nach- und Weiterschöpfer zu sein: Einerseits erschafft er neue Stoffe, gar neue Elemente, künstliche Wohn- und Umwelten und wirkmächtige technische Geräte, Verfahren und Systeme. Ist er also doch der „Herrscher und Besitzer der Natur", wie der Mathematiker und Philosoph Descartes am Beginn der Aufklärung sagte?

Andererseits kann sich der Mensch als winziges Stäubkörnchen im Milliarden von Lichtjahren messenden Kosmos kaum noch als „Krone der Schöpfung" fühlen: Er hat er im Laufe der Geschichte abendländischer Wissenschaft mehrere „Kränkungen" hinnehmen müssen, die seine Mittelpunktsstellung und Überzeugung einschränkten: Verlust des astronomischen Mittelpunktes der Welt, Verlust der Stellung als „Ziel der Schöpfung" und der Sonderstellung gegenüber den Tieren. Sogar die herkömmliche Auffassung, er sei das rein durch Vernunft bestimmte Wesen, hat in diesem Jahrhundert ausgespielt. Dennoch hat der Mensch auch heute noch in der Ordnung der Natur eine besondere, ausgezeichnete Position inne – insofern, als nur er „die Natur" erkennen, d.h., erfolgreich Erklärungen und Voraussagen mittels seiner Theorien vornehmen, und unter Nutzung seines Wissens Teile und Gegenstände der Natur erfolgreich technisch manipulieren, für seine Zwecke einsetzen, „ausbeuten" kann. Diese Macht – und sei es die negative zerstörerische technologische Macht über Naturteilsysteme – ist ebenfalls Ausdruck seiner besonderen Stellung. Macht und Wissen erzeugen Verantwortung – eine besondere Verantwortung des Wissenden und Mächtigen. Diese Verantwortlichkeit des Menschen erstreckt sich nicht nur auf Seinesgleichen und seine Zukunft, sondern auch auf ganze Lebenswelten einschließlich der Natursysteme (Ökosysteme) des „Raumschiffs Erde".

Das zeigt sich besonders auch darin, dass der Mensch nun bereits in der Lage ist, genetisch Erbanlagen systematisch zu verändern, gar neue Arten gentechnisch zu erzeugen, z.B. sog. Chimären, Mischwesen aus verschiedenen Arten: Eine „Schiege" aus Schaf und Ziege wurde hergestellt. Die biotechnische Erzeugung erbgutgleicher Kopien („Klone") ist heute schon möglich, zwar noch nicht fehler- und risikofrei. Zunächst wurden Mäuse und Zierfische, dann Rinder erfolgreich geklont, das Schaf „Dolly" sogar aus einer Körperzelle.

Wird der Mensch nun also doch noch biotechnisch zum Herrn über Leben und Arten, zum Beherrscher der lebendigen Natur? Kann er, darf er sich zu

einem „Allmächtigen" im Kleinen – mit Allmachtsphantasien ins Große – aufspielen? Darf er sein eigenes Erbgut verändern, darf er Seinesgleichen
„klonen"? Wäre das nicht Ausfluss einer Selbstüberhebung, einer Hybris, wie
sie bislang unmöglich schien?

Offensichtlich sind gewisse Einstellungen der abendländische Tradition
oder auch der Aufklärungstradition und der Industrialisierungzeit insbesondere im Rahmen der „technischen Machtergreifung" durch die wissen-
schaftlich-technische Zivilisation multipliziert, in gewisser Weise geradezu
als Hybris entlarvt worden.

Vielleicht ist es noch im Anschluss an die abendländische Karriere des biblischen „Dominium terrae"-Gebots: „Machet euch die Erde untertan!" zu
verstehen, dass die andere Weisheit aus der Bibel allzu sehr vergessen oder
zumindest nicht genügend berücksichtigt wurde, dass nämlich der Mensch
auch in den Garten Eden gesetzt wurde, um diesen zu bebauen und zu bewahren. In der Literatur wird diese hybrishafte Selbstvergötzung oder Macht-
anmaßung ja derzeit häufiger reflektiert, z.B. hat der Dramatiker De Obaldia
in seinem Stück Monsieur Kleps und Rosalie geschrieben: „Der Mensch, diese vertikale Anmaßung". Ist der technische Mensch nun generell einer technologischen Hybris anheim gefallen, insbesondere in einem Zeitalter, wo er
sogar gentechnologisch sich selbst, sein eigenes erbliches Material tendenziell, prinzipiell, wenn auch natürlich (fast oder gerade?) noch im Science-
fiction-Stadium, nun manipulieren könnte? Haben Bacons und Descartes'
Formulierungen, der Mensch sei der „Herr und Meister" der Natur, auch in
dieser Hinsicht reüssiert? Ist die Natur nur dazu da, um unterworfen zu werden? Nach Bacon freilich kann das nur gelingen, indem man ihre Gesetze
kennt und listenreich nutzt: „Natura non nisi parendo vincitur". Wir sind –
sind wir wirklich? – hier gleichsam zu Göttern oder Herren der Natur geworden. Haben wir uns zu falschen Halbgöttern oder Quasi-Herren aufgeworfen
oder geradezu selbst ermächtigt? Sind wir zu einer Art von Selbstvergötzung
in unseren technischen Mitteln und Kontexten veranlasst oder durch sie dazu verführt worden? Nachgerade ist es eine Binsenwahrheit, dass die Umwertung der Umweltwertung nötig ist: auch eine Umwertung der Umweltbewertung ist gefordert. Ein Umdenken tut hier not – besonders in einer Zeit, in
der unsere technologischen Maßnahmen und Möglichkeiten und der technologisch multiplizierte Anthropozentrismus allenthalben allzu offensichtlich an
Schranken, Kapazitätsgrenzen, an natürliche Grenzen zu stoßen scheinen,
sich in Fallensituationen, Konfliktkonstellationen, Widersprüche oder Belas-
tungsunzuträglichkeiten (gemessen an einer humanen Umwelt und Sozialverträglichkeit) verwickeln und zu systemgefährdenden und katastrophen-
trächtigen, ja, geradezu biosphärengefährdenden Nebenwirkungen und Nebenfolgen führen. (Das Reden von „Nebenfolgen" ist geradezu ein euphe-
mistisches Herunterspielen der Problemgewichtigkeit!) Die Umweltkrise kann

und sollte ebenso wie die vergleichende Geschichte naturphilosophischer Konzepte den „Homo faber technologicus", ja, den „homo faber super-technologicus" und den „Homo technocraticus" eigentlich eine neue Be-scheidenheit lehren (können), ihn von seiner traditionellen Hybris der vertika-len Anmaßung, der technomanen Selbstvergötzung weg und dahin führen, dass wir lernen, wieder einen weisen Umgang mit unserer naturhaften Welt zu pflegen. Das Konzept der Totaltechnologisierung, der Mythos der unein-geschränkten technischen Machbarkeit, erweist sich trotz und gerade wegen der vor allem negativ ins Unermessliche, gelegentlich – gerade neuerdings! – ins Herostratische gewachsenen technologischen Machtversuchung des Menschen als Ideologie, als ein, vielleicht sogar als der wirksamste Mythos des Abendlandes, nämlich des westlichen Experimentalismus und Techni-zismus, also sozusagen der totalen Technokratie. Was kann man nun hier tun? In der Tat müssen wir zugestehen, dass heutzutage, jedenfalls unter planetarischen, besser: mesokosmischen und biosphärischen Gesichtspun-kten, die luziferische, negative technische Macht ziemlich groß geworden ist. Doch technische Bemächtigung ist und verleiht keine Allmacht. Sie hat nicht nur ihre (nichtmontären) Preise, sondern geradezu existenzielle Kehrseiten, falls sie nicht proportioniert, limitiert, reguliert, „weise" verwendet wird. Durch radio-aktive, industrielle und landwirtschaftliche oder auch durch ganz alltä-gliche unterschwellige Schädigungen, Verschmutzungen können in der Tat ökologische Teilsysteme, neuerdings gar auch in kontinentalen oder globa-len Ausmaßen, gestört oder gar zerstört werden, so dass für viele Arten, da-runter auch gerade für die größeren Säugetiere, einschließlich des Men-schen selbst, eine irreversible Katastrophe entstehen könnte, dass gar die Biosphäre für höhere, größere Lebewesen unbewohnbar werden könnte. Negativ also gewann der Mensch eine geradezu ungeheure Macht über die Natur (man denkt unwillkürlich an Sophokles' geradezu „ungeheuerliche" Warnung „[...] nichts ungeheurer als der Mensch!") – freilich nicht über den ganzen Kosmos, sondern nur über die Natur auf der Erdoberfläche und in der Biosphäre. Seine Zerstörungsmacht und das Bewusstsein von dieser wird natürlich sein Verhältnis zu der Natur beeinflussen (müssen). Doch kos-misch ernst genommen ist der Mensch weder der Herrscher noch Besitzer der Natur, obwohl er sich gern dazu aufspielen würde. Er kann sich als win-ziges Staubkörnchen im circa 15 Milliarden Lichtjahre sich erstreckenden Kosmos kaum noch als die Krone der Schöpfung fühlen. In der Tat, diese Selbstvergötzung ist wohl unwiederbringlich vorbei. Der Mensch hat im Lau-fe der Geschichte abendländischer Wissenschaft und Technik mehrere ent-scheidende Selbstbeschränkungen, Selbstkränkungen hinnehmen müssen, die seine anthropozentrische Selbstüberhöhung erschütterten bzw. zerstör-ten, nämlich der Mittelpunkt der Welt zu sein, Ziel und Krone der Schöpfung zu sein, eine absolute Sonderstellung gegenüber den Tieren innezuhaben, ein rein durch Vernunft bestimmtes Wesen zu sein usw. usw. Dennoch kann und muss man sagen, dass der Mensch auch weiterhin bestimmte Charakteristika und Grundeigenschaften bzw. Grundaufgaben hat, die ihm eine gewisse ausgezeichnete Stellung im Kosmos zumuten. Er ist nämlich das einzige verantwortliche Wesen, das für sich, seinesgleichen und aber auch (im Maße seiner Eingriffsmacht) für den ökologischen symbolischen Zusammenhang im Kleineren wie im Größeren biosphärenheit, ja, planetarisch bzw. global, Verantwortung zu übernehmen und zu multikultivieren hat. Diese ausgezeichnete Stellung liegt einerseits im Anthropologischen und Erkenntnistheoretischen.

Der Mensch ist, soweit wir wissen, das einzige Wesen, das Naturzusammenhänge erkennen kann, Gesamtzusammenhänge deuten kann. In ihm erkennt sich die Natur sozusagen stellvertretend selber, und schon das gibt ihm eine gewisse Verantwortung, Verpflichtung und auch Würde. Macht, Können und Wissen verpflichten, erzeugen Verantwortlichkeit, zumindest ist das nach unserer moralischen Grundintuition so zu sehen. Der Mensch ist das einzige Wesen, das z.B. stellvertretend für andere Arten Verantwortung wahrnehmen kann und soll, ja, immer mehr muss: Parallel mit seiner technologischen Macht und dem Systemwissen wächst seine Verantwortlichkeit für Biozönosen, Biotope, Ökosysteme, Ökotechnosysteme sowie generell für das Verhalten seiner eigenen Art und für deren Einflussnahme auf die Biosphäre unseres Planeten sowie für das integrale Zusammenspiel, für die Funktion der biosphärischen Ökosysteme auf unserem Planeten. Das gilt zumal in dem Maße, in dem diese Ökosysteme immer mehr „Ökotechnosysteme" und gar soziale „Ökotechnosysteme", sozial beeinflusste „Ökosoziotechnosysteme", geworden sind. Die Verantwortung kann er also nicht nur sozusagen auf sich selber, auf den Träger der Verantwortung für seine Handlungen und Folgen in Bezug auf Mitmenschen beziehen, sondern er kann und muss in diesem Sinne dann auch repräsentativ vorsorglich und fürsorglich Verantwortung übernehmen – beispielsweise für Natursysteme, für das Überleben von Arten, für die heute zunehmend diskutierte Biodiversität usw. Man sollte also die Macht der technischen Zivilisation, insbesondere auch die experimentellen Möglichkeiten des Eingreifens in Naturzusammenhänge und auch in biologische Zusammenhänge nicht zum Anlass einer neuen Selbstüberschätzung, zu einer biotechnologischen, gentechnokratischen oder bioethischen Hybris des Menschen nehmen – zumal nicht in einer Zeit, in der wie angedeutet Grenzen, schädliche Nebenwirkungen, Fallensituationen, unvermeidbare Dilemmata immer stärker imponieren – also Konfliktkonstellationen, die nur noch gemildert werden können, kaum noch gelöst, sondern nur geregelt werden könnten oder gemindert werden sollten/müssen. In allen Lebensbereichen mit Ballungsproblemen und Hochtechnisierungseffekten werden Fragen der Anfälligkeit und der Beeinträchtigung natürlicher Systemzusammenhänge gerade durch den Eingriff der Menschen immer wichtiger werden. Die angemessene Bewertung und Werteermittlung von Umweltgütern kann und müsste Teil eines Projekts sein, das gerade unserer Verantwortung auch für künftige Generationen – und zwar nicht nur für künftige menschliche Generationen – gerecht wird.

Technische und gentechnische Erfolge sollten also nicht Anlass einer neuen Selbstüberschätzung, einer technologischen Hybris, des Menschen sein in einer Zeit, in der allenthalben Grenzen, schädliche Nebenwirkungen und Beeinträchtigungen natürlicher Systemzusammenhänge – gerade auch durch den Eingriff des Menschen – immer deutlicher werden. Nach wie vor bleibt auch der Mensch, jeder Mensch natürlich Gesetzen unterworfen, ist – trotz aller technischen Macht – Teil, winziges Glied, als Einzelwesen ein recht ohnmächtiges Partikelchen im Gesamtkosmos. Herausgehoben und besonders gefordert ist er allenfalls in Bezug auf sein Wissen: „Sagesse oblige!" („Wissen/Weisheit verpflichtet!") Dies gilt eben besonders auch moralisch: in Bezug auf seine Verantwortlichkeit für sich die Zukunft der Menschheit und neuerdings der ganzen Lebenssphäre und der Ökosysteme unseres Planeten.

Relative Macht – und gerade auch Zerstörungsmacht – erzeugt eine besondere Verantwortung für jene Wesen und Systeme, die von den technischen Eingriffen, u.U. von dem Nichteingreifen abhängig sind. Und insofern wächst dem technischen Wesen, dem Homo faber technologicus, eine ganz besondere Verantwortung zu, der er sich bisher noch kaum genügend bewusst ist und gewachsen zeigt. Natur wird insoweit zum Gegenstand menschlicher Verantwortung.

Die Säkularisierung, die Verweltlichung aller Lebensbereiche und der meisten Sinnfragen, die experimentelle Naturwissenschaft, der technische Zugriff – alle diese Entwicklungen führten in ihrer Gemeinsamkeit dazu, dass der Kosmos, die Welt, als Macht- und Machfeld, als Material, als Wirkbereich des Menschen verstanden wird – und als eben sonst nichts. Es ist und bleibt eine sehr einseitige Sicht, das Weltall ausschließlich als Maschine zu analysieren, selbst wenn ursprünglich diese Maschine zum höheren Ruhme Gottes diente. Gott aber wurde dann immer mehr an den Rand gedrängt, herausgedrängt, verdrängt. Die Mechanisierung des Weltbildes und die explosive Ausweitung der technischen Verfahren, Erzeugnisse und Systeme sowie der technologischen Macht führten zu einem gleichsam, wie man sagen könnte, technokratischen Naturverhältnis. Die Natur scheint den technokratischen Möglichkeiten des Menschen und der technischen Machbarkeit unterworfen, für beliebige Ziele einsetzbar, ausnutzbar. Es triumphiert die Vorstellung, dass man alles machen solle, was man machen kann. Das sei nun der (einzige) höhere Ruhm des Menschen. Dies führte dann zu der kaum glaublichen Äußerung Edward Tellers, des sog. „Vaters der Wasserstoffbombe", dass der Mensch alles das, was er machen kann, auch machen solle. Teller hat sogar gesagt, dass man alles das, was man machen kann, auch anwenden solle (auch die H-Bombe?). Dieser technokratische Imperativ, dieser technizistische Machbarkeitswahn und die mit ihm verbundene Naturauffassung, geraten heute an gewisse Schranken, Schwellen und Grenzen, über die man nicht hinaus gehen kann, ohne entscheidende Schädigungen aller Systeme und auch der Menschen selber in Kauf nehmen zu müssen. Das gilt besonders für die Probleme in Ballungsgebieten und Industrielandschaften, in denen sich anhäufende Systemverstärkungseffekte unerwünschte Nebenfolgen der industriellen Umgestaltung der Landschaften und Lebenssysteme und der Technisierung der Welt unübersehbar geworden sind. Wie stark die relativ einseitig auf technische Machbarkeit und deren unbegrenzte Ausweitung und auf Beherrschung der Umwelt ausgerichtete Tendenz in der abendländischen Zivilisation – und mit deren weltweiter Ausbreitung auch für die Weltgeschichte – vorherrschend geworden ist, dürfte deutlich geworden sein.

2. Verantwortlichkeit als Auszeichnung des Menschen

Wie gesagt, der Mensch selbst ist Teil der Natur. Ausgezeichnet ist er allerdings dadurch, dass er diese erkennen und zum Teil verändern, in seinem Sinne manipulieren kann – womit er eine erweiterte Verantwortlichkeit auch für die Natur auf sich nimmt. Die Natur jedenfalls ist nicht nur für den Menschen da: Dies hat eine abgewogene, faire Beurteilung nach allen Erkenntnissen der biologischen Evolution und der „Schicksalsgemeinschaft" von Menschen und nicht menschlicher Natur zuzugestehen – wenigstens unter dem Anspruch eines umfassenden, auch anderen Wesen Existenz- und Erhaltungsberechtigung zuerkennenden „moralischen" Denkens.

Der Mensch ist ein zutiefst soziales Wesen; er ist auf Unterstützung durch andere, auf das Zusammenleben angewiesen: Niemand kann allein aufwachsen.

Es zeichnet den Menschen spezifischer aus – ist m.E. Teil seiner viel beschworenen Menschenwürde –, dass er nicht nur für seine eigenen Handlungen, die auf Mitmenschen gerichteten sind, Verantwortungen und Pflichten hat, sondern dass er auch gegenüber anderen lebendigen Naturwesen und für Natursysteme und Naturwesen Verantwortung übernehmen kann und heute sogar muss – schon aufgrund seines langfristigen Eigeninteresses und entsprechender Klugheitsregeln. Als ein ausgezeichneter Teil des Naturganzen, als ein besonders eingriffsmächtiger Akteur hat er im Verhältnis zu seiner technischen Macht eine stellvertretende Verantwortung für das Ganze zu übernehmen – geradezu auch moralisch. Spezifisch menschlich ist es nämlich – und dies macht eben auch einen Teil seiner Sonderstellung und Würde aus –, dass er symbolisch, ja, moralisch, anderen Wesen und Arten auch Existenzberechtigung, Erhaltungsberechtigung, sozusagen „Quasirechte", zuerkennen kann. Dies bedeutet, dass er ohne Gegendienst oder Gegenpflicht Schutzpflichten für sie bzw. gegenüber ihnen auf sich nehmen kann und soll. Er ist nicht nur das Wesen, das Einsicht in den Gesamtzusammenhang haben kann, sondern er kann und soll (so eine Grundeinsicht der ökologischen Ethik) über seinen anthropozentrischen (bloß menschengebundenen) Gesichtskreis hinaus dem Gesamtsystem sowie ökologischen Teilsystemen der Natur als auch lebendigen Partnern Existenzberechtigung zuerkennen. Noblesse oblige, sagesse oblige: Herausgehobenheit und Wissen verpflichten. Diese übergreifende Moral berücksichtigt die wechselseitige Angewiesenheit, ja, eine gleichsam, wenn nicht gerade „partnerschaftliche", so doch rücksichtsvolle, stellvertretende, repräsentativ mitdenkende, mitsorgende, „fürsorgliche" Beziehung zwischen Mensch und Natur. Sie erscheint eher dem Menschen würdig, sozusagen

„ehr-würdiger", geradezu „humaner" als die traditionelle strikte Selbstbeschränkung auf menschliche Interessen und Herrschaft über alle Natur.

Allem Lebendigen, das auf einen relativ integrierten Systemzusammenhang und eine Kontinuität im ständigen Austausch mit der Umwelt angewiesen ist und diese Wechselbeziehung auch mit aufrechterhält, dem in gewisser Weise Selbsterhaltung, Selbstsein und eine funktionale Rolle in einem
natürlichen System zuzusprechen ist, könnte also im Sinne einer säkulari-
sierten „Ehrfurcht" vor der Naturentwicklung und einer Einheit des Lebendigen eine Existenzberechtigung zugesprochen werden. Der Urwalddoktor
und Philosoph Albert Schweitzer, der erste Bioethiker, hat dies schon zur
Zeit des Ersten Weltkrieges in seiner Ethik der „Ehrfurcht vor dem Leben"
vorausgedacht. Lebensberechtigung ist ein moralisches Grundrecht, das
nicht ohne besondere Begründung verletzt werden darf – selbst dann, wenn
es sich auf nicht-menschliches Leben bezieht.

Bei den Güterabwägungen sind künftig also moralische Quasi-Eigenrech-
te der natürlichen Wesen zu berücksichtigen, nicht nur aus Klugheit und er-
zieherischen Gründen (z.B. Erhalt der Artenvielfalt und der natürlichen genetischen Ressourcen in Bioreservaten, etwa in tropischen Regenwäldern),
sondern auch allgemein moralisch und besonders „ökoethisch".

Der Mensch ist auch das ethische und allgemein-wertende Wesen. Das
Moralisch-Ethische ist – wie das vernünftige Erkennen – sein bestes Teil; zumal die Menschenliebe, wie sie schon von den alten chinesischen Philosophen (z.B. MoZi, MenZi), aber vor allem danach von den Christen gefordert
wurden. Doch auch die „Liebe zur Kreatur" ist ethisch.

Insgesamt gilt: Von der anthropozentrischen traditionellen, nur Menschen
betreffenden Moral braucht nur ein Teil aufgegeben zu werden: die Einschränkung der Existenzberechtigung und der Werte auf Vernunftwesen
(z.B. beim größten deutschen Philosophen, Kant) und der Gegenstände moralischer Pflichten auf Personen (Menschen). Die Auszeichnung des Menschen als des ethisch-moralischen Wesens bleibt bestehen. Sie wird unter
Einbeziehung ökologischer Ethik sozusagen „fairer", geradezu „humaner"
gegenüber anderen Wesen gestaltet. Dies ist praktisch wie moralisch sehr
bedeutsam für Zukunft unserer Lebenswelt und Umwelt. In der Tat: mit der
Erweiterung der Eingriffs- und Handlungsmacht des Menschen – insbesondere mit seiner geradezu ungeheuerlich gewachsenen technologischen
Macht – erweitern sich Verantwortung und Verpflichtung. Ethisch jedenfalls
sollte die traditionelle, ausschließlich an der (etwa Kantischen) Vernunft-
philosophie orientierte wechselseitige Angewiesenheit der Träger von Rechten und Pflichten: „Nur wer Pflichten übernimmt, hat auch moralische Rechte" abgeändert werden. Von der moralischen Auszeichnung des Menschen
als des sich selbst verpflichtenden Wesens wird dadurch kein bisschen ab-

gestrichen. Im Gegenteil: der moralischen Autonomie und Würde des Menschen steht es gut an, wenn er sich auch für andere, von ihm abhängige Naturwesen und -systeme verantwortlich fühlt.

Es gehört geradezu zur besonderen menschlichen Würde, repräsentativ für andere nichtmenschliche Wesen, Arten und Systeme Verantwortung übernehmen zu können und heute zu müssen. Gerade dieses erhebt ihn über den gattungsmäßigen Egoismus, ja, Artchauvinismus, und zeichnet ihn dennoch als das wissende und das moralische Wesen aus. Dies führt ihn zugleich zu einem künftig unerlässlichen, sich selber etwas bescheidenden und somit realistischeren, „zukunftsfähigeren" Verhältnis zur Natur. Es müsste eigentlich (gerade auch im Sinne Kants) das Zeichen einer von egoistischen Antrieben freien Moralität sein, über den kollektiven gattungsmäßigen Egoismus des Menschen hinauszugehen, für andere, von seinen Zugriffen betroffene Wesen bzw. Arten und deren Existenz stellvertretend mitzudenken. „Denke repräsentativ!" ist eine moderne Formulierung von Kants oberstem Moralgrundsatz („Kategorischer Imperativ"). Denkt man ethisch wirklich repräsentativ, so müsste man den Grundsatz unserer pflichtmäßigen Verantwortung konsequent – soweit mit der Eigenexistenz und der Menschheitserhaltung und Güterabwägungen nach der Höhe auf der Artenleiter verträglich – auf „die Natur" und besonders die lebenden höheren Arten in ihr ausdehnen.

Ohne die Natur „moralisieren", d.h. moralisch erziehen zu können und zu dürfen, kann und soll der Mensch moralisch repräsentativ im Sinne des Sittengesetzes handeln, d.h., auch für andere von seinem Handeln und seiner Macht (auch der Macht der Unterlassung) betroffene Menschen und Naturwesen Verantwortung zu übernehmen. Gerade dies hebt ihn ethisch über den gattungsmäßigen Egoismus hinaus – und dokumentiert so seine moralische Würde.

2.1 Erweiterung der Verantwortung

Der Philosoph Hans Jonas meint in seinem bekannten Buch *Das Prinzip Verantwortung* (1979), „die Zukunft der Menschheit" sei „die erste Pflicht menschlichen Kollektivverhaltens" im Zeitalter der unter dem Aspekt möglicher Zerstörungen „allmächtig' gewordenen technischen Zivilisation", und hierin sei „die Zukunft der Natur [...] offenkundig mit enthalten", umfasse „aber auch unabhängig davon eine „metaphysische Verantwortung" an und für sich. Der Mensch sei „nicht nur sich selbst, sondern der ganzen Biosphäre gefährlich geworden". Nachdem die „Schicksalsgemeinschaft von Mensch und Natur" und „auch die selbsteigene Würde der Natur" wiederentdeckt worden sind, sei den Menschen mit der technologischen Eingriffs-, Störungs- und gar potenziellen Zerstörungsmacht zugleich eine Verantwortung für den Zustand der Natur, „den Zustand der Biosphäre und das künftige Überleben der Menschenart" übertragen. Der Mensch wird „zum Treuhänder aller anderen Selbstzwecke, die irgend unter das Gesetz seiner Macht kommen".

Die richtige Hauptidee von Jonas' „Versuch einer Ethik für die technologische Zivilisation" ist es, dass angesichts der ins Unermessliche gewachsenen technologischen Macht des Menschen und der lawinenartig beschleunigt sich ändernden Lebensumstände in der industriellen Welt sowie angesichts der Gefährdungen von Natur und Kreatur (einschließlich des Menschen selbst) durch Folgen und Nebenwirkungen des industriellen Prozesses eine sittliche Erweiterung des Verantwortungskonzeptes nötig ist. „Neue Aktionsmöglichkeiten" erzeugen „erweiterte und modifizierte Verantwortlichkeiten" – auch gerade „für die Wahrung ökologischer Gleichgewichte und für Natur und Kreatur wie auch „angesichts drohender regionaler oder globaler Überbevölkerungsgefahr" (z.B. für „Geburtenkontrolle"). Das wurde auch von mir schon 1979 vor Erscheinen von Jonas' Buch betont: Nötig ist der Übergang von der herkömmlichen Verursacherverantwortung zu einer „Treuhänder"- oder Heger-Verantwortung des Menschen für die Natur, von der rückwirkend zuzuschreibenden Schuld-Verantwortung zur Vorsorge-Verantwortlichkeit, von der vergangenheitsorientierten Verantwortung für Handlungsresultate zur zukunftsorientierten, durch Kontrollfähigkeit und vorausschauende Machtbegrenzung bestimmten Zukunftsverantwortung. Dies ist auch für die Verantwortung der gegenwärtigen Menschen bzw. der heutigen Generation für künftige Generationen bedeutsam. Darin gehen Jonas und viele andere einig.

Entscheidend wird die Umdeutung – oder besser: Erweiterung – des Verantwortungsbegriffs als einer von Macht und Wissen abhängige Konzeption.

Jedoch meint Jonas, es gelte einen neuen, „einen ganz anderen Begriff von Verantwortung" zu entwickeln, der „die Determinierung des Zu-Tuenden betrifft; gemäß dem ich mich also verantwortlich fühle, nicht primär für mein Verhalten und seine Folgen, sondern für die Sache, die auf mein Handeln Anspruch erhebt". Jonas wollte die Handlungsverantwortung durch die erweiterte Zukunftsverantwortung ersetzen (s.u. Kap. 2.3). Doch es kann sich nur um eine Ergänzung oder Erweiterung handeln. Die herkömmliche Verantwortlichkeit wird nicht aufgehoben, sondern durch eine neuartige Gesamtverantwortung für die künftigen Generationen und Ökosysteme ergänzt.

Man muss also betonen: Eigentlich handelt es sich nicht um einen Übergang, sondern allenfalls um eine Verlagerung des Akzents von der traditionellen Handlungsresultatsverantwortung zur Heger- und Präventionsverantwortung, sondern die traditionelle Verantwortung für Getanes bleibt natürlich weiterhin bestehen, was die Folgewirkungen des Handelns – gerade auch mit der technologisch gewaltig erweiterten Wirkweite – betrifft. Angesichts der zum Teil schwerer zu übersehenden oder gar voraussagbaren unbeabsichtigten Nebenwirkungen ist diese Verantwortung nur sehr viel schwieriger zuzuschreiben, zu tragen und zu ermitteln. Statt wie Jonas von einem Übergang aus einem Verantwortungstyp zu einem anderen zu sprechen, sollte man von zwei zugleich zu berücksichtigenden Verantwortungsauffassungen sprechen: einem strikteren, engeren sowie von einem feineren und weiteren. Ein Übergang wäre allenfalls darin zu sehen, dass die Ethik sich heute schon nicht mehr überwiegend auf den strikteren, engeren rückblickenden Verantwortungsbegriff beschränken kann, sondern sich auch an dem (übrigens durchaus nicht völlig neuen) erweiterten Verantwortungsbegriff orientieren muss, ohne die herkömmliche Handlungsverantwortung beiseite zu schieben oder zu ignorieren.

Die Vorsorge-, Verhinderungs- und Hegerverantwortlichkeit kann nicht nur Einzelnen zugerechnet werden. Angesichts der erwähnten Gefahren zusammenwirkender und kumulativer Effekte und technologischer Großprojekte (an denen Tausende Einzelne beteiligt sind) ist Gemeinschaftsverantwortung der kollektiv Handelnden und Aller nach außen über Eingriffsmöglichkeiten Verfügenden zu übernehmen: Teamverantwortung, Verantwortung der Gesamtgeneration sowie der Spezialistenverantwortung. Die Verantwortung der wissenschaftlichen und technischen Experten an und in entscheidenden Stellen ist Teil dieser Vorsorgeverantwortung. Auch über sog. Korporative und institutionelle Verantwortung von Unternehmen, Instanzen und Institutionen muss im universal-moralischen, menschheitsverantwortlichen und ökologischen Sinne geredet werden.

Jonas spricht zu pauschal, unklar und ohne nähere operationale Bestimmung von einer „Gattungsverantwortung". Wie ist aber die Gemeinschaftsverantwortung, die Teamverantwortung, die Verantwortlichkeit der Gesamtgeneration zu verstehen? Und wie sind diese im Verhältnis zur Verantwortung der Einzelnen in Beziehung zu setzen? Was soll „Zukunftsverantwortung" bedeuten? Bezieht sie sich auf ein „Recht" künftiger Generationen? Und was soll man sich darunter vorstellen?

2.2 Rechte von bzw. Pflichten gegenüber Naturarten?

Der humane Umgang mit anderen Naturwesen, zumal höheren Tieren ist ein Gebot recht verstandener Humanität. Humanität umfasst die Idee der Mitkreatürlichkeit. Es ist eine kulturell-moralische Errungenschaft, dass man Tiere auch nicht unnötigerweise schädigt, ihnen Schmerz zufügt, ja, sie gar quält. Das ist keineswegs eine Anlage der evolutionären Entwicklung. Biologisch ist es – außer in symbiotischer Wechselabhängigkeit – nicht so, dass Tiere auf Tiere anderer Arten besonders Rücksicht nehmen würden. Dies ist eine besondere *menschliche*, eine „humane" Entwicklung, die mit der Idee der ethischen Veranlagung oder Orientierung des Menschen zusammenhängt. Er hat nicht nur nach dem „Gesetz des Dschungels", des „Fressens und Gefressenwerdens", oder nach dem darwinistischen Konkurrenzkampf sein Leben sinnvoll zu gestalten. Sondern der Mensch soll eben in einer Art von „humaner" Weise versuchen, mit seiner tierischen Umwelt in Kontakt zu kommen, zu bleiben und umzugehen. Das ist sicherlich eine Idee, die eine gewisse Tradition auch in der Religion hat – man denke an Franciscus von Assisi, einen der christlichen „Heiligen", der auch Albert Schweitzer als Vorbild vorgeschwebt hat.

Schon traditionell hatte jedoch im Juristischen die Zuschreibung von Rechten zu nichtmenschlichen Naturwesen ihre Schwierigkeit: Vordergründig zog man sich auf den Standpunkt zurück, wo kein Anwalt und kein Ankläger sowie Anspruchsträger existieren, könnten auch kein Rechte sein.

„Die Annahme, dass irgend etwas außer dem Menschen ‚Rechte' besitzen könnte, ist gänzlich unhaltbar", meinte der australische Philosoph Passmore. Sonst müsste ja auch „das Land, das ein schlechter Farmer in den Fluss abrutschen lässt", das „Recht" gehabt haben, „an Ort und Stelle zu bleiben". Es hatte aber keinerlei „Recht" dazu, schreibt Passmore. Besser wäre es zu sagen, dass der Gebrauch des Ausdrucks ‚Recht' hier unzulässig ausgedehnt würde und dass dennoch eine Verantwortlichkeit des Menschen bestehen könnte, das Land nicht abrutschen zu lassen. Aber was für eine Verantwortung ist dies und wem gegenüber besteht sie? Könnte man nicht einen Beauftragten für nichtmenschliche Naturkreaturen und für Landschaftsschutz ernennen, der für deren Existenz, Schutz und Erhaltung zu sorgen hätte – sozusagen als parlamentarischer Naturschutzbeauftragter? Sollte man Naturarten gewissermaßen Quasirechte zuerkennen? Warum nicht? Dies jedoch dann in abgewandeltem Sinne. Auch bei Kleinkindern und Schwachsinnigen nimmt ja ein Vormund die Rechtsvertretung wahr. Warum nicht auch bei Tierarten – zumal höheren? Die Neuseeländer preschten hier voran. Sie haben 1999 offiziell in der Gesetzgebung großen Menschenaffen Grundrechte zugestanden. Jedenfalls ist die Gründung von Rechten ausschließlich auf subjektiven Ansprüchen weder rechtsphilosophisch noch ethisch die einzig denkbare Lösung.

Man könnte für natürliche Arten und bei Natursystemen eine ethische und auch juristische Verantwortlichkeit des/der Menschen anerkennen bzw. rechtlich formulieren – letztere in Form von Regulierungen, die dem Menschen Verpflichtungen gegenüber Natur auferlegen. Diese Quasi-Ansprüche nichtmenschlicher Verantwortungsgegenstände könnten rechtlich dann durch gesetzlich Beauftragte vertreten werden. Naturschutzbeauftragte gibt es ja schon – und die Tierschutzgesetzgebung scheint die anthropozentrische Deutung der juristisch zu fassenden und verfahrensmäßig vertretbaren subjektiven Anspruchsbegründung auch schon zum Teil überwunden zu haben. Tiere gelten wenigstens allgemein-rechtlich nach dem neuen Tierschutzgesetz nicht mehr (wie bislang) als „Sachen" – auch wenn sie meist noch in Einzelverfahren entsprechend behandelt werden:

So hat etwa in seiner Robbenfall-Entscheidung vom 22. September 1988 das Verwaltungsgericht Hamburg die rechtliche Stellvertretung durch Tierschutzverbände und die bei diesem Prozess beantragte „Beteiligung" verworfen, weil Tieren die „Beteiligtenfähigkeit" fehle, da sie keine „natürlichen Personen" sind und weil „die Rechtsordnung die Rechtsfähigkeit und damit die Befähigung, Träger von Rechten zu sein, nur dem Menschen zuordnet". Weiter lehnte damals das Gericht noch jede Erweiterung der rechtlichen Verantwortung und des juristischen Verantwortungsbegriffes mit der Begründung ab, „dass es der deutschen Rechtsordnung auch sonst fremd ist, die Personen-Eigenart, und damit die Fähigkeit, Rechte und Pflichten zu haben, auf Tiere zu übertragen". (Obwohl – wie gesagt – Tiere nach der Neufassung des Tierschutzgesetzes keine „Sachen" mehr sind, hat sich am für Rechtsprozesse wichtigen Rechtsstatus offenbar noch nichts geändert.)

Natürlich könnte es gesetzgeberische und juristische Schwierigkeiten bei der rechtlichen Festschreibung der Quasirechte und der entsprechenden Verantwortlichkeit geben. Doch wie in Fällen der „unterlassenen Hilfeleistung" einzelnen gegenüber oder des Verursacherprinzips im Umweltschutz könnten auch hier Wege gefunden werden. Ähnlich könnten wohl Quasirechte der genannten Art wenigstens in manche anderen Gesetze (wie bisher ansatzweise schon in das Umweltrecht und das Tierschutzgesetz) eingehen.

Im Übrigen sollte man, um Missverständnisse und Interpretationsschwierigkeiten zu vermeiden, in der Tat eher von moralischen Quasirechten natürlicher Arten und natürlicher Systeme sprechen, die aber auf Seiten der Menschen Rechtspflichten setzen. Die Quasirechte wären jeweils von Menschen ethisch stellvertretend zu formulieren und auch rechtlich zu vertreten. Rechtlich könnte darüber hinaus ein Ombudsmann oder gesetzlicher bzw. parlamentarischer Beauftragter diese Quasirechte stellvertretend wahrnehmen. Damit würden diese gleichsam verfahrenstechnisch juristisch anzuerkennen, d.h. vom „Stellvertreter" treuhänderisch wahrzunehmen, sein: Sie würden indirekt rechtswirksame Quasirechte.

Doch scheint mir generell – ich bin freilich juristisch nicht kompetent genug vorgebildet – eine vollständige Wechselbeziehung von Rechtsträgerschaft und Pflichtenwahrnehmung von unserem Recht und den Rechtsphilosophen einfach zu pauschal und unkritisch unterstellt zu werden. Es gibt offenbar „Verpflichtungen" auch gegenüber Nicht-Rechtsträgern: Also ließen sich diesen in gewisser Weise wohl auch (jedenfalls der moralischen Grund-intuition nach) gewisse allgemeine (sog. reflexrechtartige) Quasi-Rechte bei der Fortentwicklung des Rechts (durch den Gesetzgeber) setzen.

Der Gesetzgeber kann durchaus auch neue rechtliche Verantwortlichkeiten setzen. In Sachen Tierarten und Natur wäre es auf Grund der moralischen Einsehbarkeit bzw. der öffentlichen Befürwortbarkeit wohl Zeit, notwendige Anpassungen vorzunehmen und nicht nur verbale Flickschustereien zu betreiben – derart, dass Tiere zwar nicht mehr als „Sachen" definiert, aber weiterhin (rechtstechnisch) als solche behandelt werden. Man sollte auch nicht an überholten Wechselbedingtheiten festhalten, nur weil sie überkommen sind, z.B. der Art:" Nur wer Pflichten hat und Rechte subjektiv beanspruchen kann, hat auch Rechte". Offenbar gibt es auch gewisse sittlich und zugleich rechtsrelevante Schutzverpflichtungen gegenüber subjektiv Nicht-Rechtsfähigen.

Die klassische Auffassung der Beziehung zwischen Rechten und Pflichten fordert, dass immer wenn eine Person (oder eine Institution) eine Verpflichtung gegenüber einer anderen Person, Institution oder Generation eingeht, diese letztere ein Recht auf die Erfüllung der entsprechenden, von der Pflicht vorgeschriebenen, Handlung hat. Dies galt sowohl rechtlich als auch moralisch. Moralischen Pflichten müssten entsprechend auch moralische Rechte der Pflichtadressaten entsprechen. Es gilt natürlich auch das Umgekehrte: Wenn ein Recht für einen Rechtsträger besteht gegenüber jemandem, so hat natürlich derjenige, demgegenüber das Recht beansprucht oder gar (juristisch) eingeklagt werden kann, eine Pflicht gegenüber dem Rechtsträger zu erfüllen. Soweit die eindeutige und umkehrbare Zueinanderordnung von Rechten und Pflichten nach der traditionellen Auffassung. Diese Auffassung muss wohl hinsichtlich der Naturarten eingeschränkt werden. Es gibt auch Pflichten diesen gegenüber, ohne dass sie echte, subjektive Rechte i.e.S. haben.

Kant hat entsprechend seiner Auffassung von der Beschränkung der Rechtsfähigkeit und der Moralität auf Vernunftwesen gefordert, dass als Pflichtadressaten, also als Rechtsträger, nur Wesen in Frage kommen, die ihrerseits Pflichten übernehmen (können). Dementsprechend wären natürlich nicht-menschliche Naturwesen und Naturarten sowie die Natur als gesamte keine Rechtsträger – und wir hätten prinzipiell keine rechtlichen oder moralischen Verpflichtungen ihnen gegenüber. Dies erscheint nach dem heutigen Stand der Diskussion und den ethischen Grundüberzeugungen ökologischen Zeitalter und auch etwa nach Albert Schweitzers Ethik der Ehrfurcht vor dem Leben geradezu absurd. Unsere ethischen und moralischen Grundintuitionen sagen uns, dass Naturwesen und -arten eine Existenzberechtigung und ein Recht auf Leben auch unabhängig von menschlichem Zugriff bzw. Verwertungsinteresse haben, dass wir eben auch gegenüber ihnen an sich Verpflichtungen moralischer und auch (quasi-) rechtlicher Art haben – beispielsweise, die Arten nicht einfach gedankenlos und unnötigerweise zu dezimieren oder auszurotten, Tiere nicht unnötig zu quälen usw.

Um Widersprüche zu vermeiden, muss man also die enge Wechselbindung von Verpflichtbarkeit und Rechtsfähigkeit überhaupt aufgeben: Es gibt auch moralische und rechtliche Verpflichtungen gegenüber Nicht-Rechtsfähigen.

Es bleibt allerdings der Weg offen, die beidseitige Wechselbindung aufzugeben und von abgeschwächten „Quasirechten" der Natur(arten) zu sprechen, die zwar auf menschliche Pflichten zurückgehen bzw. in solche münden, aber ihrerseits nicht i.e.S. explizit Grundrechte der Natur darstellen.

2.3 „Natur" hat wieder Konjunktur
bei Umweltproblemen – und für die Zukunft

Die Natur sei die „Herrscherin der Götter und Menschen", meinte der stoische Philosoph Seneca in der Antike. Wir hatten das lange, allzu lange, vergessen.

Doch heute hat „Natur" wieder Konjunktur. Obwohl der Begriff ‚Natur' in der seriösen Naturwissenschaft seit langer Zeit nicht mehr vorkommt, obwohl die Naturphilosophie – einst Ausgangspunkt der Naturwissenschaft und selbst bei Newton noch Namensgeber für die wissenschaftliche Physik – eine abgestorbene Teildisziplin der Philosophie gewesen zu sein schien, hat sich in den letzten zwei Jahrzehnten die Diskussion über das Verhältnis des Menschen zur Natur von Neuem in den Vordergrund der intellektuellen und zum Teil auch der öffentlichen Diskussion geschoben. Die so genannte ökologische Krise, die Kombination von Umweltverschmutzung und drohender Rohstofferschöpfung, das schleichende Aussterben vieler Tier- und Pflanzenarten, unzuträgliche Lärmbelastungen, gesundheitsschädliche Auswirkungen des Lebens in der „künstlichen Umwelt", zumal in den Ballungsgebieten einer hochtechnisierten Gesellschaft erzeugen Krisenbewusstsein, Unwohlsein und gar Furcht. Die „Zukunft der Natur" und somit auch die des menschlichen Lebens sind heute wirklich gefährdet. Der ökologische Aufbruch – mittlerweile von allen politischen Richtungen übernommen – stellt das Überlebensproblem, darunter neben klugheitsbedingten auch ethische Rücksichten auf andere Naturwesen, sowie die Einstellungen zu einem „natürlichen Leben" und zur „Natur" in den Mittelpunkt. Sie formierte sich recht erfolgreich auch politisch: Die „Grünen" eroberten parlamentarische Repräsentanz und sogar Regierungsverantwortung. Aber ein naives „Zurück zur Natur!" gibt es nicht.

Im geschichtlichen Auf und Ab kehrt offenbar das Thema „Natur" periodisch wieder. Gab es ein Umschlagen vom Extrem der Übertechnisierung in romantische Naturbetonung oder Einsicht in Begrenzungen jeder möglichen Ausbeutung der Natur? Haben wir die Natur überstrapaziert? Haben wir sie ignoriert, ausgebeutet, verdrängt, so dass sich nunmehr gleichsam „rächt" – und zwar „auf ihre schrecklich härtere Weise", als es menschliche Selbstbeschränkung vermöchte wie der Philosoph Hans Jonas 1979 meinte.

Die angedeutete ethische Problematik stellt sich heutzutage stärker als früher im Zusammenhang mit der ausgedehnten Verfügungsmacht des Menschen über die nichtmenschliche Umwelt, über die „Natur". Das gilt insbesondere aber auch für die Möglichkeiten neuartiger Manipulationen und Zugriffe zum genetischen Fundament des Lebens, der Erbstrukturen in den Genen. Durch die technologisch bis ans Ungeheuerliche grenzenden Wirkungsmöglichkeiten des Menschen entsteht auch für die ethische Orientierung zum Menschlichen selbst eine ganz neue Situation. Diese erfordert neue Verhaltensregeln und damit neue Verhaltensregelungen – also im strikten Sinne eine neue Ethik?

War die Ethik bisher im wesentlichen anthropozentrisch nur auf Handlungen und Handlungsfolgen zwischen Menschen ausgerichtet, so gewinnt sie nun eine weitergehende ökologische Relevanz und ebenfalls Bedeutsamkeit für anderes Leben. Angesicht möglicher irreversibler Schädigungen (Klimaänderungen, Strahlenschäden, technologischer Erosion usw.) geht es vor allem auch um den Menschen, aber keineswegs mehr nur noch um ihn.

Mittlerweile wurde auch eine „Konvention über Menschenrechte und das menschliche Genom" vom Europarat verabschiedet (1997), die aber noch auf deutsche Bedenken z.B. hinsichtlich der Embryonenforschung stieß. (Am 1. Dezember 1999 trat sie in Europa – zunächst in fünf Ländern – in Kraft.) Die UNESCO-Generalversammlung empfahl 1996 eine ähnliche Konvention weltweit. Zukünftig werden solche Initiativen und Vereinbarungen an Gewicht gewinnen – schon aus Klugheitsgründen und Eigeninteressen der Menschen angesichts der „boomenden" Genbiologie und ihrer Anwendungen (Gentechnologien) sowie der wirtschaftlichen Interessen eines vielversprechenden Milliardenmarktes, aber auch unter Gesichtspunkten des Medizinfortschritts, der Humanethik und der Umweltethik (z.B. Artenvielfalt).

Angesichts der irreversiblen industriellen Schädigungen der Natur allenthalben kann es dem Menschen in der Tat nicht mehr lediglich um seine eigene Vollkommenheit, Selbsterhaltung, Selbstbezüglichkeit gehen. Ist es aber deshalb für die ethische Diskussion in jeder Hinsicht „notwendig, die anthropozentrische Perspektive heute zu verlassen", das heißt doch wohl: gänzlich aufzugeben, wie der katholische Moralphilosoph Robert Spaemann in den achtziger Jahren meinte? Kann der Mensch aber überhaupt grundsätzlich von der anthropozentrischen Perspektive absehen? Kann eine prinzipiell nicht-anthropozentrische, nicht irgendwie auf den Menschen bezogene, Ethik sinnvoll sein oder vorherrschend werden? Irgendwie auch auf den Menschen bezogen scheint jede Ethik, auch eine solche, die nicht bloß auf den Menschen bezogen ist. Kann man die Menschenbezüglichkeit aber überhaupt verwerfen, da doch jede Ethik von Menschen entworfen ist und sich allein an Menschen richten kann? So ist und bleibt doch der Mensch und nicht der Serengeti-Löwe der Adressat moralisch-ethischer Regeln und Pflichten. Nur der Mensch ist das denkende Wertewesen, wie oben ausgeführt. Freilich, die Gegenstände der Moral und die zu respektierenden Lebewesen sind nicht mehr nur und allein Menschen. Bedeutet eine solche Einschränkung der Anthropozentrik auch, dass man grundsätzlich das Prinzip der Güterabwägung (im Sinne des Nutzens für die Menschen) zugunsten eines „unbedingten Verbotes" abzuschaffen hat, wie Spaemann meinte? Man steht diesen Problemen, ethisch gesprochen, noch etwas ratlos gegenüber. Menschliche Langfristinteressen (z.B. Erhalt der Menschheit und der dazu nötigen zuträglichen Umwelt) müssen mit berechtigten Entwicklungs- und Wachstumsinteressen von Bevölkerungen in Einklang gebracht werden. Das ist angesichts der rasanten Überbevölkerungsdynamik auf unserem Planeten eine drastisch immer gewichtiger werdende Problematik, die keineswegs ohne Güterabwägungen und „vernünftige" Vereinbarungen angegangen werden kann. Hier übernehmen nicht nur die Staatengemeinschaften und „global players" der Wirtschaft, sondern besonders auch die Finanzierungs- und Kreditunternehmen eine wahrhaft „überragende" Menschheits- und Zukunftsverantwortung.

Mittelbare Auswirkungen der angewandten Wissenschaft und der technischen Umprägung der natürlichen und sozialen Umwelt sind auch die allseits bekannten Probleme der Umweltbelastung durch Abfallstoffe in der Luft und besonders auch durch Pflanzenschutzmittel (etwa Pestizide) in Wasser und Boden. Auch hier gibt es nicht nur ökonomische und rechtliche, sondern ebenfalls moralisch brennende Fragen und Wertkonflikte – teils im großen Maßstab. So sollen doch die Pestizide ebenso wie die industriellen Produkte, die zur Umweltbelastung führen, eigentlich das Gemeinwohl der Menschheit fördern.

Die Probleme besonders der atmosphärischen Umweltbelastung (lokal, regional, doch auch weltweit: Ozonloch, CO_2-Problem), aber auch der Gewässerverschmutzung führen zur Feststellung: Manche Einwirkungen durch industrielle Abfälle oder pharmakologisch-biologische Maßnahmen oder andere Nebenwirkungen lassen sich unter Umständen nur schwer, wenn überhaupt angemessen begrenzen. Hierzu zählen Klimaerwärmung, Landerosion und Wüstenausbreitung, Luftverschmutzung durch kombiniertes Überschreiten verschiedenartiger Emissionswerte usw. Positive Ergebnisse zeitigten internationale Vereinbarungen etwa beim radioaktiven Fall-out, beim DDT in der Nahrungskette der Fische und Menschen (eine Folge des letzteren Fortschritts ist freilich die Wiederverbreitung der Malaria).

Nicht nur im rechtlichen, sondern auch im ethischen Sinne stellt sich die Frage der Verantwortlichkeit in der Abwägung von Zumutbarkeiten – insbesondere, wenn es sich um Maßnahmen zur Verbesserung der Ernährungslage und der Lebensqualität handelt. Das Verursacherprinzip kann nicht immer angerufen werden, da es sich zum Großteil erst um zusammenwirkende (sog. synergetische) Effekte handelt, die sich aus verschiedenartigen unterschwelligen Wirkungen zur Schädlichkeit aufsummieren, kumulieren (etwa bei DDT, Anhäufung von Radioaktivität und auch den Schädigungsgefahren durch verschiedenartige schwefeldioxid- und nitrooxidhaltige Luftverschmutzungen usw.). Erst zusammen werden häufig die toxischen Schwellenwerte überschritten. Bei einem synergetisch schädigenden Effekt kann natürlich keine Einzelzurechnung der Ursache erfolgen. Kumulation und relative Unkontrollierbarkeit tun ein Übriges. Man denke an das Waldsterben aufgrund der Luftverschmutzung.

Die Unbegrenzbarkeit wird oft zeitlich besonders durch irreversible Maßnahmen bestimmt: Rohstofferschöpfung und -ausbeutung, genetische Manipulationen ebenso wie nur in einer Zeitspanne von Jahrhunderten und Jahrtausenden abzubauende Verseuchungswerte oder Radioaktivitätsmengen bringen die Verantwortlichkeit der heutigen technologisch Handelnden für nachkommende Generationen – und auch für die beeinflusste Gesamtnatur – ins Blickfeld ethischen Urteilens und des praktisch-politischen Planens.

Großmaschinen und zuvor nie verfügbare Energien vervielfachen und ermöglichen überall hin ausgedehnte technische Eingriffs- und Umgestaltungsmacht des Menschen über die nichtmenschliche Umwelt, über die Natur. Dies, aber auch die erwähnten neuartigen Manipulations- und Zugriffsmöglichkeiten zum Leben, insbesondere auch zum menschlichen Leben selbst, führen zu neuen Herausforderungen für eine zu entwickelnde Zukunftsethik. Aus den technologisch bis ans Ungeheuerliche grenzenden technischen Wirkungsmöglichkeiten ergibt sich eine neue Situation für die ethische Orientierung nicht nur hinsichtlich des Verhaltens, sondern auch

der Verantwortung und Vorsorge. Dies erfordert neue Normen, z.T. abgeänderte Werte und Bezugsrahmen. Wie bereits erwähnt, ist angesichts der
wechselseitigen Abhängigkeit ökologischer Faktoren und Systeme und der
umfassenden Eingriffsmöglichkeiten der Technik zumindest das regionale
oder kontinentale, unter Umständen sogar das globale System der Natur
wenigstens negativ ein Gegenstand der menschlichen Eingriffsmöglichkeiten
geworden. Dies ist zweifellos eine völlig neuartige Situation in der
Geschichte der Menschheit: Der Mensch hatte nie zuvor die Macht, alles
Leben in einem ökologischen Teilsystem oder gar global zu vernichten oder
durch seinen technischen Eingriff entscheidend zu schädigen. Da diese Eingriffe u.U. nicht oder nur sehr begrenzt vorausberechnet und kontrolliert
werden können und durchaus zu irreversiblen Schädigungen führen können
(vgl. das „Ozonloch"), gewinnen die Natur (als ökologisches Ganzes) und die
Arten in ihr angesichts der neuartigen technologischen Machtverteilung eine
ganz neuartige ethische Relevanz. Bei den möglichen irreversiblen Schädigungen (Klimaveränderungen, Strahlenschäden, technologischer Erosion
usw.) geht es zwar – wie bereits erwähnt – auch nach wie vor wesentlich um
den Menschen, aber keineswegs nur mehr noch um ihn allein. Universale
Moral und Ethik gewinnen als eine neue, zukunftsgewandte Verantwortungs-
ethik eine weitergehende ökologische Relevanz.

Kommen wir z.B. zu einer konkreteren Abschätzung der Umweltschädigungen. Bei einer „äußerst vorsichtige(n) Gesamtermittlung aller Umweltschäden" summierten sich allein die Schadenskosten bloß der Bodenbelastung in der Bundesrepublik Deutschland im Jahre 1984 auf weit über
2,7 Milliarden EUR (5,2 Mrd. DM) pro Jahr. Die „Summe der ‚rechenbaren'
Schäden" insgesamt (Luft-, Gewässerverschmutzung, Bodenbelastung,
Lärm) überstieg 1984 umgerechnet 59 Mrd. EUR und belief sich für das Jahr
1992 bereits auf ca. 68 Mrd. EUR (133,4 Mrd. DM) (nach Wicke 1993).

Ferner ermittelte das Umweltbundesamt schon 1984 bei Gewässerverschmutzungen die externen Kosten für die Bundesrepublik in Höhe von umgerechnet Milliarden ca. 9 Milliarden EUR. Dies alles ist ohne Berechnung
psychosozialer Schäden, des Arten- und Biotopenschwundes sowie der
Options-, Existenz- und Vermächtniswerte kalkuliert. Für die fünf neuen Bun-
desländer ermittelte Wicke bereits 1992 ca. 35,7 Mrd. EUR an Schäden, das
waren 28,9 % von deren geschätztem Bruttosozialprodukt. Wenn ca. 6 %
des Bruttosozialprodukts etwa die Untergrenze der Umweltschädigungen
darstellten und als relativ konstant angenommen werden konnten, dann er-
gaben sich für Bruttosozialprodukt bzw. Umweltschäden folgende Zahlen:
1995 3.442 Mrd. DM und 206,52 Mrd. DM, 1996 3.515 Mrd. DM und 210,90
Mrd. DM und 1997 3.612 Mrd. DM. und 216,72 Mrd. DM.

In den amtlichen Statistiken – Statistisches Bundesamt, Umweltbundesamt usw. und in den Statistiken des Instituts der Deutschen Wirtschaft usw. – werden m.W. außer den Waldschäden (s. Abb. 2.1–2 und Tab. 2.1) und Wasserschäden (s. Tab. 2.2–2.6.3 und Abb. 2.3–4) heute keine Umweltschäden aufgeführt, sondern meist nur Unfallursachen und Umweltschutzinvestitionen, u.Ä.

Sicherlich gibt es Mess- und Schätzprobleme bei der Ermittlung der Schadenshöhe. Oder sollten vielleicht gewisse Ergebnisse „unerwünscht" sein, da bzw. wenn evtl. Schadensverursacher und die immense Schadenshöhe bekannt werden könnten? – Werden manchmal bei der umweltökonomischen Gesamtrechnung methodische und sonstige Probleme auch aus solchen Gründen nur vorgeschoben?

Die ökologischen Schäden – z.B. die Ozonschicht schädigenden und klimawirksamen (vgl. Tab. 2.7.1–2.7.3 und Abb. 2.5), von anderen einmal abgesehen –, die überhaupt in Geldwerten angebbar sind, betragen in den westlichen Industrienationen ca. 4–6 % des Bruttosozialprodukts. Sie werden im Bruttosozialprodukt jedoch nicht erfasst.

Neuerdings versucht man entsprechend der Ansätze für ökologisch-ökonomische und soziale Nachhaltigkeit entsprechend der Nachhaltigkeitsstrategie der Bundesregierung (2002, 2004) einen „Wegweiser Nachhaltigkeit" (2005) beim Themengebiet des Waldes und der Waldwirtschaft zu erstellen (Bormann u.a. 2007). Dabei wird nicht nur die physische Waldflächenbilanz und der Holzvorrat, monetäre Holzvorratbilanz, sondern es werden auch ökonomische und ökologische Daten zu einer umweltökonomischen Waldgesamtrechnung zusammengestellt, die in Holzaufkommens- und Verwendungsbilanzen münden und sowohl eine Übersicht über die Kohlenstoffvorräte im Wald bzw. Kohlenstoffbilanzen wie auch über die Waldschäden ergeben.

Im Einzelnen kann das hier natürlich nicht behandelt werden, sondern es können nur grob die Gesamtdaten angegeben werden. Immerhin stieg die Gesamtwaldfläche in der Bundesrepublik Deutschland von 1993 bis 2004 um 2,6% an (wobei der Anteil nicht nutzbarer Flächen darunter 3,5% einer Gesamtfläche von 11,1 Mill. ha ausmacht). Die natürliche Wiederbewaldung („Sukzession") wurde mit 22.000 ha/Jahr als „überraschend hoch" eingeschätzt (Bormann u.a. 2007, 213). Das Schaubild zur „Waldflächenbilanz" (ebd. 214, Abb. 2.2) fasst dies zusammen und ergibt ein günstigeres Bild als die etwas schwierigere ökonomische Situation der entsprechenden Verwendungsbilanzen. Interessanterweise spielt „Rohholz [...] für die Zellstoffindustrie in Deutschland eine untergeordnete Rolle; Hauptrohstoff ist Altpapier (73%)", das zu 92% aus dem Recyclingprozess kommt. Zellstoff für die Papierindustrie wird zu einem Viertel aus dem Ausland gedeckt (ebd. 219).

Was die Kohlenstoffbilanzen angeht, so sind die Vorräte etwa doppelt so hoch wie die „holzige Biomasse allein", wobei allein 47% des Kohlenstoffs in Waldböden gespeichert sind und nur 35% auf das stehende Holz entfallen (ebd. 220).

Die Waldschäden haben sich nach dem Trockenheitsjahr 2003 wieder verstärkt und offenbar z.T. erst ab 2005 ein wenig entspannt (s. Abb. 2.1), wobei die Laubbäume stets stärker beschädigt waren und sind als die Nadelbäume. Da der Holzvorrat mit der Waldpflege kontinuierlich gestiegen ist, ist eine bessere Speicherung des Kohlenstoffs, also eine merkliche Entgegenwirkung zur „globalen Klimaerwärmung durch CO_2-Entzug aus der Atmosphäre" zu konstatieren, obwohl der Holzeinschlag in den letzten Jahren gestiegen ist und diese Wachstumsrate (bei immer noch positiver Summenbilanz) sich etwas gesenkt hat.

Der Gesamtanteil des Waldes von rund 30% an der Fläche der Bundesrepublik zeigt entsprechend der Zusammenfassung des Statistischen Bundesamtes die positive Entwicklung des Waldes in Deutschland trotz anders lautender ökonomischer Indikatorenbilanz, sodass also „ein unausgewogenes Verhältnis zwischen einer eher positiven ökologischen Entwicklung des Waldes einerseits und einer eher unbefriedigenden ökonomischen Entwicklung der Forstwirtschaft andererseits" diagnostiziert wird (ebd. 222).

Erfasst wurden hingegen die so genannten kompensatorischen oder defensiven Ausgaben (ca. 10 % des Bruttosozialprodukts der Bundesrepublik 1985), die das Bruttosozialprodukt steigern, obwohl sie ‚lediglich' dem Schadensausgleich dienen. So erhöhen Schädigungen, die als ‚Begleiterscheinungen' (so genannte negative externe Effekte) und infolge der wirtschaftlichen Aktivitäten auftreten – und ebenfalls deren Ausgleich sozusagen doppelt (!) – das Bruttosozialprodukt!

Mit den möglichen irreversiblen Schädigungen ganzer ökologischer Systeme (etwa durch von Menschen verursachte radioaktive Verseuchung oder Klimaänderung) stellt sich aber auch die Frage nach der ethischen Verantwortlichkeit und auch den Rechtspflichten dafür, den nachkommenden Generationen eine lebbare Umwelt – regional wie global gesehen – zu hinterlassen.

Die Senkung von Umweltbelastung und -beeinträchtigungen, Verminderung des CO_2-Gehaltes in der Luft (Ozonloch) gewinnen neuerdings beschleunigt an Brisanz. Die Begrenzung der Umweltbelastung ist ein bedeutsames, ja, unverzichtbares Leitziel natürlich gerade auch für die künftigen Generationen und unsere verantwortliche Vorsorge für diese. Wir haben ihnen angemessene Lebens- und Umweltbedingungen zu hinterlassen. Das ist eine plausible und moralisch konsensfähige Einsicht. Der „Teufel" steckt freilich wie stets so auch hier im Detail (vgl. Tab. 2.7.1–2.7.3)!

Insgesamt führt jedenfalls die totale Monetarisierung und Ökonomisierung von fast allem, die derzeit gängig und in Mode sind, freilich dazu, dass nicht nur für den Zyniker gilt, was Oscar Wilde vom zynischen Ökonomen formuliert hat: „ein Mann, der den Preis von allem und den Wert von nichts kennt". Das gilt entsprechend auch für die Generationenverantwortung, für die Werte von Natur und ökologisch verträglichen (nachhaltig überdauernden) und zugleich für Menschen zuträglichen Umwelten.

2.3.1 Waldschäden

Entwicklung der Nadel- und Blattverluste

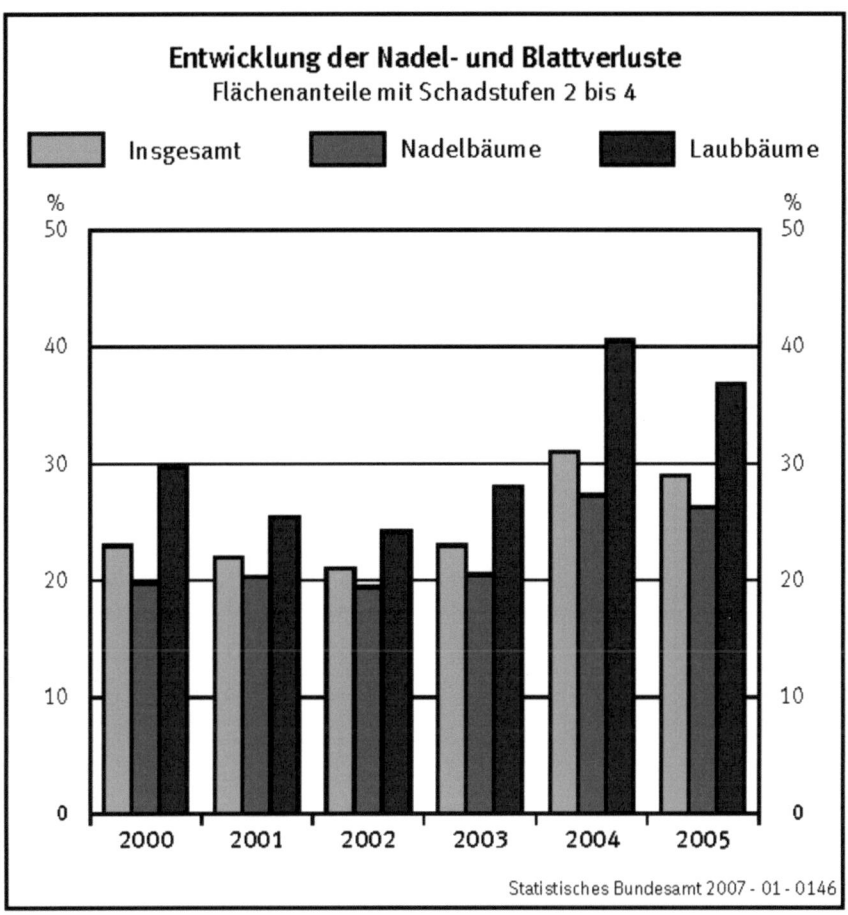

Abb. 2.1 Entwicklung der Nadel- und Blattverluste

Waldflächenbilanz

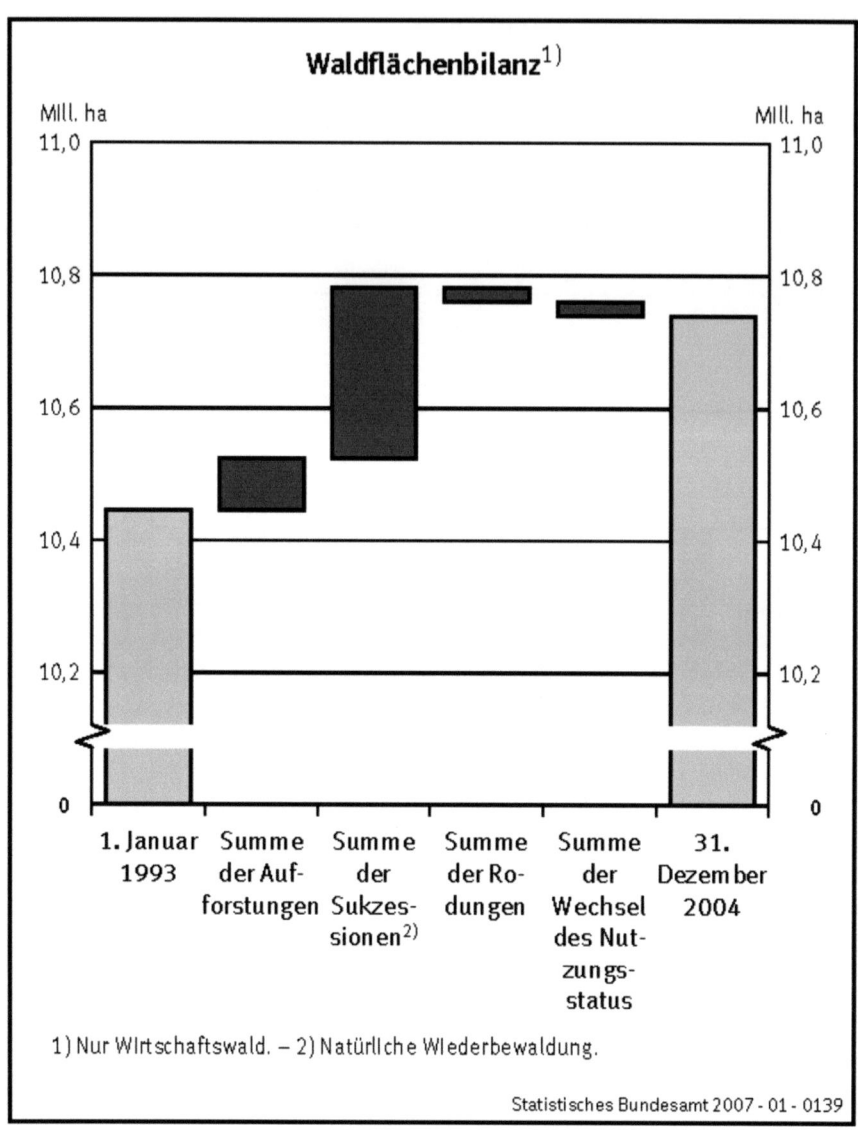

Abb. 2.2 Waldflächenbilanz

Waldschäden in Prozent

Umwelt: Waldschäden nach Ländern *)						
	Waldschäden nach Schadstufe[1]) der Probebäume in %					
Länder	**Schadstufe 0 (ohne Schadmerkmale)**		**Schadstufe 1 (schwach geschädigt)**		**Schadstufe 2 – 4 (deutliche Schäden)**	
	2003	**2006**	**2003**	**2006**	**2003**	**2006**
Baden-Württemberg	26	23	45	33	29	45
Bayern	29	25	50	41	21	34
Berlin	22	8	54	58	24	34
Brandenburg	49	32	40	50	11	18
Bremen	66	60	28	31	6	9
Hamburg [2])	.	.	.	.	.	.
Hessen	39	35	39	33	22	32
Mecklenburg-Vorpommern	39	33	47	51	14	16
Niedersachsen	53	49	36	35	11	13
Nordrhein-Westfalen	27	25	49	48	24	27
Rheinland-Pfalz	26	25	41	39	33	36
Saarland	46	13	41	39	13	48
Sachsen	37	41	48	45	15	14
Sachsen-Anhalt	36	50	43	31	21	19
Schleswig-Holstein	46	29	33	37	21	35
Thüringen	28	22	44	43	28	35
Deutschland	**31**	**32**	**46**	**40**	**23**	**28**
*) Ergebnisse der Waldschadenserhebung 2003 u. 2006 (Ermittlungen der Landesforstverwaltung). 1) Der Gesundheitszustand der Bäume wird durch die Begutachtung der Baumkronen während der Vegetationszeit ermittelt. 2) Für Hamburg liegen ab 2002 keine Angaben vor.						

Tab. 2.1 Waldschäden in Prozent

2. Verantwortung als Auszeichnung des Menschen

2.3.2 Gewässerschäden

Unfälle beim Umgang mit wassergefährdenden Stoffen 2006

Unfallursachen: Anzahl der Unfälle		Hauptursache des Unfalls						
		Material						
Gegenstand der Nachweisung	Unfälle insgesamt	zusammen	Korrosion metallischer Anlageteile	Alterung von Anlageteilen aus sonstigen Werkstätten	Versagen von Schutzein-richtungen	sonstiges	Unfälle insgesamt Ver-halten	sonstiges/ungeklärt
Insgesamt	790	310	46	35	102	127	251	229
nach Wassergefährdungsklassen (**WGK**) der frei-gesetzten Stoffe								
WGK 1	67	25	7	6	2	10	20	22
WGK 2	533	234	37	23	79	95	164	135
WGK 3	54	6	1	1	2	2	22	26
Lageranlagen zu-sammen	545	227	33	22	85	87	165	153
Abfüll- und Umschlag-anlagen zusammen	80	29	2	3	12	12	36	15
HBV[2)] - Anlagen zu-sammen	76	24	4	6	2	12	19	33
Sonstige Anlagen zu-sammen	89	30	7	4	3	16	31	28
Mineralölprodukte zu-sammen	625	264	41	29	89	105	188	173
Sonstige Stoffe zu-sammen	165	46	5	6	13	22	63	56

Tab. 2.2 Unfälle beim Umgang mit wassergefährdenden Stoffen 2006

Unfälle bei der Beförderung wassergefährdender Stoffe 2006

Unfallursachen: Anzahl der Unfälle

Gegenstand der Nachweisung	Unfälle insgesamt zusammen	Hauptursache des Unfalls					
		Material				Verhalten	sonstiges/ Ursache ungeklärt
		Mängel an Behälter/ Verpackung	Mängel an Armaturen	Mängel an Fahrzeug und Sicherheits-einrichtungen	sonstiges		
Insgesamt	1 385	300	35	32	91	142	576	509
nach Wassergefährdungsklassen (*WGK*) der freigesetzten Stoffe							
WGK 1	65	21	5	1	6	9	19	25
WGK 2	1 058	210	20	26	60	104	468	380
WGK 3	144	30	4	3	16	7	53	61
nach Arten der Beförderungsmittel							
Straßenfahrzeuge zusammen	1 302	263	32	28	82	121	555	484
Eisenbahnwagen zusammen (alle WGK 2)	21	12	1	2	1	8	3	6
Schiffe zusammen	49	22	2	2	8	10	15	12
Rohrfernleitungen zusammen	5	3	-	-	-	3	-	2
Sonstige Beförderungsmittel zusammen	8	-	-	-	-	-	3	5
nach Arten der freigesetzten Stoffe							
Mineralölprodukte zusammen	1 300	276	27	28	85	136	544	480
Sonstige Stoffe zusammen	85	24	8	4	6	6	32	29

Tab. 2.3 Unfälle bei der Beförderung wassergefährdender Stoffe 2006: Anzahl

Freigesetztes und nicht wiedergewonnenes Volumen nach Art der Anlage und freigesetzten Stoffen					
		dabei			
Gegenstand der Nachweisung	**Unfälle insgesamt**	**freigesetztes Volumen**		**nicht wiedergewonnenes Volumen**	
	Anzahl	**m³**	**m³ je Unfall**	**m³**	**% ¹⁾**	**m³ je Unfall**
Insgesamt	790	8762,4	11,1	5214,8	59,5	6,6
	nach Wassergefährdungsklassen (WGK) der freigesetzten Stoffe					
WGK 1	67	120,4	1,8	28,7	23,8	0,4
WGK 2	533	389,5	0,7	168,7	43,3	0,3
WGK 3	54	731,0	13,5	224,6	30,7	4,2
	nach Art der Anlage und WGK der freigesetzten Stoffe					
Lageranlagen zusammen	545	6242,2	11,5	3368,4	54,0	6,2
Abfüllanlagen zusammen	43	37,1	0,9	17,6	47,3	0,4
Umschlaganlagen zusammen	37	8,7	0,2	3,9	44,6	0,1
HBV - Anlagen ³⁾ zusammen	76	802,6	10,6	248,0	30,9	3,3
Sonstige Anlagen zusammen	89	1671,7	18,8	1576,9	94,3	17,7
	nach Arten und WGK der freigesetzten Stoffe					
Mineralölprodukte zusammen	625	511,8	0,8	219,5	42,9	0,4
Sonstige Stoffe zusammen	165	8250,6	50,0	4995,3	60,5	30,3

1) Anteil am freigesetzten Volumen.

3) Herstellungs-, Behandlungs- und Verwendungsanlagen.

Tab. 2.4 Unfälle bei der Beförderung wassergefährdender Stoffe 2006: Volumen

Unfälle mit wassergefährdenden Stoffen 2006 insgesamt (Umgang und Beförderung)

Freigesetztes und nicht wiedergewonnenes Volumen nach Wassergefährdungsklassen, freigesetzten Stoffen und Unfallbereichen					
Gegenstand der Nachweisung	Unfälle insgesamt	Dabei			
		freigesetztes Volumen		nicht wiedergewonnenes Volumen	
	Anzahl	m³	m³ je Unfall	m³	% 1)
Insgesamt	2 175	9 513,0	4,4	5 574,4	58,6
	nach Wassergefährdungsklassen (WGK) der freigesetzten Stoffe				
WGK 1	132	308,4			47,6
WGK 2	1 591	743,6			43,2
WGK 3	198	777,6			29,6
	nach Arten und WGK der freigesetzten Stoffe				
Mineralölprodukte zusammen	1 925	970,3	0,5	438,9	45,2
Sonstige Stoffe zusammen	250	8 542,8	34,2	5 135,5	60,1
	nach Unfallbereichen und WGK der freigesetzten Stoffe				
Unfälle beim Umgang	790	8 762,4	11,1	5 214,8	59,5
Unfälle bei der Beförderung	1 385	750,6	0,5	359,7	47,9
	nach Wassereinzugsgebieten				
Donau	236				
Rhein	1 014				
Ems	63				
Weser	288				
Elbe	443				
Oder	4				
Küste und Meer	127				
1) Anteil am freigesetzten Volumen.					

Tab. 2.5 Unfälle mit wassergefährdenden Stoffen 2006 insgesamt

Anzahl der Unfälle nach Jahren

1. Unfälle beim Umgang mit wassergefährdenden Stoffen 2006 (zu Tab. 2.2)

Anzahl der Unfälle nach Jahren:	
2006	790
2005	791
2004	828
2003	810

Tab. 2.6.1 Anzahl der Unfälle nach Jahren (Umgang)

2. Unfälle bei der Beförderung wassergefährdender Stoffe 2006 (zu Tab. 2.3)

Anzahl der Unfälle nach Jahren:	
2006	1385
2005	1501
2004	1512
2003	1213

Tab. 2.6.2 Anzahl der Unfälle nach Jahren (Beförderung)

3. Unfälle mit wassergefährdenden Stoffen 2006 insgesamt:
Umgang und Beförderung (zu Tab. 2.5)

Anzahl der Unfälle nach Jahren:	
2006	2175
2005	2292
2004	2340

Tab. 2.6.3 Anzahl der Unfälle nach Jahren (Umgang und Beförderung)

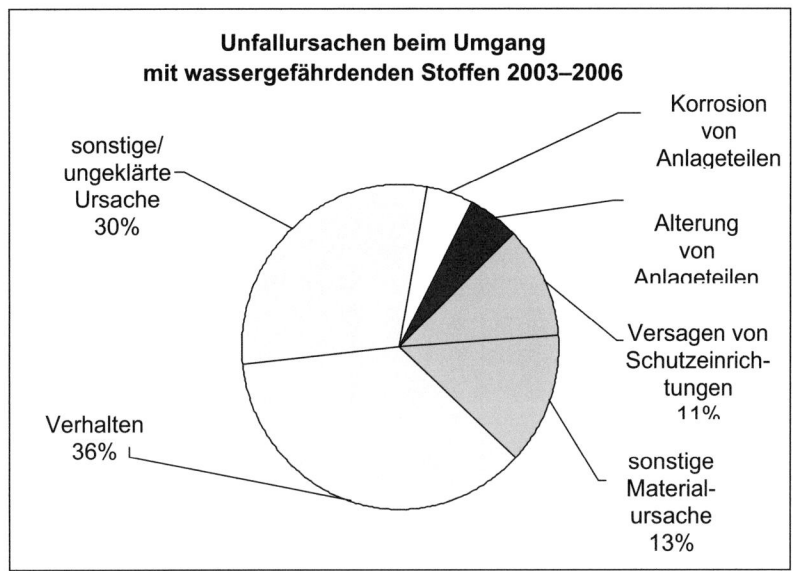

n = zwischen 790 (2006) und 828 (2004) entspricht ca. 100%

Abb. 2.3 Unfallursachen beim Umgang mit wassergefährdenden Stoffen 2003/6

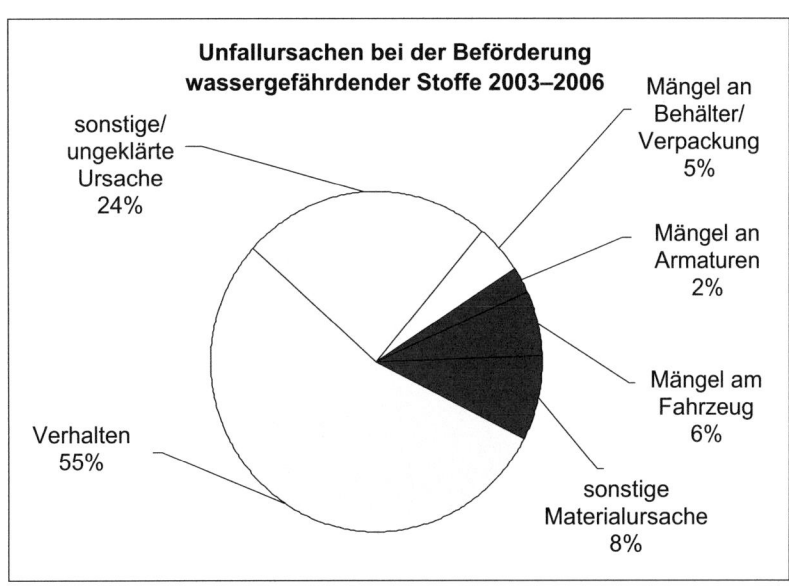

n = 1385 (2006) bzw. 1512 (2004)

Abb. 2.4 Unfallursachen bei der Beförderung wassergefährdender Stoffe 2003/6

2. Verantwortung als Auszeichnung des Menschen

2.3.3 Klimagefährdende Stoffe

Erhebung bestimmter klimawirksamer Stoffe 2006

Verwendung nach Stoffarten und Wirtschaftszweigen. Metrische Tonnen.							
Wirtschaftszweig (WZ – 2003)	Verwendung						
	insgesamt	darunter als Ausgangsstoff	als Kältemittel	als Treibmittel bei der Herstellung von		als sonstiges Mittel	als potenziell emissions-relevante Stoffe 1)
				Aerosolen	Kunst- und Schaum-stoffen		
	t						
nach Wirtschaftszweigen							
Ernährungsgewerbe	10	-	10	-	-	0	10
Chemische Industrie	2 027	0	29	431	1 566	0	2 026
H. v. Gummi- und Kunststoffwaren	7	-	2	0	5	0	7
H. v. Metallerzeugnissen	10	-	6	-	4	-	10
Maschinenbau	1 803	-	1 797	-	2	4	1 803
H. v. Kraftwagen und Kraftwagenteilen	3 172	-	3 172	-	-	-	3 172
Baugewerbe 2)	647	-	647	-	-	-	647
Kraftfahrzeughandel; Instandhaltung und Reparatur von Kfz; Tankstellen	471	-	471	-	-	-	471
1) Insgesamtmenge abzüglich der Ausgangsstoffe ergeben die potenziell emissionsrelevanten Stoffe. 2) Überwiegend Kälte- und Klimafachbetriebe.							

Tab. 2.7.1 Erhebung bestimmter klimawirksamer Stoffe 2006

Verwendung klimawirksamer Stoffe 2006 insgesamt:	
FKW	58
H-FKW	6861
FKW u. H-FKW zusammen	6919

Tab. 2.7.2 Verwendung klimawirksamer Stoffe 2006 insgesamt

Verwendung klimawirksamer Stoffe nach Jahren:	
2006	8711
2005	8391
2004	8730
2003	8454
2002	8245
2001	7931

Tab. 2.7.3 Verwendung klimawirksamer Stoffe nach Jahren

Die Fluorkohlenwasserstoffe (FKW, H-FKW) gelten als klimawirksame Stoffe. Sie werden in vollhalogenierte (FKW) und teilhalogenierte Fluorkohlenwasserstoffe (H-FKW) unterschieden. Die FKW sind Kohlenwasserstoffe, deren Wasserstoffatome vollständig durch Fuoratome ersetzt sind. H-FKW sind Kohlenwasserstoffe, deren Wasserstoffatome teilweise durch Fluoratome ersetzt werden. Sie besitzen sehr unterschiedliche GWP-Werte und tragen zur Erwärmung, dass heißt zum sogenannten Treibhauseffekt, bei.

Zu den Treibhausgasen gehören neben den Stoffen gemäß § 10 Abs. 1 UStatG 2005, weitere Stoffe, wie Kohlendioxid, Methan, Distickstoffoxid und andere klimawirksame Stoffe, die nicht Gegenstand dieser statistischen Erhebung sind.

Blends sind Gemische bzw. Zubereitungen aus zwei und mehr Stoffen, die mindestens einen klimawirksamen Stoff enthalten. Sie werden zunehmend als Ersatzstoffe für die verbotenen FCKW – vorwiegend als Kältemittel – eingesetzt.

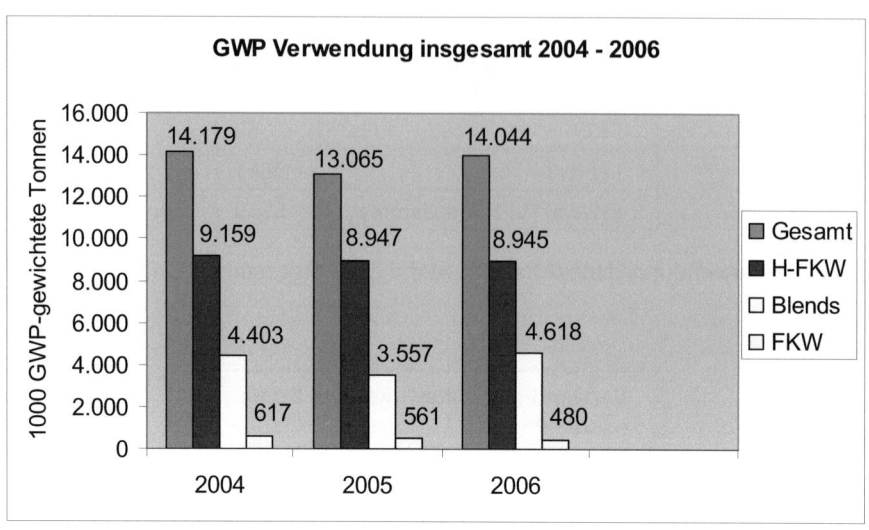

Abb. 2.5 GWP[1] Verwendung insgesamt 2004–2006

---

1 *GWP (Global Warming Potential)*: Die klimaschädigende Wirkung der o.g. Stoffe wird im GWP-Wert dargestellt. Das gibt das Treibhauspotenzial eines Stoffes, also seinen potenziellen Beitrag zur Erwärmung der bodennahen Luftschichten, relativ zum Treibhauspotenzial anderer Stoffe CO_2 (Kohlendioxid) an, d.h. der GWP-Wert von CO_2 = 1. Die Treibhauspotenziale anderer Stoffe bemessen sich relativ zu CO_2. Weltweit besonders klimawirksam, aber noch nicht quantitativ genügend erfasst, sind Methan (ca. 25-mal stärker klimawirksam als CO_2 – vgl. das Auftauen der Permafrostböden in arktischen Tundren!) und Lachgas N_2O (ca. fast 300-mal so wirksam wie CO_2) wird auch in Tundren frei – wie neuerdings nachgewiesen (Welt 17.2.2009).

2.3.4 Investitionen für den Umweltschutz

Investitionen für den Umweltschutz im produzierenden Gewerbe (ohne Bau-
gewerbe) 2005

Unternehmen, Gesamtinvestitionen und Gesamtinvestitionen für den Umwelt-schutz zusammen und für Umweltbereiche nach Wirtschaftszweigen				
Wirtschaftsgliederung (H. v. = Herstellung von)	**Unternehmen**	**Investitionen**		
		darunter für den Umweltschutz		
	insgesamt	**Abfall-wirtschaft**	**Gewässer-schutz**	**Luftrein-haltung**
	Anzahl	**1 000 EUR**	**1 000 EUR**	**1 000 EUR**
Produzierendes Gewerbe (ohne Bau)	37.205	186 547	464 581	501 348
Bergbau und Gewinnung von Steinen und Erden	392	713	47 005	18 138
Verarbeitendes Gewerbe	36 813	185 834	417 576	483 211
Ernährungsgewerbe	4 940	27 681	44 881	35 192
Papiergewerbe	818	10 814	23 239	9 641
Verlagsgewerbe, Druck-gewerbe, Verviel-fältigung von bespielten Ton-, Bild- und Daten-trägern	2 451	987	2 528	3 850
Kokerei, Mineralölver-arbeitung, H. und Ver-arbeitung v. Spalt- und Brutstoffen	51	220	52 863	63 142
H. v. chemischen Er-zeugnissen	1 380	43 021	124 643	115 245
H. v. Gummi- und Kunst-stoffwaren	2 623	11 777	9 996	12 363
Glasgewerbe, H. v. Kera-mik, Verarbeitung von Steinen und Erden	1 597	24 104	6 931	35 029
Metallerzeugung und –bearbeitung	893	24 599	23 389	70 774

Tab. 2.8 Investitionen für den Umweltschutz im produzierenden Gewerbe

Allgemeine Investitionen und Gesamtinvestitionen für den Umweltschutz bei Betrieben zusammen und für Umweltbereiche nach Ländern 2005 (ohne Energie- und Wasserversorgung)

Land	Investitionen		darunter für den Umweltschutz (gesamt)					
	insgesamt							
	zusammen	%	Abfall-wirtschaft	Gewässer-schutz	Lärmbe-kämpfung	Luftrein-haltung	Naturschutz u. Land-schaftspflege	Boden-sanierung
	1 000 EUR		1 000 EUR					
Schleswig-Holstein	807 730	4,7	1 483	22 828	.	10 840	1 998	.
Hamburg	1 040 771	4,3	865	18 888	5 895	19 043	.	.
Niedersachsen	4 154 587	2,4	6 793	36 241	3 868	49 193	3 915	514
Bremen	514 174	0,7	375	373	.	3 090	.	.
Nordrhein-Westfalen	9 020 704	3,3	38 189	77 369	9 026	160 162	4 969	5 120
Hessen	2 442 859	2,3	17 379	14 877	2 077	20 294	511	1 657
Rheinland-Pfalz	2 036 727	4,2	11 772	35 466	3 038	35 019	140	562
Baden-Württemberg	7 992 450	2,1	23 628	63 482	14 227	64 401	487	862
Bayern*	9 094 973	2,5	34 814	106 517	9 925	69 367	515	3 627
Saarland	813 424	2,9	3 968	8 865	1 685	8 909	.	.
Berlin	836 124	1,3	1 593	5 543	750	2 289	31	765
Brandenburg	872 449	3,4	1 908	11 781	6 252	9 804	16	–
Mecklenburg-Vorpommern	403 644	1,8	415	977	.	5 574	.	–
Sachsen	3 062 367	1,3	6 074	8 558	3 281	20 113	441	190
Sachsen-Anhalt	1 458 237	3,9	30 155	15 584	753	10 599	.	.
Thüringen	1 061 851	1,9	4 067	7 130	2 315	6 754	.	.
Deutschland [1]	1 204 377	2,6	183 477	434 480	63 767	495 452	13 494	13 706

Hinweis: zusammen-Wert für Deutschland: 45 613 070

* mit Angaben aus Bayern von 2004
1) Anzahl der Betriebe insgesamt: 45 267; mit Gesamtinvestitionen für den Umweltschutz: 3441

Tab. 2.9 Allgemeine Investitionen und Gesamtinvestitionen für den Umweltschutz

Insgesamt wurden also im Jahre 2005 EUR 45,6 Mrd. an Umweltschutz-ausgaben dokumentiert. Die vom Statistischen Bundesamt (2003, 69) veröffentlichte Analyse zeigt das große Übergewicht des Gewässerschutzes und der Abfallbeseitigung insgesamt. Hier fielen z.B. im Jahre 2000 ca. 92 % aller Umweltschutzausgaben an. (Die Luftreinhaltungsmaßnahmen – nahezu ausschließlich im produzierenden Gewerbe – machten damals nur 7 % der Ausgaben aus, Lärmschutzkosten nur 1 %.) Unterscheidet man jedoch nach Investitionen und laufenden Ausgaben, so ergeben sich starke Differenzen.

Man kann wohl sagen, dass die Bemühungen, einen Überblick über eine umweltökonomische und ökologische Gesamtbilanz zu erstellen, entsprechend den Vorgaben der Bundesregierung und zumal auch des Wegweisers Nachhaltigkeit 2005 (BM Ernährung, Landwirtschaft und Verbraucherschutz) Fortschritte aufweist und die Bemühung zeigt, obwohl die soziale Dimension bzw. Komponente der Nachhaltigkeit (s.u. Kap. 6. und 10.) noch nicht in Indikatoren und quantitativen Messdaten berücksichtigt werden konnte. Insbesondere ist traditionell ja der Wald in Deutschland eine Ressource von erheblicher sozialer Bedeutung für Erholung, Selbstverständnis der Bevölkerung sowie Ästhetik der Landschaft usw. Hierzu wären weitere Studien anzustellen und entsprechende Ergebnisse von Erhebungen in den entsprechenden Waldzustandsberichten zu berücksichtigen.

Die Waldschäden sind immer noch außerordentlich deutlich, zumal in bestimmten Ballungs- und Einzugsgebieten von Verschmutzungen wie saurem Regen usw., dennoch ist wenigstens im ökologischen Sinne der Nachhaltigkeit eine etwas positivere Bilanz festzustellen, da das Nachwachsen des Waldes und die Neubepflanzung bzw. Aufforstungen insgesamt eine Vergrößerung flächenmäßig wie auch nach dem Holzvorrat aufwiesen. Wie gesagt, ist auch die Wiederbewaldung als „überraschend hoch" eingeordnet worden. Es zeigt sich, dass trotz einer Reihe von Defiziten die Bundesrepublik im Umweltschutz im Wald eine im Großen und Ganzen positive Entwicklung zeigt. Hier ist also wenigstens eine gewisse Nachhaltigkeit zum Status *ante quod* zu konstatieren. Bei anderen Indikatoren und Bereichen der Nachhaltigkeitsdiskussion ist das in viel geringerem Maße der Fall (s.u. Kap. 6.2).

3. Tragödien der natürlichen Gemeingüter: soziale Fallen zwischen Ökonomie und Ökologie

Die oben angeführten, durch negative externe Effekte entstehenden Boden-, Luft-, Wasser- und Gesundheitsschäden und sonstige soziale und ökologische Folgeschäden lassen sich nicht so einfach in monetäre Größen fassen. Wie erwähnt, werden sie in der üblichen Sozialproduktrechnung geradezu systematisch vernachlässigt. Wie sollen etwa das Aussterben von Arten, Freizeitqualität, öffentliche Güter usw. (monetär) bewertet werden? Die genannten Schäden lassen sich nun nicht einem einzelnen (individuellen) Verursacher und Verantwortlichen zurechnen und zuschreiben. Ob rein ökonomische Ansätze generell überhaupt geeignet sind, um ökologische Schäden angemessen zu erfassen, ist zumindest fraglich. Damit solche aber überhaupt anwendbar würden, müsste zumindest vorausgesetzt werden (können), dass alles in Cent und Euro – eindeutig (?) – bewertbar ist. Wie aber sind etwa – neben den erwähnten ökologischen oder irreversiblen Schäden – heute (noch) nicht erkennbare Schädigungen aufgrund von Langzeitwirkungen oder gar ein Eigenwert der Natur zu bewerten? Sollen beispielsweise bei Waldschäden der entgangene Gewinn des (individuellen) Eigentümers und der entgangene Nutzen für eine prinzipiell zeitlich offene Gemeinschaft zugrunde gelegt werden? Wie lassen sich Kosten und Nutzen künftiger Generationen bestimmen oder deren Bewertungsmaßstäbe vorwegnehmen? Wie soll – abgesehen von Inflation – zukünftiger Nutzen diskontiert (abgezinst) werden? Ist es überhaupt moralisch gerechtfertigt, über Generationen hinweg zu diskontieren?

An einem Beispiel soll die Problematik nochmals verdeutlicht werden. Zuvor soll jedoch noch – ohne weitere Begründung – eine erste These formuliert werden: Es gibt kein wirtschaftliches, technisches (usw.) Handeln an sich: Jedes Handeln ist eingebettet in natürliche und gesellschaftliche soziokulturelle Zusammenhänge, ist von der kulturellen Tradition geprägtes soziales Handeln – und dies gilt entsprechend großenteils auch für die Handlungsfolgen. Handeln hat (i.d.R.) auch Folgen für unsere Umwelt.

Im folgenden Beispiel wollen wir uns mit einer besonderen Sorte von Verteilungsproblemen der Verantwortlichkeit befassen, nämlich mit der Verantwortung beim kollektiven Handeln. Hierbei handelt es sich um Wirkungen, Folgen und Nebenfolgen nicht aufeinander abgestimmten (strategischen) Handelns vieler Einzelner, z.B. unter Markt- und Konkurrenzbedingungen. In ökonomischen und sozialwissenschaftlichen Ausdrücken spricht man hierbei auch von sog. „Externalitäten"[2], Nebenfolgen, sozialen Kosten, sozialen Fallen, vom sog. Gefangenendilemma und von Fragen öffentlicher Güter. Das Problem verdeutliche ich zunächst anhand der „Tragödie der Allmende" (nach Garrett Hardin 1968), die man als Musterbeispiel einer sog. sozialen Falle auffassen kann. Die zentrale Frage wird später dann lauten: Wer trägt die Verantwortung für Handlungsergebnisse, für Handlungsfolgen, die so niemand wollte und beabsichtigte? (Stellt im Übrigen die drohende Überbevölkerung nicht die größte soziale Falle für die Entwicklungsländer und gar für die Menschheit dar?)

Nach Hardin hat jeder einzelne Viehbesitzer in der Sahelzone ein individuelles und durchaus berechtigtes Interesse an der eigenen Nutzung des gemeinsamen Weidelandes, an der „Allmende" (engl. den sog. „commons"), einem Kollektivgut. Jeder strebt einen möglichst großen eigenen Viehbestand an; denn je größer dieser ist, desto höher das eigene Sozialprestige, die gesellschaftliche Anerkennung. Alle Einzelnen und die Gesellschaft im Allgemeinen haben durchaus ein gemeinsames Interesse – nämlich, die Überweidung der Allmende zu vermeiden. Aus dieser Interessenkonstellation ergibt sich das folgende Dilemma: Da niemand ausreichend eigenes Interesse daran hat, die Allmende nicht extensiv für sich selbst zu

---

2 Externalitäten sind „Nachbarschafts- oder Dritte betreffende Effekte des Tausches" oder anderer ökonomischer Aktivitäten (Produktion, Konsum) (Buchanan 1985, 124). Das Problem externer Effekte besteht in der Regulierung, Zuordnung, Zurechnung, Beseitigung eben dieser Effekte. Allgemein bieten sich marktwirtschaftliche, staatliche und kooperative Lösungen an. Beim Auftreten von Externalitäten sind (private) Eigentumsrechte mangelhaft bzw. überhaupt nicht bestimmt oder sie werden nicht wahrgenommen. Solche Eigentumsrechte garantieren die ausschließliche Nutzung, Verfügung usw. über Güter und Rechte; mit ihnen ist nicht immer die Einbeziehung aller Kosten verbunden, die mit der Nutzung usw. einhergehen, d.h. die Internalisierung dieser externen Effekte. Die freiwillige Internalisierung von Externalitäten selbst setzt allerdings voraus, dass die Kosten der Internalisierung geringer sind als der Nutzen der Internalisierung (Demsetz); hierin ist ein weiteres Problem zu sehen.

Öffentliche Güter sind z.B. Küstenschutz, öffentliche Straßen, Parkanlagen, Leuchttürme, aber auch Moral, Recht, soziale Normen und allgemein „jeder Zustand, der folgende Bedingungen erfüllt: 1. Anstrengungen aller oder einiger Gruppenmitglieder sind notwendig, um das Gut zu erlangen; 2. jedes Gruppenmitglied sieht mit seinem Beitrag Kosten verbunden;" 3. Nichtausschließbarkeit der Nutzung des Guts für alle Gruppenmitglieder, d.h. v.a., dass auch Personen, die nicht zur Bereitstellung des Guts beigetragen haben, dieses nutzen können (Buchanan 1985, 125). Während für den Markttausch, den Individualgütertausch, Leistung und Gegenleistung, d.h. die Verantwortung des einzelnen deutlich – i.d.R. rechtlich – bestimmt ist, gilt diese – idealiter – Symmetrie wegen der Nichtausschließbarkeit der Nutzung für Kollektivgüter nicht (zwingend). Recht und Ethik sind selbst Beispiele für öffentliche Güter; die Problematik sozialer Fallen gilt auch für sie.

nutzen, wird jeder einzelne sie so weit wie nur möglich benutzen. Daraus resultiert dann freilich die ruinöse Überweidung der Allmende und damit schließlich die Vereitelung (Nichtbefriedigung) der individuellen Interessen aller Einzelnen bzw. auch deren individueller Ruin. (Das Bohren zusätzlicher Brunnen kann die Konfliktkonstellation – individuelles Interesse bzgl. eines möglichst großen Viehbestandes gegenüber dem Gemeinschaftsinteresse – sogar noch verschärfen und die ökologischen Probleme beschleunigen. Das wurde in solchen Trockengebieten wiederholt festgestellt. Dies kann auch eine unbeabsichtigte Nebenfolge politischer und ökonomischer Entwicklungsprogramme sein.)

Hardin meint nun, zur Vermeidung solcher Dilemmasituationen bedürfe es gesellschaftlicher, also nicht-individueller Regelungsmechanismen, wie z.B. der verordneten oder vertraglich abgesprochenen Kooperation. Er betont auch, dass solche „Tragödien" die Allgemeingültigkeit des berühmten Satzes von der „unsichtbaren Hand" (nach Adam Smith) zumindest einschränken. (Die „unsichtbare Hand" in Gestalt des Marktmechanismus – so glaub(t)en beispielsweise viele Ökonomen – sorge dafür, dass die Folgen (Gewinn bzw. Verlust) den eigenverantwortlichen Handelnden stets direkt zugeordnet werden und sich ein optimales Gesamtresultat in Form eines optimalen Gleichgewichts und Gesamtwohls einstellt.) Nach Hardin jedoch ergibt sich nicht bei jeder bestwirksamen, „zweck-mittel-rationalen", bzw. output-maximierten Verfolgung der eigenen Interessen über den Markt ein optimales Ergebnis für Alle, ein optimales Gemeinwohl. Im Gegenteil: Ungeregelte Marktprozesse können und werden zur Verschmutzung, Erosion usw. von nicht besonders geschützten Allmenden führen. (Und dies lässt sich durchaus im weiteren Sinne verstehen: Ist nicht unsere Luft, unsere Lebenswelt, unsere Restnatur unsere Allmende?!) Ein gleich gelagertes Beispiel der Landnutzung ist die Verödung, Versteppung, Verwüstung fruchtbaren Landes durch menschliche Übernutzung in weiten Teilen Afrikas oder Nepals: Die wenigen verbliebenen Bäume und Sträucher werden zum momentanen Überleben der einzelnen Familien ge- und verbraucht. Dieser Verbrauch ‚fördert' ein weiteres Vordringen der Wüste und eine weitere Verschlechterung der Lebensbedingungen aller usw.: ein Ökoteufelskreis. Wiederum ähnlich ist die Rodung tropischer Regenwälder zu sehen, die zum so genannten Treibhaus-Effekt beiträgt.

Das Problem unserer Umweltverschmutzung ist von ähnlicher bzw. gleicher Struktur. Der ‚Allmende', einem öffentlichen Gut, wird allerdings in diesem Fall nichts entnommen, sondern gewissermaßen etwas hinzugefügt – nämlich Abfall oder Müll jeglicher Art. Für den Einzelnen ist es wiederum vorteilhaft(er), d.h. billiger, den Abfall öffentlich zu „entsorgen", z.B. in den Rhein einzuleiten oder in den Wald zu kippen. Durch die öffentliche Entsorgung entstehen der Gesellschaft externe Kosten, „negative externe Effekte", die zu Lasten und Kosten der Allgemeinheit gehen – und diese sind wir ja alle. Solche Schadenswirkungen zu Lasten der Allgemeinheit ergeben sich auch aus dem Handeln von Produzenten und Konsumenten, wenn diese einen ‚Pakt' zu Lasten der Umwelt schließen und beispielsweise (neuerdings wieder vermehrt) Plastik- und Einwegflaschen benutzen. Es gibt also auch eine wachsende und immer dringlicher werdende Verantwortung der Konsumenten, eine Mitverantwortung der Verbraucher, in Bezug auf den Schutz der Umwelt und für den gesamten Zustand und das Wohlbefinden, Wohlergehen einer Gesellschaft.

Allgemein gilt bei derartigen Strukturproblemen, dass es für einzelne von Vorteil sein kann bzw. ist, wenn diese sich nicht an gesellschaftliche Regeln, Normen und Gesetze halten, sondern diese (am liebsten unentdeckt) brechen – falls sich (fast) alle anderen daran halten. Eine ähnliche Struktur haben das bekannte Trittbrettfahrer- und das Schwarzfahrer-Problem sowie das Vertrauens- oder Sicherheitsproblem („assurance problem") bei der Bereitstellung bzw. Erhaltung von Kollektivgütern und öffentlichen Gütern. Beide Fälle verdeutlichen jedenfalls soziale Fallen und das Dilemma bei freiwilligen Umweltschutzmaßnahmen. (Das Trittbrettfahrer-Problem ist eine Behinderung für erfolgreiches Parallelhandeln oder für die daran resultierende Herstellung bzw. Erhaltung eines öffentlichen Gutes; das Problem ergibt sich, wenn alle oder einige versuchen, auf Kosten aller Anderen „auf dem Trittbrett mitzufahren".)

Die angeführten strukturellen Probleme des Handelns, der öffentlichen Güter, der Allmende und der sozialen Ordnung lassen sich auch mit Hilfe des so genannten Gefangenen-Dilemmas (Prisoners' Dilemma[3]) verdeutlichen und veranschaulichen: Eine eingehende Analyse des Gefangenen-Dilemmas zeigt, dass strategische Handlungen von im Wettbewerb stehenden, selbst interessierten rational Handelnden aus Strukturgründen zu einem nicht beabsichtigten Ergebnis führt, das alle Teilnehmer schlechter stellt als dann, wenn sie gemäß einer kooperativen Strategie gehandelt, sich abgesprochen, zusammengearbeitet, also bestimmte Regeln eingehalten hätten. Gefangenen-Dilemma-Situationen können nicht auf einer rein egoistisch-individualistischen Ebene gelöst werden.

> Beim klassischen Gefangenen-Dilemma (PD) werden zwei Untersuchungsgefangene (A, B) des bewaffneten Raubes angeklagt. Beiden wird – ohne dass der je andere davon weiß – angeboten, Kronzeuge zu werden und damit straffrei auszugehen. – Kommunikationsmöglichkei-

---

3 Die Literatur zum Gefangenen-Dilemma ist bereits Legion. Zu diesbezüglichen Angaben vgl. neben dem Klassiker Hardin 1968, 1985 auch Schüßler 1990 und Lenk/Maring 1990a, 1990b sowie 2003.

ten bestehen keine. – Überführt werden können beide nur wegen unbefugten Waffenbesitzes, d.h. wenn beide schweigen, erwartet sie nur eine geringe Strafe (je 1 Jahr Haft), die jedoch höher ist, als wenn genau einer gesteht (0 Jahre Haft für diesen). Also ist Gestehen Schweigen vorzuziehen, ist dominante Strategie. Gesteht nun einer, so ist es für den anderen ebenfalls sinnvoll zu gestehen, denn dann erhält er 8 statt 10 Jahre Haft. Die Höhe der Haftstrafe ist also nicht nur von der eigenen Handlungsstrategie abhängig, sondern ebenfalls von der des Mitgefangenen. Das Dilemma, die soziale Falle besteht nun darin, dass es für A bzw. B rational (im Eigeninteresse) ist, je zu gestehen (dominante Strategie). Wenn aber beide je rational handeln und beide gestehen, so ergibt sich für beide eine höhere Strafe (je 8 Jahre), als wenn beide schweigen würden (je 1 Jahr), d.h. kooperativ handeln würden. Individuelle Rationalität führt also zu kollektiver Irrationalität und Selbstschädigung.

Eine positive Variante des PD lässt sich leicht angeben; diese soll *Naturalists' Dilemma* („*Naturalisten-Dilemma*") oder allgemeiner *Enjoyers' Dilemma* im Hinblick auf knappe Ressourcen genannt werden (vgl. Lenk/Maring 1990a, 1990b). Ein bzw. mehrere Angler (A) und ein bzw. mehrere Surfer (S) wollen den einzigen See – in einem Naturschutzgebiet etwa – je für sich allein nutzen und sich daran erfreuen. Nimmt man einmal an, dass der See nicht groß genug ist, so dass ihn S und A nicht gleichzeitig nutzen können, ohne sich gegenseitig zu behindern. Dann folgt daraus, dass die Freude, der Genuss an der jeweiligen Sportart durch die gegenseitige Behinderung auf den Nullpunkt sinken würde. S und A müssen sich also irgendwie arrangieren, damit überhaupt eine Chance besteht, dass sie ihren Sport ausüben und genießen können. Solch ein Arrangement, das gegenseitige Beschränkungen auferlegt, könte die Benutzung des Sees nur noch jedem zweiten Tag sein (andere Beschränkungen lassen sich leicht vorstellen). Auf jeden Fall würden Beschränkungen jeglicher Art das volle Vergnügen beider Parteien vermindern. Deshalb würde das entstandene Dilemma sich nicht aus dem „Pokern" um negative Sanktionen wie im klassischen PD entwickeln, sondern es ist ein Dilemma des (vollständigen) Genießens einer knappen (Natur-)Ressource. In dieser Variante sind also nicht negative Sanktionen Verhandlungs- und potenzieller Einigungsgegenstand, sondern auf dem Spiel stehen die Möglichkeit und der Grad des Genießens, des positiven Nutzens.

Eine Übereinkunft im Enjoyers` Dilemma lässt sich vielleicht genauso schwer wie im PD erzielen.

Wenn S und/oder A den See ausschließlich für sich nutzen, folgt, dass kein Nutzen für S und A entstehen kann; sinnvolle Strategie ist aber für S bzw. A nur segeln bzw. angeln, denn nur so kann überhaupt Nutzen entstehen. Bedingte Kooperation bietet sich also geradezu an, ist deshalb logisch zwingende Strategie, denn nur so kann überhaupt „Freude" entstehen. Deshalb soll auch vom Enjoyers' Dilemma gesprochen werden. Es gibt auch Unterschiede im Vergleich zum klassischen PD. So sind zusätzliche inhaltliche Voraussetzungen zu beachten (Nutzen 0 ist für beiden Parteien zu vermeiden). Auch können sich abgestufte Belohnungen bei (partiellen) Verzicht ergeben und rentieren – was wohl den wichtigsten Unterschied zum PD darstellt. In diesem Fall kann sich sogar eine positive Gesamtbilanz einstellen. Das Einhalten von Absprachen, Verträgen usw. – kooperatives Verhalten also – kann sich für beide Parteien lohnen. PD-Situationen sind darüber hinaus statisch, während im Enjoyers' Dilemma die Situation bzgl. Grad und Intensität der Nutzung dynamisch ist. Zusätzliche (inhaltliche) Annahmen (wie z.B. bedingter Altruismus, Freude an Kooperation und stabilen Zuständen in einem sich ansonsten immer ändernden System von Nutzungsbedingen usw.) ermöglichen überdies eine Verfeinerung der Modelle und der Entscheidungskriterien und eine Annäherung an die Realität. Einschränkend ist allerdings zu sagen, dass damit das „Dilemma der großen (An-) Zahl" noch nicht gelöst ist und dass bei Großgruppen niedrige Transaktionskosten (Informations-, Verhandlungs- und Überwachungskosten) vorausgesetzt werden müssen.

Allgemein ist die positive Variante des Enjoyers' Dilemma von beachtlichen Interesse neben dem klassischen und statischen PD, das von negativen Sanktionen handelt. Das Enjoyers' oder Naturalists' Dilemma scheint nicht nur auf die Nutzung von Allmenden und Landschaftsschutzgebieten (d.h. auf öffentliche Güter) anwendbar zu sein, sondern auch auf Grund und Boden in Privateigentum und bei Eigennutzung, falls diese in ein gefährdetes Ökosystem eingebettet sind, denn Grundwasserspiegel, saubere oder schmutzige Luft, Bodenerosion und –erschöpfungen stoppen nicht an einer konventionellen, eigentumsrechtlich bestimmten Grenze, sondern betreffen das ganze lokale, regional, kontinentale oder gar weltweite Ökosystem. Das Enjoyers' Dilemma ist somit ein recht allgemeines Modell der Land- und Umgebungsnutzung. Der wesentlichste Unterschied zum PD ist, dass beim Enjoyers' Dilemma (im Gegensatz zur Ja-oder-Nein-Strategie beim PD) abgestufte Nutzungsmöglichkeiten bei entsprechendem partiellen Verzicht entstehen, Grad und Intensität der Benutzung variabel (beeinflussbar) sind, die möglichen Nutzen – in gewissen Grenzen – bestimmbar ist.

Die erwähnten Dilemmata sind auch Beispiele für sog. Rationalitätsfallen: Die je individuell (zweckmäßige oder zielführende) rationale (Handlungs-) Strategie führt zu kollektiver Unvernunft, und diese wiederum kann Erstere zunichte machen. Rein individuelle (unbeschränkte oder ungeregelte) Rationalität kann also unter bestimmten Bedingungen selbstzerstörerisch wirken.

Zu den sozialen Fallen möchte ich an dieser Stelle zusammenfassend festhalten: Recht kontrovers werden in der Literatur die (Auf-)Lösungsmöglichkeiten der sozialen Fallen und Dilemmata beurteilt: Während die einen eher individualistische Vorschläge machen, schlagen andere – ergänzend – u.a. institutionelle, strukturelle, rechtspolitische Ansätze vor. Die zentrale Frage zur Vermeidung solcher sozialen Fallen ist, wie sich sicherstellen lässt, dass Defektion nicht (was mehr als unwahrscheinlich ist), nicht mehr so häufig bzw. allenfalls relativ unschädlich (bis zum Schwellenwert?) vorkommt oder sogar durch Anreize vermieden werden kann. Die PD-Analyse ist allerdings oftmals zu formal(istisch), wenn sie auch Dilemmatasituationen plastisch sehr gut verdeutlicht. Nach Lenk (1999, 119) besteht ein weiteres sozialpsychologisches – kaum modelltheoretisches beachtetes – Hauptproblem bei sozialen Fallen, beim Prisoners' Dilemma usw. darin, dass eine einzige Defektion Vertrauen zerstören kann, der Aufbau von Vertrauen aber mühselig(er) ist: In „komplexen, vom möglichst reibungslosen oder reibungsarmen Zusammenspiel vieler Teilsysteme und Systemkomponenten bzw. von vielen Akteuren abhängigen Wirkungszusammenhängen [hat] fast jeder die Möglichkeit einer systementscheidenden (gerade auch einer zerstörerischen oder subsystemschädigenden) Einwirkungsmöglichkeit [...], während dies für die positiven (systemförderlichen) Entwicklungsmöglichkeiten nicht gelten muss. Stören ist leicht, Vernichten und auch Terrorisieren allzu einfach. Aufbauen, langfristig wirksam systemförderlich Wirken ist dagegen schwer und außerordentlich mühsam sowie langwierig. [...] Entsprechend wäre bei den Zumessungen von Verantwortlichkeit zwischen der Verantwortung zur Enthaltung von systementscheidenden oder –relevanten negativen Effekten und der ‚positiven‘ Verantwortlichkeit für die Mitwirkung an Aufbau und Erhaltung des entsprechenden Systemzusammenhanges zu unterscheiden“.

Wie kann man bestimmte Dilemmata, soziale Fallen usw. vermeiden? Ich habe früher (in Lenk/Maring 1990 a, 1990b) insbesondere bei der Nutzung von Naturreservaten eine Abwandlung des berühmten Gefangenendilemmas entwickelt – ich nenne das das Naturalisten-Dilemma, das Dilemma der verschieden handelnden Naturnutzer, das sich zum Beispiel durch einen kleinen See illustrieren lässt, der gleichzeitig von Anglern und Ruderern oder Kanuten sowie Schwimmern, Surfern benutzt wird: Diese stören sich natürlich gegenseitig. Gibt es nun eine Möglichkeit, 1. die Nutzung dieser beiden Interessentenarten zu koordinieren, und 2. natürlich insbesondere das „Recht“ der Fische „auf Leben“ und das heißt: die Naturbelassenheit des Gewässers in gewisser Weise zu sichern? Hier kann man natürlich gewisse Vorschläge machen, die dann insbesondere aufgrund von sanktionierten Einschränkungen oder Segmentierungen der Zeit, des Raumes und so etwas – vielleicht dürfen die Angler nur eine Ecke des Sees nutzen und die Kanuten die andere usw. –, um eine „faire“ (Teil-)Lösung, eine problemlösende Teilung zu erreichen. Aber es ist dabei natürlich eine große Schwierigkeit, das überhaupt relativ präzise in Modelle zu fassen und dann entsprechend zu implementieren.

In der philosophischen Literatur sind solche Fragen bislang nur sehr pauschal diskutiert worden. Übrigens sind lokale und beschränkte Ansätze in der Rechtswissenschaft vorhanden, wo man schon etwas weiter vorangekommen ist, aber natürlich wiederum die Modelle nicht so im Auge hat, sondern mehr die Verschuldungsfragen im Einzelnen. Beispielsweise wird das eigentlich überzeugende Verursacherprinzip der Verantwortungszuschreibung nun zwar grundsätzlich beibehalten, aber gesehen wird auch, dass die schwierigen Probleme der Verantwortungszuweisung in gewissem Sinne alternative Modelle erfordern. So wurde beispielsweise das japanische Modell der Beweislastumkehr eingeführt, dass der potenzielle Verschmutzer in der Region bei Vorliegen einer Schädigung eben nachweispflichtig ist, dass in einem bestimmten Fall nicht er der Verschmutzer gewesen ist.

Diese Schwierigkeiten der Verantwortungszuschreibung sind generell bei allen Formen des kollektiven Handelns zu sehen, insbesondere natürlich bei synergetischen kumulativen Prozessen mit Nichtindividualisierbarkeit der kausalen Zuordnungen von Schädigungen oder Schadensverursachungen. Ungünstige Faktorenkombinationen, rechtliche Regelungen, die sich auf schon feststehende Gesetze stützen, versagen weitgehend bezüglich ökologischer und emissionsquellenferner Schäden und hinsichtlich einer adäquaten Vorsorge. Die Vorsorge ist bisher rechtlich auch nicht genügend erfasst und kaum erfassbar. Weitere Schwierigkeiten liegen bei der Nicht-Haftung bei erlaubtem Handeln, bei unterschwelligen Einzelbeiträgen, die sich ja auch kumulativ summieren, etwa bei der Festlegung von Grenzwerten. Ein gesetzlicher Regelungsbedarf wird zwar vielfach festgestellt, aber bisher nur ungenügend operativ erfasst und kontrollierbar bzw. sanktionierbar gemacht. Eine gesamtschuldnerische Haftung mit Innenregress durch Bildung von Gefahrenkreisen könnte man vorschlagen. Ebenfalls könnte man an verschuldensunabhängige Produktgefährdungshaftung denken, wie es ja im Europäischen Produkthaftungsrecht mittlerweile eingeführt ist für bestimmte Produkte, aber all das hat natürlich auch seine speziellen praktischen Schwierigkeiten. Die Beweislastumkehr wurde schon genannt. Die hohe Wahrscheinlichkeit der Verursachung statt des strikten Verursachungsnachweises wird vorgeschlagen – wie auch der Schadensersatz aus Fonds (aber ein Schadensersatz allein beseitigt natürlich nicht die Schädigung, insbesondere bei der ökologischen Problematik ist das natürlich einschlägig). Wer soll erstens den Fond aufbauen? Und wenn der Fond aufgebaut ist, wer soll dann zweitens, wenn Schadenersatz aufgrund einer schwierigen Zumessung gezahlt werden soll, dann den Ersatz bei Schädigung öffentlicher Güter einstreichen? Der Staat?

Viel sinnvoller erscheinen Anreize zur Internalisierung externer Effekte. Man kennt den Vorschlag von Holger Bonus: Umweltzertifikate einzusetzen, die von Unternehmen gekauft und verkauft werden können. Doch ist auch das eine etwas „perverse" Einrichtung, ähnlich wie der Verkauf von Emissionszertifikaten von Russland an USA. Mit anderen Worten: Es gibt kein Patentrezept, sondern man kann nur über eine Bündelung der Maßnahmen etwas Wirksames erreichen.

Schulte z.B. schlug 1990 zum Ersatz ökologischer Schäden eine Ergänzung des Bundesnaturschutzgesetzes vor: Wer aufgrund gesetzlicher Vorschriften des Zivilrechts zum Schadensersatz verpflichtet ist, hat auch erhebliche und nachhaltige Schäden im Naturhaushalt zu ersetzen. Aber wem? Und was ändert das an der – evtl. irreversiblen – Schädigung? Auch eine Ergänzung des Grundgesetzes durch Formulierung eines Staatsziels „Umweltschutz", wie 1994 geschehen, wurde von ihm damals gefordert, das sei sinnvoll. Er sieht allerdings auch die Schwierigkeiten: Grundrechte haben keinen strikt durchführbaren geltenden Regelungsmodus, sie haben nur, aber immerhin, eine relative Wirkung. Ein Umweltgrundrecht würde die Chancen der Durchsetzung der bisherigen Grundrechte zwar nicht aufheben, aber doch einschränken. Umweltschutz sollte auf alle Umweltmedien bezogen sein: Auch sollten die Mittel zum Umweltschutz nicht isoliert eingesetzt werden. Die umweltplanerischen Elemente, so fordert etwa Wicke, sollten enthalten: die übergreifende Gesamtplanung, wie die der Raumordnung, umweltbedeutsame Fachplanung, Verkehrsplanung, Energieressourcenplanung, Wasser-, Abfall-, Luftreinhalteplanung. Umweltverträglichkeitsplanungen sollten und müssen integriert werden. Hier ist bisher viel zu wenig geschehen. Statt eines im Nachhinein anzuwendenden Verursacherprinzips – und sei es auch mit Beweislastumkehr – und eines Gemeinlastprinzips sollte ein Vorsorgeprinzip, das der moralischen Präventionsverantwortung entspricht, Vorrang auch bei Umweltschädigungen haben.

Bei den Umweltmedien und Umweltgütern sollten im Hinblick auf externe Effekte und soziale Konsequenzen und insbesondere auch in Bezug auf soziale Fallensituationen, also soziale Dilemmata, der Kollektivgutaspekt sowie der Kollektivgutcharakter und im Hinblick auf die Erwünschbarkeit die Bewertung im Allgemeininteresse, also der meritorische Aspekt, wie die Ökonomen sagen, stärker als bisher beachtet werden, um einer Diffusion (Verwässerung) der Verantwortung für diese meritorischen Güter entgegenzuwirken. (Meritorische Güter, das sind Güter, die sozial erwünscht sind und auch wichtig sind, bei denen aber die Nachfrage nicht sehr groß ist; z.B. bei der allgemeinen Schulpflicht oder der Pflichtimpfung, die vorgeschrieben werden, handelt es sich um meritorische Güter.) Im Gegensatz zu kollektiven Gütern ist die Ausschließung von der Nutzung möglich, d.h. die meritorischen Güter, von denen wir alle abhängen und die immer wichtiger werden, insbesondere natürlich in Bezug auf die Umwelt, müssen eine stärkere Gewichtung erhalten. M.E. sind Entschärfungen dilemmaträchtiger Situationen – denken wir an das Naturalistendilemma –, strukturelle Anreize, strukturelle Rahmenbedingungsänderungen und gesellschaftliche Sanktionsmechanismen sowie institutionelle gesetzliche und politische Maßnahmen zusammen und zusätzlich erforderlich. Also ein gestaffeltes System, ein ganzes Bündel von Maßnahmen sollte auf Eignung geprüft und gegebenenfalls in die Praxis übergeführt werden.

Ein weiteres Verteilungsproblem der Verantwortlichkeit kollektiver Aktionen entsteht erst beim Handeln Vieler unter strategischen Bedingungen, wenn sich (negative) externe, synergetische (sich wechselseitig verstärkende) und/oder kumulative (sich aufhäufende) Effekte einstellen. „Strategische Bedingungen" bedeutet, dass das (End-)Resultat abhängig ist vom (nichtkoordinierten) Handeln (vieler) einzelner Akteure. Synergetische und kumulative Wirkungen treten erst dann auf, wenn verschiedene Komponenten zusammenwirken und sich gegenseitig aufschaukeln. Diese einzelnen Komponenten können für sich genommen (relativ) harmlos sein, d.h., unter einem bestimmten Schwellenwert bleiben, aber insgesamt zu Schädigungen oder selbst zum Verlust von hoch geschätzten Gemeinschaftsgütern führen. (Man denke etwa an das Waldsterben, das durch sauren Regen, Bodenerosionen usw. verursacht wird.)

Die durch diese Wechselwirkung zustande gekommenen Nebenfolgen sind weder einem Einzelverursacher allein zuzuschreiben, noch werden sie (i.d.R.) vorausgesehen oder vorausgesagt. Hier entstehen noch zwei Teilprobleme:

1. die Frage der Verantwortungsbeteiligung bei kumulativen und synergetischen – also sich erst durch Anhäufung und Wechselwirkung – ergebenden Schädigungen

2. die Frage der Verantwortung für unvorhergesehene oder unvorhersehbare Folgen.

Das erste Teilproblem kann man das Problem der Verantwortungsverteilung unter strategischen Bedingungen nennen. Ist beispielsweise das für die Umweltrechtsprechung in Japan gültige abgeänderte Verursacherprinzip, nach dem die statistisch ermittelte Schädigungsbeteiligung durch benachbarte oder vermutete Verschmutzer rechtlich als „Verursachung" gilt, schon hinreichend? Die Beweislast liegt hier beim potenziellen Verursacher, der etwa die Unschädlichkeit seiner Umwelt-Emissionen nachweisen muss. Diese Beweislastumkehr scheint zwar allgemein ein Schritt in die richtige Richtung zu sein, da sie zumindest ein kontrollierbares und handhabbares Modell der globalen Zurechenbarkeit bei Umweltschäden darstellt. Umweltschäden, die ja meist Land, Gewässer und Luft zusammen betreffen, können so zumindest tendenziell verhindert werden. Es mögen so Umweltschutzmaßnahmen gefördert werden, da und insoweit Sanktionen drohen. Schwierigkeiten methodologischer und rechtlicher als auch moralischer Art ergeben sich allerdings bei solchen Zuschreibungen. Zunächst sind die „Nachbarschaft" und die bloß statistischen Verursachungsvermutungen niemals ein Beweis der kausalen Urheberschaft. Ein bloßer statistischer Verdacht kann zwar keine wirkliche Kausalität verbürgen, er reicht auch zur Zuschreibung moralischer Schuld nicht aus, selbst wenn evtl. eine rechtliche Haftungsregel die Schädiger in die Pflicht nimmt. Sodann besteht das Problem der detaillierten Verantwortungsverteilung bei synergetischen und kumulativen Schädigungen, insbesondere falls diese vom einzelnen Handelnden (z.B. von der betreffenden Firma oder dem einzelnen Autofahrer) nur unterschwellig eingebracht werden.

Unabhängig von diesen Überlegungen ist eine gegenwärtige Tendenz, gesetzlich eine Art von (gesamtschuldnerischer) Produkt- und Gefährdungshaftung bei Umweltschäden und Schädigungen öffentlicher Güter einzuführen. Verursacher von Schäden müssten danach verschuldensunabhängig, d.h. unabhängig von Vorsatz bzw. Fahrlässigkeit, haften. Diese Haftungsform würde – so hofft man – abschreckend und somit vorbeugend wirken.

Der durchaus nicht ganz neue Vorschlag zur Beweislastumkehr ist nicht als strikter Grundsatz, sondern als tendenzielle Leitlinie – für genauer zu bestimmende Fälle – zu verstehen. Sind die möglichen Schädiger, die weiterhin rechtlich als „unschuldig" zu gelten haben, „bekannt", d.h., besteht zwischen Schädigungen und auslösendem Ereignis (Emissionen z.B.) ein statistisch signifikanter Zusammenhang oder lässt sich der Zusammenhang anderweitig nicht besser erklären (und dies hätte der Geschädigte nachzuweisen), dann hat der potenzielle Schädiger die Beweislast zu tragen, d.h., er müsste nun seinerseits nachweisen, dass er die Schäden nicht (mit-)verursacht hat. Als Gründe für eine solche Regelung lassen sich u.a. nennen: Wer den Nutzen aus einer Tätigkeit hat, der hat auch das Schadensrisiko zu tragen („Kosten-Nutzen-Prinzip der Produzentenhaftung"). Wer ein Risiko bzw. eine Risikoerhöhung anderen zumutet, handelt gegenüber diesen – und hat insofern wenigstens eine Beweislast zu tragen.

Ferner: Ist jemand für Unvorhergesehenes verantwortlich zu machen? Ein weiteres Teilproblem ist das einer eventuellen Verantwortung für unvorhergesehene Systemwirkungen und Nebenfolgen, die durch die erwähnten synergetischen und kumulativen Effekte entstehen. Auch hier können im Endeffekt nicht einzelne Verursacher allein verantwortlich gemacht werden, sondern verantwortlich wäre gleichsam das ganze System. Ein System kann aber keine echte, zumal keine moralische Verantwortung tragen. Dies gilt selbst wenn manche Computerwissenschaftler und einige Sozialphilosophen dazu neigen, sogar Informationssystemen (moralische und rechtliche?) Verantwortung zuzuschreiben bzw. die jeweilige Verantwortung „im System selbst" (Haefner) verorten, weil ein Einzelner die Verzweigungen der Entscheidungsprozesse innerhalb des Systems weder übersehen noch verfolgen kann. Insofern wäre kein Einzelner mehr fähig, die Verantwortung für

Systementscheidungen zu tragen. Ist dies aber richtig? Wenn Verantwortung bloß innerhalb von Systemen angesiedelt wird und einzelne Personen nicht mehr verantwortlich sind, könnten sich diese allzu leicht auf Entschuldigungen berufen und systematisch vor jeglicher Verantwortlichkeit ausweichen: Es entstünden verantwortungsentzogene Lücken von u.U. gewichtiger gesellschaftlicher Folgenträchtigkeit: eine neue systemerzeugte Unverantwortbarkeit, gar „Unverantwortlichkeit" (im doppelten Sinne)? Ist der Mensch heute aufgrund seiner ins Ungeheuerliche gewachsenen, aber nicht immer ganz im voraus abschätzbaren oder kontrollierbaren technischen Eingriffs- und Verfügungsmacht nicht sozusagen für mehr verantwortlich, als er voraussehen und somit eigentlich (bewusst) normativ verantworten kann? Müsste er nicht auch für unvorhergesehene Nebeneffekte seiner Handlungen etwa bei technischen und wissenschaftlichen Großunternehmungen normative Verantwortung übernehmen? Aber wie könnte er das? Was man nicht weiß, kann man moralisch kaum sinnvoll verantworten. Ursächlich ist man auf jeden Fall – auch für nicht vorhersehbare Schädigungen – „verantwortlich". Die Frage bleibt jedoch, ob man auch „normativ", moralisch oder rechtlich, verantwortlich ist. Folgte man strikt dem Verursacherprinzip im Hinblick auf die Zuschreibung rechtlicher und moralischer Verantwortung, und das erscheint – wenigstens tendenziell im Hinblick auf verursachte Folgen – richtig, so ist man auch normativ verantwortlich. Man müsste also eigentlich auch für die nicht vorhergesehenen oder gar nicht vorhersehbaren Folgen eintreten, müsste – rechtlich gesehen – haften und Schadensersatz leisten. Die Handlungsmacht scheint mehr gewachsen als die Voraussicht – ein kaum lösbares Dilemma der Verantwortlichkeit im systemtechnologischen Zeitalter, das von Wirkungsvernetzungen und dynamischen Veränderungen geprägt ist, denen auch das wissenschaftliche Wissen nicht in allen Verästelungen so schnell folgen kann. Wir müssen Wagnisse eingehen, um Neues zu erkennen, auszutesten, um neue wissenschaftliche und technische Lösungen zu finden und um den sozialen Fortschritt in einer Massengesellschaft aufrecht zu erhalten, aber wir müssen ganz allgemein und speziell bei Großversuchen, möglichen Gefährdungen von Mensch und Natur sehr vorsichtig sein. Auch müssen wir vermehrt Beziehungen und (insbesondere nicht-lineare) Wechselwirkungen in den komplexen Systemen und selbst mögliche Gefährdungen nach Wahrscheinlichkeiten oder Risiken beachten. (Man denke als Beispiele an die Risikostudien über die zivilen Kernkraftwerke.)

Hinsichtlich der moralischen Beurteilung ergibt sich für alle die genannten Teilprobleme der Verantwortungsverteilung: Eine ursächliche Verantwortung kann meist keinem einzelnen Individuum noch die Verursachung einem einzelnen Bereich alleine zugeschrieben werden, wenn die Entwicklung und besonders die Beschleunigung von einer Vielzahl sich gegenseitig steigernder Wechselwirkungen abhängt. Nicht nur entsprechend der jeweiligen Aufgaben- und Rollenverantwortung, sondern auch im Moralischen und im Rechtlichen übernehmen natürlich die beteiligten Individuen eine gewisse Mitverantwortung entsprechend ihrer aktiven oder zu erwartenden Mitwirkung.

Die Technik, der technische Fortschritt und die technisch-ökonomische Entwicklung und die damit verstärkt einhergehende Schädigung von Land, Luft und Gewässern erweisen sich als Phänomene vieler Bereiche und Blickwinkel. Sie dürften künftig vermehrt interdisziplinäre und komplexitätsangemessene Ansätze erfordern; sie ergeben sich erst durch ständiges Wechselspiel der verschiedenen Bereiche und Akteure, durch (oft strategische) Handlungen vieler Korporationen und Individuen. Diese Phänomene weisen eine große Komplexität hinsichtlich individueller, kollektiver und korporativer Beiträge, verschiedener Bereiche und gesellschaftlicher wie auch natürlicher Hintergrundfaktoren auf. Die technische Entwicklung auf fast allen Gebieten, insbesondere was die zeitlichen Beschleunigungen angeht, verläuft geradezu lawinenförmig („exponentiell"). Das Gleiche gilt für fast alle stark verzweigten, hochkomplexen und interdisziplinär verflochtenen sozialen Entwicklungsprozesse. Die Beschleunigungen und Verflechtungen werden zunehmen. Sie haben mit den neuen globalen Vernetzungsmedien der Telekommunikation und des Internet mittlerweile eine neue Dimension erreicht. Börsenkursreaktionen von Tokio über Frankfurt nach New York zeigen diese planetarische Direktverbindung und „Allpräsenz" in den Reaktionen ebenso wie die elektronischen Bildmedien, die es erlauben, überall virtuell „dabei sein zu können", wo auf der Erde etwas Spektakuläres oder politisch Wichtiges geschieht.

Neben der besprochenen Verantwortungserweiterung müssen wir handhabbare Modelle der Verantwortungsbeteiligung und -verteilung bei kollektivem Handeln entwickeln und zu verwirklichen suchen. (Das gilt für das sog. Massenhandeln ebenso wie für das „strategische" wie auch für das unternehmerische Handeln und Entscheiden sowie für das Kreditwesen!) Ideale Forderungen ohne praktische Chancen zur Verwirklichung durch institutionalisierte Verfahren bleiben nahezu wirkungslos. Appelle zur Vermeidung sozialer Fallen allein nützen nicht viel, sie sind zwar notwendig, aber allein nicht hinreichend, nicht ausreichend wirksam. Man muss auch operational greifbare Abläufe, Maßnahmen und Konsequenzen einführen, wie z.B. rechtliche Sanktionen, finanzielle (Markt-)Anreize zur Produktions- und Produktumstellung, Bestimmung von Eigentumsrechten für öffentliche Güter mit z.B. stellvertretender, treuhänderischer Überwachung und verbindlicher Sanktionierung usw. Als Leitlinie könnte gelten: Höchstens so viele Gesetze, Ge- und Verbote wie nötig, doch so viele Anreize („incentives"), Eigeninitiative und Eigenverantwortung wie möglich. Selbst wenn dies recht pauschal klingt, kann es die Richtung einer notwendigen Neuorientierung – nicht nur bei sozialen Fallen – aufzeigen.

Eine auf Individuen bezogene moralische Neuorientierung ist zwar notwendig, genügt aber nicht. Strukturelle Anreize, Entschärfungen dilemmaträchtiger Situationen, strukturelle Rahmenänderungen, gesellschaftliche Sanktionsmechanismen und institutionelle, gesetzliche bzw. politische Rahmenregelungen sind zusätzlich erforderlich. Ein gestaffeltes System, ein ganzes Bündel von Maßnahmen sollten in Modellen und Szenarien durchgespielt, geprüft und gegebenenfalls in die Praxis eingeführt werden[4].

Allgemein muss angesichts der Aufspaltung der Einzelverantwortlichkeiten und der unübersichtlichen Verzweigungen auch dem Staat eine wesentliche „institutionelle Verantwortung" und den repräsentativen Entscheidungsträgern individuelle (Mit-) Verantwortung für die wirtschaftliche Entwicklung und für die Anwendung entwickelter technischer Verfahren zugeschrieben werden – gerade auch für die Entwicklung technologischer Großprojekte –, wenn man nicht eine fragwürdige These vom eigendynamischen „naturwüchsigen" ökonomischen und technologischen Entwicklungsprozess vertreten will. Alle gesellschaftlichen Technisierungsprozesse geschehen keineswegs in naturgesetzlicher Unabänderlichkeit. Sie ergeben sich aus Entscheidungen von Menschen. Das Menschliche und das Humane sollte, darf künftig dabei nicht zu kurz kommen.

Zur Problematik lässt sich wiederum generell sagen: Der Erweiterung der individuellen (Mit-)Verantwortlichkeit müssten eine Neugestaltung der entsprechenden Teile des Rechtssystems und von dessen Verfahren zur Verantwortungszuschreibung entsprechen sowie die Entwicklung einer sozial anteilig mitzutragenden Verantwortung und die nachdrückliche Schulung des moralischen Gewissens. Ebenfalls sind Modelle korporativer Verantwortung zu entwickeln und diese institutionell auszugestalten. Unterschiedliche Ver-

---

4 Dies gilt (übrigens) in gleicher Weise für die nur angedeuteten Probleme im Arbeits- und Berufsleben und für dessen Verhältnis zum bürgerschaftlichen Eigenengagement, zur Freizeit- und eigenverantwortlichen Lebensgestaltung, wie ich aus meiner Tätigkeit als Mitglied der „Zukunftskommission Gesellschaft 2000" des Landes Baden-Württemberg weiß. Ob man nun von geringe Kosten erstattender oder unbezahlter „Bürgerarbeit" spricht (wie die Kommissionen aus Bayern/Sachsen bzw. Baden Württemberg) oder – besser! –, von bürgerschaftlicher Aktivität, „Eigenarbeit" usw., ist gleich. Wichtig ist, dass unsere demokratische Gesellschaft heute schon und vermehrt künftig von wesentlich auch freiwilligem engagierten Eigenhandeln, von Eigenverantwortlichkeit und Eigenleistung leben dürfte, die sie durch bloße zentrale Erlasse nicht erzwingen kann (vgl. Verf.: *Eigenleistung,* 1983). Sie sollte diese fördern – wo überall möglich, aber nicht durch Überorganisation und Überbürokratisierung (zer-)stören.

antwortungsarten sind genauer zu analysieren, um der komplexeren Struktur der Wirkungsvernetzung und den immer weiter ausgreifenden Handlungs-wirkungen gerecht zu werden. Konzepte für eine soziale(re) Orientierung der Verantwortung wie auch des Gewissens hätten dabei im Vordergrund zu stehen. Die Ethik muss sich den Herausforderungen durch neue, technisch vervielfachte Handlungsmöglichkeiten und Auswirkungen stellen, ohne ihre herkömmliche Grundeinstellung zu verleugnen.

Eine Erweiterung des Bewertungshorizonts – man denke etwa an die er-wähnte Berücksichtigung der (moralischen) Rechte künftiger Generationen, an Quasi-Rechte der Naturarten – ist besonders dringend geboten.

Wie lässt sich Verantwortung innerhalb von handelnden Gruppen sinnvoll zumessen und verteilen? Das Handeln Einzelner rückt heute und künftig gegenüber kollektivem Gruppenhandeln und institutionellem Handeln immer mehr in den Hintergrund. Daher stellen sich Probleme der Verantwortungs-verteilung in technisch und ökonomisch geprägten und hoch entwickelten Gesellschaften, in Industriegesellschaften in verstärktem Maße.

Produktionskomplexität und die Tätigkeitsverzahnung in Unternehmen und bei Großprojekten erschweren die Zurechnung und Zuordnung von (un-erwünschten) Handlungsfolgen und die kontrollierbare Zuschreibung von Verantwortung. Die herkömmlichen individualistischen Auffassungen der Ethik und der Ökonomie reichen hier offenbar nicht aus. Sie richten ihr Augenmerk fast ausschließlich auf Handlungen der Einzelakteure und nicht auf kollektive und korporative (unternehmensgebundene bzw. institutionelle) Handlungsformen und nicht auf Struktur- und Systemzusammenhänge. Ethische Ansätze sind bislang in der Tat zu stark individuen- und personen-orientiert gewesen, beachteten zu wenig strukturelle soziale und gesell-schaftliche Aspekte. Sie waren nicht ausreichend sozialethisch und struk-turell ausgerichtet. Das habe ich schon früher vor 20 Jahren betont. Eine Ethik für Institutionen und Organisationen ist allenfalls in Ansätzen vorhan-den. Freilich werden in der Rechtswissenschaft solche Probleme bereits eingehender behandelt. Hier gibt es einige interessante Lösungsansätze. Einschränkend ist allerdings zu sagen, dass das eigentlich überzeugende Verursacherprinzip als Voraussetzung der Verantwortungszuschreibung je-doch auch vor schwierigen Probleme steht, wie oben beispielhaft erwähnt. Solche Schwierigkeiten resultieren schon aus der Form kollektiven Handelns und z.B. der angeführten Problematik, Einzelakteure bei synergetischen und kumulativen Prozessen, Gruppenbildungen sowie ungünstigsten Faktoren-kombinationen verantwortlich zu machen. Rechtliche Regelungen versagen weitgehend bzgl. ökologischer und emissionsquellenferner Schäden und bei einer angemessenen Vorsorgeplanung (z.B. Luftverschmutzung, Waldsterben). Ein gesetzlicher Regelungsbedarf wird vielfach festgestellt, aber bisher nur ungenügend wirksam gefasst und kontrollierbar bzw. sanktionierbar gestaltet.

Eine gesamtschuldnerische Haftung mit Innenregress durch Bildung von Gefahrenkreisen, verschuldensunabhängige Produkt- und Gefährdungshaftung, Beweislastumkehr, hohe Wahrscheinlichkeit der Verursachung, Schadensersatz aus Fonds, (strukturelle) Anreize zur Internalisierung externer Effekte, Umweltzertifikate, die von Korporationen ge- und verkauft werden können, werden in der Literatur diskutiert und vorgeschlagen. Die Hauptschwierigkeiten solcher rechtlichen Lösungen liegen bei etwa unterschwelligen Einzelbeiträgen i.A. in der Nicht-Haftung bei erlaubtem Handeln und etwa in der Festlegung von Grenzwerten.

Die Verantwortung für Landnutzung und Natur, deren Arten und Systeme sowie für die Wahrung ökologischer Gleichgewichte, die Mitverantwortung für die Lebensbedingung künftiger Generationen, für die Erhaltung, Regenerierung und maßvolle Nutzung von Rohstoffreserven und für Fern- und Nebenwirkungen eigenen Handelns gewinnen, wie wir gesehen haben, zunehmend politische und moralische Brisanz.

Zu den Verteilungsproblemen der ersten Art sollen nur kurze Thesen formuliert werden:

Verantwortung ist – wie erwähnt – eine Funktion von Macht, Einfluss und Wissen. Jeder hat Mitverantwortung entsprechend seiner strategischen Stellung im Macht- und Wissenszusammenhang eines Handlungssystems, einer Korporation, Institution usw. Je zentraler die Stellung (Anordnungsbefugnis, Hierarchieebene), umso mehr nehmen die Verantwortlichkeiten zu. Diese Leitidee lässt sich genauer ausarbeiten – etwa, indem man Modelle der mathematischen Graphentheorie verwendet und die Zuschreibung von Rechten und Pflichten auf verschiedenen Hierarchieebenen untergliedert. Jeder im System ist also mitverantwortlich entsprechend seiner Stellung sowie seiner praktischen Einflussnahme. Genauso wenig wie der Inhaber der leitenden Position für Alles allein verantwortlich ist, ist derjenige, der keinen Einfluss hat, überhaupt verantwortlich (vgl. den folgenden Kasten mit dem Zitat zur Verantwortungsverteilung in Russland).

„Niemand ist für irgend etwas verantwortlich. Deshalb ist der Präsident praktisch für Alles verantwortlich – und praktisch doch wieder nicht. Denn allen ist klar, dass eine Person nicht für Alles verantwortlich sein kann.

Als Ergebnis haben wir: Niemand ist für irgend etwas verantwortlich. Denn alle sind mit allen – verfilzt."

Simonow, Mitte der 90er Jahre Vorsitzender der Moskauer Stiftung zur Verteidigung der Glasnost, über Zuständigkeit und Verantwortung in der russischen Führung (n. Frankfurter Allgemeine Zeitung 26.11.1996)

Im Hinblick auf moralische Mitverantwortung sollte es keinen Verwässerungseffekt geben (dürfen). Solche Verwässerungseffekte bei „Mitläufer"phänomenen und „Rädchen-" bzw. „Befehlsnotstandsausreden" (z.B. der KZ-Schergen) widersprechen einem weitverbreiteten ethisch-moralischen Urteil. Entsprechend ist auch bei wachsenden Mitgliederzahlen mitverantwortlicher Gruppen zu sagen: „Je mehr Personen entscheiden, desto weniger fühlt sich jeder einzelne verantwortlich": Das gilt zwar faktisch häufig, kann aber keine Regel der moralischen Verantwortungszuschreibung sein. Moralische Verantwortung ist nicht wirklich aufteilbar, delegierbar, sondern nur sozusagen nur positiv „quasi-teilbar". Moralische Verantwortung ist nämlich beteiligungsoffen. (Ein weiteres Problem sei nur erwähnt: Oft ist in komplexen Organisationen der Entscheidungsträger nicht identisch mit dem, der die Handlung ausführt, also eigentlich handelt.)

Neuerdings wird in diesem Zusammenhang das sogenannte „Kuchenmodell" der Verantwortungsverteilung diskutiert: Verantwortung sei wie ein Kuchen in Stücke zu teilen, die dem jeweiligen Verantwortungsanteil entsprechen. (Mit-)Verantwortung – und zumal moralische – ist jedoch kein teilbarer Kuchen. Moralische Verantwortung ist prinzipiell nicht wie ein Kuchen aufteilbar, sollte nicht verwässerbar sein, selbst wenn faktisch in politischen Zusammenhängen – etwa bei Wahlen, in Parlamenten und Gremien – der Eindruck entstehen mag, dass mit der wachsenden Zahl (der Mitglieder) die Verantwortlichkeit des Einzelnen sinkt oder gar schwindet. Das Kuchenmodell erweist sich m.E. letztlich als zu vereinfacht und auch undurchführbar. So sind wenigstens die Kenntnisse der Situation einzubeziehen, außerdem die Bereitschaft, zu kooperieren oder die Zusammenarbeit zu verweigern, ebenso Gruppengefühle und „Team-Wirkungen". Die Verteilung der Verantwortung hängt auch vom Verantwortungstyp ab: Im Gegensatz zur moralischen Verantwortung ist Schadensersatzpflicht leicht(er) teilbar. Die Formen der Verhinderungs- und Erhaltungsverantwortung, z.B. auch die Hilfepflichten (Verantwortung zur Vermeidung von Unterlassungen), scheinen eher einer Verantwortungsmitbeteiligung zugänglich zu sein.

4. Zu den Wertgrundlagen für die Umweltforschung

Heute ist die Natur eine weitgehend vom Menschen gestaltete und umgestaltete, veränderte Natur. Selbst die Naturreservate, deren es ja in dichtbesiedelten Ländern und Kontinenten nur noch relativ wenige gibt, sind gefährdet, müssen vom Menschen aufrecht erhalten und „gewartet" werden, sind sozusagen künstliche Paradiese geworden. Das muss uns veranlassen, die ökologische Problematik z.T. in einem neuen Lichte zu sehen, wenn es die unberührte, vom Menschen nicht umgestaltete Natur nur noch in Restzonen der Erde gibt, beispielsweise die Antarktis oder manche Regenwälder im Amazonasgebiet, die noch wenig vom Menschen beeinflusst sind. Das US-amerikanische World-Watch-Institut hat Anfang 1998 eine tief greifende ökologische Steuerreform zur Erhaltung der Erde gefordert: stärker besteuert werden müsse der Ausstoß von Kohlendioxid, die Nutzung von Rohstoffen und sonstiges umweltschädliches Verhalten, verlangte das Institut in Washington in einem Bericht zur Lage der Welt. Die Menschheit zerstöre die Erde, wenn sie ihre Lebens- und Produktionsweise nicht rasch auf umweltverträgliche Bahnen lenke, so erklärte der Präsident dieser Institution, Lester Brown. Man habe z.B. in den letzten fünfzig Jahren den Holzverbrauch verdoppelt, den Wasser- und Getreidekonsum verdreifacht, die Verbrennung kohlenstoffhaltiger Substanzen fast verfünffacht. Das könne so nicht weitergehen, weil die bedrohlichen Anzeichen für die Erschöpfung der Vorräte gleichzeitig – etwa beim Holzverbrauch und natürlich auch im wesentlichen Sinne beim Wasserverbrauch – eine drastische Gefährdung der natürlichen Lebensumwelt mit sich bringen. Am bedrohlichsten sei die sich verschärfende Nahrungsmittelknappheit: Erstmals seit Jahrzehnten ist der Preis für Getreide seit 1997 wieder gestiegen. Unterschätzt werde auch die drohende Wasserknappheit: Der Grundwasserspiegel falle auf allen Erdteilen, die künstliche Bewässerung nehme immer noch zu. Die konsumorientierte westliche Wirtschaft und ihr Modell des Wachstums kann, nach Überzeugung des World Watch-Instituts nicht auf die ganze Welt ausgedehnt werden: Es müssten die wohlhabenden Nationen in Europa, Nordamerika und Asien stärker Wind- und Sonnenenergie und in geringerem Maße fossile Brennstoffe nutzen. Wollten zum Beispiel, so hat man ausgerechnet, die Chinesen alle so viel(e) Auto(s) fahren wie die Einwohner der USA, so müssten jeden Tag achtzig Millionen Barrel Erdöl mehr gefördert werden. Derzeit liegt aber die Welterdölproduktion bei vierundsechzig Millionen Barrel pro Tag. Das heißt, es müsste die Produktion weit mehr als verdoppelt werden. Und so ähnlich ist es auch beim Fleischkonsum: Wollten die Menschen in China so viel Fleisch essen wie die US-Amerikaner, so müsste die gesamte amerikanische Getreideernte an die Fleisch zur Verfügung stellenden Rinder verfüttert werden. Das zeigt sinnfällig die Dramatik dieser Problematik. Das Recycling von Materialien allein kann offenbar nicht ausreichen. Es muss in viel stärkerem Maße zwar genutzt werden, aber es muss auch eine Einstellungsänderung weltweit stattfinden. Und das ist natürlich ein besonders schwieriges Problem. Wie kann eine solche in unseren Gesellschaften mit ihren Wirtschaftsstrukturen überhaupt stattfinden?

Jede sparsame Verwertbarkeit von Energiequellen, zum Beispiel Recycling, ist zwar durchaus einsetzbar, wenn es bestimmte Anreize gibt: aber dies ist natürlich keine Allheilmethode. Was Europa angeht, so haben wir auch leidend gelernt, dass unsere Umwelt nicht mehr das ist, was sie einmal war; es ist mit der Umwelt geradezu wie mit der Zukunft: Die Zukunft ist auch nicht mehr das, was sie einmal war, das wissen wir alle. Die Verschmutzungszahlen, bspw. beim Wasser, auch beim World-Watch-Institute aufgeführt, sind für Europa, etwa für den Rhein, besonders gut bekannt: allein pro Stunde werden 600.000 m^3 Abwässer in den Rhein geleitet (Möller 1993). Jährlich werden etwa 11 Millionen Tonnen Chloride, 4,5 Millionen Tonnen Sulfate, 828.000 Tonnen Nitrate und viele andere Kohlenstoff-Eisen-Verbindungen, Ammonium (38.000 t), Phosphor (28.400 t) usw. in den Rhein geleitet, darunter auch 129 Tonnen Arsen, 10 Tonnen Cadmium, also hochgiftige Schwermetalle, 6 Tonnen Quecksilber[5]. Entsprechendes gilt für die

---

5 Aufgrund der Arbeit der internationalen Kommission zum Schutz des Rheins und der Vereinbarung der anliegenden Staaten hat sich die Situation des Rheinwassers in den letzten eineinhalb Jahrzehnten merklich entschärft: Der Rhein wird mittlerweile (Jacob 2001) als ein „Paradebeispiel einer gelungenen Sanierung" bezeichnet, dessen Zustand wieder einen Säuberungsgrad wie vor 80 Jahren erreicht habe. Dies wurde vor allem durch hochwirksame mechanisch-biologische Kläranlagen und durch einen Warn-, ständigen Kontroll- und Alarmdienst sowie Fischtreppen, etwa bei Iffezheim-Neuburgweiher (seit 2000 in Betrieb für 15 Mio. DM), erreicht. Lachse sind zum ersten Mal seit fast 50 Jahren wieder im Rhein aufgetaucht (81 passierten im Jahr 2000 die erwähnte Staustufe bei Iffezheim); fast alle 45 Arten jener Fische, die vor ca. 200 Jahren im Rhein lebten, sind wieder vorhanden. Neben den industriellen Verschmutzungen haben auch die Belastungen aus „diffusen Quellen" und „punktuellen Einleitungen" von Schadstoffen wie Schwermetallen, Pflanzenschutzmitteln usw. zwischen 1985 und 1996 „geradezu sensationell" nachgelassen: „Chrom z.B. um 95 % von 600 auf 32 Tonnen, Zink um 72 %, Blei um 80 %, PCB um 99 % und Phosphor um 69 %". Von 76 derzeit kontrollierten Einzelstoffen übersteigen nur noch „7 die gültigen Grenzwerte: die Schwermetalle Quecksilber, Cadmium, Kupfer und Zink, das Insektizid Lindan, das Herbizid Diuron, sowie polychlorierte Biphenyle (PCB)" (Jacob 2001). Darüber hinaus sind noch Arzneimittel und andere „endokrin wirksame Substanzen" im Rhein vorhanden wie ein Experte (Dister) von World Wildlife Fund feststellte: zum Beispiel Hormone, Antibiotika, Mittel gegen Kopfschmerzen oder übermäßiges Blutfett im Oberflächenwasser, was „bei Fischen

Nord- und die Ostsee. Die größten „Verschmutzerquellen" sind dabei die Flüsse, die in diese münden. Das Algenproblem in der Nord- und Ostsee in den letzten Jahren ist ja noch in weniger guter Erinnerung.

Aber was hat das alles – außer der bloßen Feststellung – in der Öffentlichkeit bewirkt? Die Öffentlichkeit ist bewusster geworden, auf die Umweltproblematik einzugehen, sie sieht in gewissem Sinne die Gefahren, hat aber auch nur wenig Möglichkeiten, direkt lenkend und steuernd einzugreifen. Wie ist denn mit unserem Rechtssystem? In der Tat hat sich einiges getan. Früher gab es nur sehr wenige Gerichtsverfahren in Sachen Umweltverschmutzung und auch kaum rechtliche Möglichkeiten. Seit der fortschreitenden Umweltgesetzgebung in den letzten Jahrzehnten ist es etwas besser geworden: 1988 wurden bei den altbundesdeutschen Gerichten 21.116 Anklagen wegen Umweltschäden erhoben. Diese bezogen sich auf 16557 Verdächtige. Nur in 4.442 Fällen wurden potenzielle Schädiger angeklagt. Aus der Gesamtzahl der Fälle führten nur 2.344, also etwa 11 %, zur Verurteilung. Von 1983–1985 gab es nur 97 Verurteilungen bei ca. 28.000 Anklagen wegen ökologischer Schäden. Die meisten wurden natürlich nicht ernsthaft, etwa mit Gefängnisstrafen, belegt, sondern auf Bewährung oder zu Geldstrafen oder -bußen verurteilt.

Auch weitere Zahlen aus Baden-Württemberg belegen den steigenden Trend: Für das erste Halbjahr 1997 wurden 986 Umwelt-Straftaten ermittelt, etwa ein Drittel der Fälle betraf die illegale Abfallentsorgung. Wir hatten neulich einen Fall direkt in unserer. Eine große Spinnerei war abgebrannt, und die Entsorgungsfirma, die beträchtliche Gelder kassiert hatte, hat „das Zeug" eben einfach in der Nähe, direkt im Albtal, vergraben – im Grunde also ein illegales Geschäft zu Lasten der Umwelt und aller Bürger aus dieser Abfallentsorgung gemacht. Man sieht ja heute immer noch, dass neben Autobahnen alte Fässer „entsorgt" werden usw.

Die ökologischen Schäden, die überhaupt erfasst und monetarisierbar sind (vgl. o. die Abschätzungen von L. Wicke in Kap. 2.3 und die Tabellen in Kap. 2.3.1ff.), betragen in den westlichen Industrienationen ca. 3–5 % des Bruttoinlandsprodukts; erfasst werden nur die sog. kompensatorischen oder defensiven Ausgaben: ca. 10 % des Bruttoinlandsprodukts der Bundesrepublik, die das Bruttoinlandsprodukt steigern, obwohl sie lediglich dem Schadensausgleich dienen. So erhöhen Schädigungen, die als Begleiterscheinung sog. negativer externer Effekte und infolge der wirtschaftlichen Aktivitäten auftreten, und deren Ausgleich das Bruttoinlandsprodukt, aber die

---

schon zu Geschlechtsumwandlungen geführt" habe. Verschmutzungsquelle bzw. -ursache hierfür sind nicht mehr die pharmazeutischen Anrainerfirmen, sondern die medikamentenverbrauchenden Anwohner!

Schädigungen selber werden gar nicht ursprünglich erfasst. Was lässt sich da tun – insbesondere, wenn die Ökonomie diese externen Effekte zwar in gewisser Weise wahrnimmt, aber nicht in Rechnung stellt, insbesondere nicht intern in den volkswirtschaftlichen Bilanzrechnungen?

Mein Freund und Kollege Wolfgang Eichhorn, Ökonom an der Universität Karlsruhe, versuchte dem entgegenzusteuern, indem er die traditionellen wirtschaftspolitischen Ziele des „magischen Vierecks" Vollbeschäftigung, Preisniveaustabilität, Zahlungsbilanzgleichgewicht und ein angemessenes Wirtschaftswachstum erweiterte zum „magischen Neuneck": Er nennt als weitere Ziele insbesondere – schon 1990, also vor der Integration des Umweltschutzes als Mitstaatsziel – Umweltschutz, Sicherheit im engeren Sinne, Wettbewerbsfähigkeit der Volkswirtschaft, Elastizität der Volkswirtschaft, angemessene Verteilung des Volkseinkommens. Alle diese neun Ziele sind also genau so wie die vier zuerst genannten des magischen Vierecks natürlich nicht unabhängig voneinander. Würde man nur ein einziges Ziel maximieren bzw. minimieren und die anderen außer Acht lassen, so wäre das weder ökonomisch noch sozial sinnvoll. Im Hinblick auf unser Thema sind natürlich insbesondere das Umweltschutz- und Sicherheitsziel relevant. Im Hinblick auf das Umweltschutzziel unterscheidet Eichhorn eine kurzfristige Sicht und eine mittlere bis lange Sicht und er fordert natürlich insbesondere ein qualitatives anstatt eines (rein) quantitativen Wachstums. Zum differenzierten Wachstum gehören eben Ausweitung der Produktion umweltschonender Güter. Sowohl im Ressourcenverbrauch als auch bei der Umweltverschmutzung müssen diese berücksichtigt werden: eine Verringerung der Produktion solcher Güter, die natürliche Ressourcen in relativ großen Mengen verzehren oder die Umwelt stark belasten. Sowohl ökonomische als auch politische Faktoren und Fakten sprechen seiner Meinung nach für eine Hoffnung auf Produktumstellung: Man könne hier durchaus etwas erreichen. Allerdings weist Eichhorn auch auf Schwierigkeiten hin: insbesondere bei der Erarbeitung des Sicherheitskonzepts. Schwierig sei dieses insbesondere, weil es eben keinen einzigen alleinigen Gesamtentscheidungsträger für die entsprechenden Effekte und Risikoerstellungen oder Risikowahrscheinlichkeiten gibt. Dennoch muss natürlich die Abwägung von Risikonutzen und -kosten und auch den entsprechenden Opportunitätskosten erfolgen. Man könne die Sicherheits-, Umweltschutz-, Wettbewerbsfähigkeit und das Elastizitätsziel wenigstens in eine gewisse Resonanz bringen. Diese kurzfristige Erweiterung der gesamtwirtschaftlichen Ziele kann man natürlich durchaus positiv bewerten. Das ist auch höchst umweltrelevant und müsste wohl einlaufen in eine veränderte Berechnung des Bruttoinlandsprodukts; insbesondere müsste man die Umwelt als ein Kapital und als Ressource mit einbringen, dessen Verbrauch entsprechend anderem eingesetzten Kapital herkömmlicher Art auch eingerechnet oder abgeschrieben werden müsste, das Bruttoinlandsprodukt also mit mindert. Das ist auch im internationalen Bereich mittlerweile eine gewichtige Überlegung: US-Amerikaner haben in Zusammenarbeit von Ökonomen und Biologen versucht, die Dienstleistung der Natur für den Menschen zu ermitteln und auf subjektiv geschätzte, also ungenaue, 56 Billionen DM geschätzt; das ist immerhin fast das Doppelte wie die 30 Billionen DM, die die gesamten Bruttosozialprodukte aller Staaten ausmachen. (Constanza hat das in *Nature* 1997 zu klären versucht.) Man müsste also versuchen, diese externen Kosten in gewissem Sinne intern mit in die Rechnungen einzubringen. Das wäre ein aufschlussreicher Ansatz.

In Baden-Württemberg ist 1997 eine Landesstudie zum Bürgerengagement erschienen; man sieht hierin, dass in gewisser Weise die Befragten die Fähigkeit des Eingreifens bzw. die Effektivität des Umweltengagements sehr unterschiedlich hinsichtlich der Gemeinden des Staates und der Bürger selbst beurteilen. 33 % der Befragten meinten, sie selber könnten sehr viel zur Lösung der Probleme der Umweltbelastung beitragen. Die Schätzungen sind im Wesentlichen ziemlich gleich verteilt: Es werden Staat, Gemeinden und Wirtschaft genannt. Nach der nächsten Aufstellung schätzen diejenigen, die unter Umweltschäden schon persönlich zu leiden hatten, die eigenen Einflussmöglichkeiten nicht so hoch ein – und auch nicht die Möglichkeiten des Staates und der Wirtschaft. Insgesamt, wenn man die Antworten für „viel" und „sehr viel" zusammen nimmt, ist man der Meinung, dass im Wesentlichen die Kommunen hier am meisten beitragen und leisten könnten. Das heißt, es handelt sich nach Ansicht der Bürger vorrangig um ein kommunal-lokales Problem. Wenn es allerdings um Lärm und Verkehr samt Umweltschäden geht, also wenn man die Lärmbelästigung auch in gewissem Sinne als Umweltschädigung ansieht, dann sieht die Schätzung, was die ersten drei Institutionen angeht, ähnlich aus, aber bei den letzten sind die Bürger wieder der Meinung, dass sie selber relativ wenig dazu beitragen können.

4.1 Umweltbelastungen: „Die zur Zeit wichtigsten Probleme in Baden-Württemberg"

„Es können zur Lösung dieses Problems beitragen"*

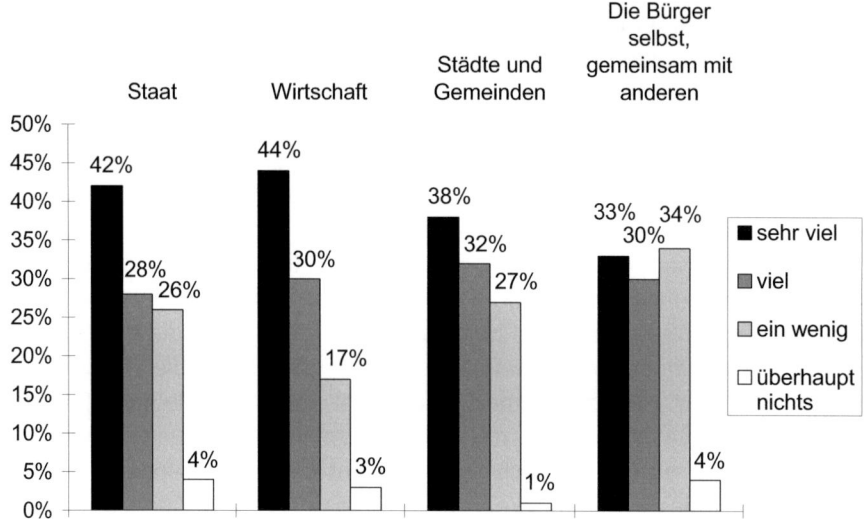

© SIGMA 1997

*Befragte, die dieses Problem zur Zeit als wichtigstes in Baden-Württemberg ansehen.
(Differenz zu 100 % = Antwortkategorie „keine Angabe")

Abb. 4.1 Umweltbelastungen: „Die zur Zeit wichtigsten Probleme in Baden-Württemberg"

„Es können zur Lösung dieses Problems beitragen"*

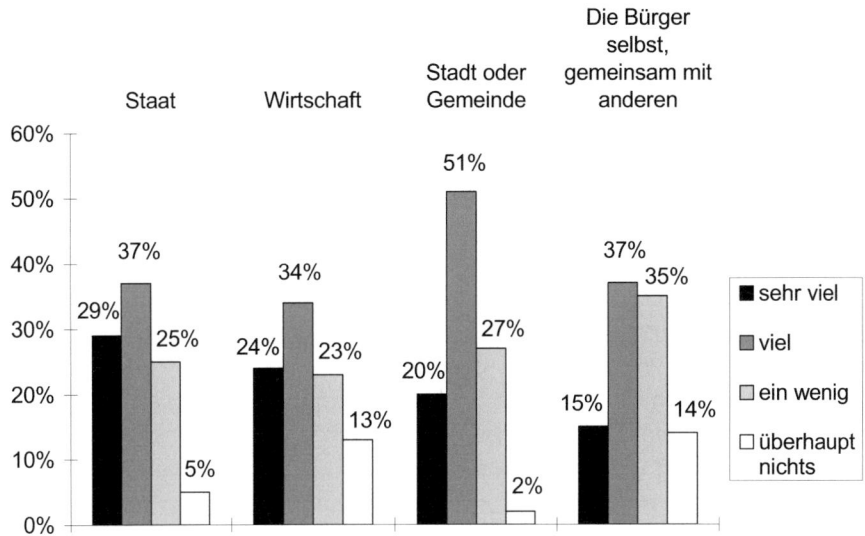

© SIGMA 1997

*Befragte, die von diesem Problem zu der Zeit unmittelbar selbst betroffen sind
(Differenz zu 100 % = Antwortkategorie „keine Angabe")

Abb. 4.2 Umweltbelastungen: „Die zur Zeit wichtigsten Probleme in Baden-Württemberg"

Diese Einschätzungen – ich weiß nicht, wie man sie abschließend gewichten soll – zeigen m.E., dass im persönlichen Nahbereich die Frage nach dem möglichen Bürgerbeitrag und den Umweltbelastungen, ergänzt um die Belastungskategorien Lärm und Verkehr, interessant wird, dass ansonsten die Meinungen sehr gespalten sind und eine Art von Gleichverteilung festzustellen ist: Jeweils ca. ein Drittel der Befragten meint, der Staat, die Wirtschaft, und ebenfalls fast ein Drittel glaubt, die Bürger selber können in erster Linie dazu beitragen, wenn es sich um das allgemeine Problem handelt. Im lokalen Bereich stehen meist die Kommunen im Vordergrund.

Wie steht es nun mit den ökonomischen Beurteilungen ökologischer Probleme? Der Umweltunternehmenstest von 1990 hat ermittelt, dass zwei Drittel aller deutschen Konsumenten Produkte von solchen Unternehmen bevorzugen, die nachweislich umweltverantwortlich handeln. Das heißt also, die Bevölkerung ist schon recht „wach" geworden. Die Frage ist, wie das nun handhabbar und insbesondere berechenbar gemacht und in entsprechende wirtschaftspolitische und politische allgemeine und eben ökonomische Ansätze umgesetzt werden kann. Sind ökonomische Ansätze generell überhaupt geeignet, um ökologische Schäden adäquat zu erfassen? Das ist zumindest problematisch. Damit aber solche Schädigungen überhaupt ansatzweise in Anschlag gebracht werden, müsste zumindest vorausgesetzt werden können, dass alles in Mark und Pfennig eindeutig bewertbar ist. Wie will man aber ökologisch irreversible Schäden – z.B. auch heute noch nicht erkennbare Schäden der Umwelt aufgrund der Langzeitwirkung – oder gar einen Eigenwert der Natur bewerten? Sollen bspw. bei Waldschäden der entgangene Gewinn des individuellen Eigentümers oder der entgangene Nutzen für eine prinzipiell zeitlich offene Gemeinschaft, sozusagen der Nutzer allgemein, zugrunde gelegt werden? Wie lassen sich solche nach Kosten und Nutzen etwa hinsichtlich der Wirkung auf zukünftige Generationen bestimmen? Wie soll – abgesehen jetzt von der Situationsproblematik – zukünftiger Nutzen etwa diskontiert werden, wie es z.B. Birnbacher 1988 forderte. Ist so etwas überhaupt moralisch gerechtfertigt? Oder verstößt dies nicht gegen das Verallgemeinerungsprinzip in der Ethik? Die durch negative externe Effekte entstehenden Boden-, Luft-, Wasser- und Gesundheitsschäden und sonstigen soziale und ökologischen Folgeschäden lassen sich doch gerade nicht so einfach in monetäre Größen fassen. Werden sie in der üblichen Sozialproduktrechnung nicht geradezu systematisch vernachlässigt? Wie können etwa das Aussterben, das Geringerwerden von Freizeitqualitäten, wie sollen überhaupt öffentliche Güter monetär bewertet werden? Die genannten Schäden lassen sich überdies in der Regel nicht einem einzelnen individuellen Verantwortlichen oder Verursacher zurechnen. Das ist eine besonders schwierige Problematik.

Wicke (1991, 31), schätzte – wie oben (Kap. 2.3, 2.3.2) schon belegt – die umweltbezogenen externen Kosten allein für Gewässerverschmutzungen bereits für 1984 auf, nach heutiger Währung über achteinhalb Milliarden Euro, eingeschätzt und meint, für die gesamte alte Bundesrepublik betrügen die Schätzungen hinsichtlich der menschenverursachten ökologischen Schäden weit über 50 Milliarden Euro pro Jahr. Das waren „minimale" Angaben der berechenbaren ökologischen Schäden für die alte Bundesrepublik, die Untergrenze der Schädigungen sozusagen. Diese genannten Schäden sind, wie gesagt, auch als negative externe, aber auch als synergetische oder kumulative Effekte aufzufassen, die zusammenwirken oder u.U. eben erst durch eine Vielzahl von unterschwellig schädigenden einzelnen Beiträgen bzw. Einträgen maximal zustande kommen; man denke etwa an das Luftverschmutzungsproblem. Auch ökologische Schäden, d.h. Schädigungen der Ozonschicht, Aussterben von Pflanzen- und Tierarten und allgemeiner Nachteile für den Naturhaushalt lassen sich als Schädigung von Gemeinschaftsgütern auffassen. In den allermeisten Fällen handelt es sich um einen überindividuellen Verantwortungsinhalt, wie die Juristen sagen. Es sind ja Güter, an denen jeder gerne teilhat, die der genießen möchte, von denen er erwartet, dass alle sie schonen, alle sich „kooperativ" verhalten, nur eventuell, mehr oder minder bewusst, man selber nicht: Die Trittbrettfahrerdevise oder, wie die Spieltheoretiker sagen: „Defektion" als Strategie. Für ökologische Schäden haftete bisher i.A. niemand. Es sind sozusagen keine Vermögensschäden, rechtlich gesprochen, selbst bei den Waldschäden (außer bei Privatwäldern). In der Bundesrepublik haftet niemand, aber alle leiden jedenfalls mit.

Ökologische Schäden sind also in gewissem Sinne nicht dem Einzelnen – und zumal auch nicht wirtschaftlich – zurechenbar; die Naturgüter stehen ja allen zur Verfügung. Daraus folgt, dass ökologische Schäden eben kollektive Güter betreffen. Das gilt auch in rechtlicher Sicht. Man kann zwar sagen, dass die vorhandenen völkerrechtlichen Normen auch ökologische Schäden umfassen und eine Haftung grundsätzlich anerkannt sei, aber wie will man diese durchführen? Man hat keinen Eigentümer, den man verantwortlich machen kann. Das Eigentumsschutzrecht in rechtlicher Sicht ist für den Juristen Hans Schulte, einen Kollegen in Karlsruhe, der über Umweltrecht längere Jahre Vorlesungen gehalten hat (s. sein Buch von 1999), ein entscheidendes Problem. Aber es gibt eben kein geeignetes Mittel zum Schutz vor ökologischen Schäden, da ökologische Schäden, wie er sagt, vielfach Güter ohne privatrechtliche Zuordnung betreffen und keine Vermögensschäden sind. Für die Wiedergutmachung ökologischer Schäden im Gewässerbereich könne z.B. keine privatrechtliche Zuordnung der Nutzung maßgebend sein, sondern nur die Zuordnung der Verantwortung für den ökologischen Zustand des Gewässers. Charakteristisch dabei ist die Schwierigkeit, dass eben keine Eigentumsrechte vorliegen, sondern öffentliche Güter, die durch die übliche Sichtweise, die heute so stark bei den Vertretern der Property-Rights-Theorie der Ökonomie vorherrscht, einfach nicht erfasst werden. Die Verwaltung externer sozialer Kosten müsste in irgendeiner sinnvollen Weise internalisiert werden, aber das ist offensichtlich sehr schwierig. Zumindest theoretisch und praktisch ist schon gar nicht mit einer entsprechenden Patentlösung zu rechnen.

Hier stellt sich also die Frage: wie lassen sich der Wert der Natur und unsere Einstellung zur Natur überhaupt messbar fassen? Die neuerliche Konjunktur von Natur und ökologischen Problemen hat zwar in gewissem Sinne dazu geführt, dass die Bevölkerung bewusster auf Umweltverschmutzung, Rohstofferschöpfung, Erosion von natürlichen Landschaften, das Aussterben vieler Tier- und Pflanzenarten reagiert, über Ballungsphänomene klagt und insbesondere über durch die Industrieabfälle überlastete Umwelt in Ballungsgebieten und neuerdings auch über die menschenbewirkte Veränderung der atmosphärischen und stratosphärischen Schichten, die zu Gesundheitsgefährdung oder gar Klimaveränderung führen (Ozonproblem, CO_2-Problem, Atemluftverschmutzung mit Allergiegefahren usw.). Man lebt heute ohnehin in einer hoch technisierten und von Wirtschaft und Technik gestalteten, von industriellen Produkten stark beeinflussten, wenn nicht sogar schon umgestalteten, also technisch-industriell (um)geprägten künstlichen Umwelt. Manche sind sogar der Meinung, dass es die wirkliche, die echte Natur gar nicht mehr gibt. Die Umwelt ist jedenfalls stark vom Menschen gestaltet, teils verunstaltet, manipuliert oder wenigstens beeinflusst. Man hat das ja in den letzten Jahren auch im Fernsehen miterleben können, wie die systematischen Brandrodungen, beispielsweise in Indonesien 1997, wegen schlechter Sicht sogar zur teilweisen Einstellung des Flugzeug- und Schiffsverkehrs der gesamten Region führten und natürlich zu vielen Atemnot- und Krankheitsproblemen usw. Das Ozonproblem und der Treibhauseffekt haben beide anthropogene Ursachen, sind aber erst sehr spät in dieser Hinsicht anerkannt worden. Das ist natürlich allgemein bekannt und soll hier nicht weiter ausgeführt werden. Auch die voraussichtlichen Abschätzungen von Medizinern hinsichtlich der Todesopfer der entsprechenden CO_2-Problematik will ich hier im einzelnen nicht ausführen, weil das natürlich alles offenbar weitgehend noch recht vage und z.T. subjektiv geschätzt ist.

Die Kyoto-Konferenz hat ja vergeblich, da sich die USA (als der größte CO_2-Emittent immer noch sperrt!) versucht, einen gewissen Kompromiss zur Reduktion der Treibgase zu erreichen, aber erstens muss dies ja noch durch die Länder ratifiziert werden, zweitens ist eine Reihe von „Schlupflöchern" durch Emissionszertifikate enthalten. So dürften nach der Kyoto-Vorlage bei-

spielsweise Russland und die Ukraine, die um 30 % weniger Emissionen seit
1990 aufweisen (aufgrund ihres allgemeinen wirtschaftlichen Niedergangs)
„Verschmutzungszertifikate" verkaufen an reichere und stärker verschmutz-
ende Länder. Das ist natürlich eigentlich nicht der Sinn dieser Umwelt-
Initiation, sondern es ist ein „Kuhhandel" über ein Notproblem. Die Einzel-
heiten eines solchen Schacherns sollen erst noch geregelt werden und man
machte 2001 in Bonn und Genua schon Abstriche ad pejorem statum quo.
Das heißt also, im Grunde sind die Umwelt-Konferenzen weltweit noch nicht
sehr effektiv. Wahrscheinlich muss das Kind durch Katastrophen erst noch
stärker in den Brunnen fallen, bis die Mächtigen und wir alle einsichtiger
werden und lernen können. Eine Öko-Steuerreform ist jedenfalls angesichts
solcher brisanten Tatsachen mehr als überfällig, darf aber natürlich weder
zur Verschleierung von Steuererhöhungen zur Füllung von Haushaltslöchern
noch zum Stillstand der Industrie führen. Preise, die auch die ökologische
Wahrheit sagen, müssten neben anderen strukturellen Maßnahmen ein
deutliches Zeichen setzen, wie etwa in den Toblacher Thesen von 1997 gefordert wurde: „Besonders dringlich ist eine angemessene Besteuerung der
Energie und des Flächenverbrauchs. Die großen Unternehmen und Vermögen entziehen sich heute weitgehend einer Besteuerung durch die Nationalstaaten."

Hat die ökologische Bewegung, die sich seit etwa zweieinhalb Jahrzehnten nun besonders effektiv in Szene gesetzt hat, hier nun bisher sehr viel
verändern können: außer einer gewissen Forderung nicht nur des ‚Zurück
zur Natur' à la Rousseau, sondern geradezu ein ‚Zurück zum ‚Zurück zur
Natur"? Dieses Motto erlangte mit den Öko-Krisenerscheinungen natürlich
eine gewisse öffentlichkeitswirksame – und auch insofern indirekt politische
Resonanz und insbesondere natürlich eine große Wirksamkeit hinsichtlich
der Anregung der intellektuellen Diskussion. Aber es gibt immer ein Auf und
Ab in der Geschichte und ein Umschlagen und Zurückschlagen von einem
Extrem ins andere. Wenn es wirklich kritisch wird, zum Beispiel die Arbeitsplätze gefährdet sind bzw. fehlen, dann ist man natürlich nicht mehr so sehr
bereit, auf Umweltschutz zu achten, es sei denn, man kann das alles so ver-
packen, dass die Umstellung selber einen Gewinn an Arbeitsplätzen be-
werkstelligen würde. Haben wir also Möglichkeiten, durch neue Konzepte,
Modelle, Planungen hier eine gleichzeitig human gerechte und umwelt-
gerechte Entwicklung noch zu steuern? Haben wir Menschen generell die
Natur überstrapaziert, verwandelten wir die Biosphäre in ein Techno-Indus-
trieprodukt? Oder sind wir dabei, den Planeten in eine globale Abfallhalde zu
verwandeln? War die Population bzw. Gattung Mensch, gestützt auf die
Technik, zu erfolgreich? Ich sagte schon, dass wir im wesentlichen künstliche Umwelten geprägt haben, weitgehend in einem Techno-Öko-System

leben (reine ökologische Systeme gibt es kaum noch bei uns) – ähnlich wie die Technik selber in soziale Systeme und Zusammenhänge als eingebettet zu sehen ist. Die Technikphilosophie muss eine Philosophie der sozio-technischen Systeme sein, wie Günter Ropohl immer wieder betont(e), aber die Einbettung muss meines Erachtens noch weitergehen: Es ist nicht mit der Einbettung in das Sozio-Technische getan, sondern wir haben es heutzutage mit Öko-Techno-Sozio-Systemen zu tun. Das führt dazu, dass die bloße fachdisziplinäre Behandlung der Modelle und Probleme einfach nicht mehr ausreicht. Und wer integriert die unterschiedlichen Fachbeiträge und Fachwissenschaften? In der Tat ist es sehr wichtig und richtig, dass dies alles an den Universitäten vorgedacht wird, und ich denke, dass gerade auch die Umweltforschung und die neuen Umweltstudiengänge eine Menge dazu beitragen können. In der Bundesrepublik ergab sich wenigstens hier mittlerweile ein Aufbruch. Es gab 1998 schon 491 Studiengänge, die umweltrelevant sind.

Insgesamt gehört hierzu natürlich dann auch so etwas wie eine präzise(re) Wertermittlung durch analytische Methoden oder gegebenenfalls ökonomische Preisermittlung für die Umweltgüter als kollektive Güter. Da ergeben sich natürlich besondere Probleme bei der Wertermittlung von ökologischen Schäden, Schäden an der Natur und an Umweltgütern.

Dies führt auch ganz allgemein zu der Frage, was Werte denn eigentlich sind. Darauf will ich noch ein wenig eingehen, zwar nicht auf die philosophische Tradition und Debatte, was Werte ihrem „Wesen" nach sind. Vielleicht kann ich nur kurz erwähnen, dass eine bestimmte Intuition der Werte schon von Platon unterstellt wurde. Die Idee war, dass das Gute den obersten Wert in einem Wertereich oder -himmel darstellt, der sich dann in anderen, untergeordneten Werten ausbuchstabiert. Man meinte in der Antike, diesen Wert des Guten – und die Werte generell – könne man mit einem inneren, einem geistigen Auge sehen, aber das lässt sich heute nicht mehr so vertreten. Werte sind viel eher offensichtlich von Wertungen abhängige, abstrakte Artefakte, fiktive Gegenstände („Interpretationskonstrukte" von/in wertender Funktion), die eben aus Bewertungsverfahren entstanden sind und in solchen (re)aktiviert werden. Sie gewinnen erst eine sekundäre, eine gleichsam sozio-fiktive und durch soziale Konventionen bedingte Absicherung, eine etwa durch Vorschriften oder Gesetze zustande gekommene Geltung. Sie sind also sozusagen von sekundärer, aber hochwirksamer Bedeutung für Handlungen. Die Werte sind also in diesem Sinne handlungsbestimmend und mitbestimmend – sie sind besonders wichtig in Bezug auf viele der genannten Probleme, die wir in diesem Sinne erst (er)fassen können. Sie sind, meiner Ansicht nach, zu interpretieren als etwas, was man „Interpretationskonstrukte" normativer Art – kurz: „normative Interpretationskonstrukte" – nennen könnte. Sie können natürlich auch beschrieben werden, aber ihre prototypische Einführung beruht zunächst darauf, dass sie als Interpretationskonstrukte aufzufassen sind, welche Handlungen und Einstellungen vorschreiben, lenken und leiten und in gewissem Sinne auch als Orientierungsmaßstäbe für die Begründung von Regeln, Handlungen, Normen, Institutionen und Sanktionen, usw. dienen. Ich denke, dass man insgesamt auch eine gewisse vereinheitlichende Funktion bei der Funktion von Werten in unterschiedlichen Gesellschaften feststellen kann. Ich meine, in den unterschiedlichsten Kulturen und Gesellschaften sind, trotz aller empirisch festzustellenden Relativität der Wertungen im Einzelnen, doch Gemeinsamkeiten vorhanden: nämlich zum Beispiel die (Normen zur) Sicherung der Überlebenschancen der entsprechenden Gruppe(n), beziehungsweise Gesellschaft, sei es nun eine Sippe oder sei es ein großes Volk. Es gibt doch so etwas wie eine übergreifende Funktionalität der Werte im Systemzusammenhang. Das (Über-)Leben der Einzelnen und der jeweiligen Gruppe wird in fast allen Gesellschaften stark favorisiert, hoch geschätzt und entsprechend auch bewertet; und selbst bei Abweichungen sind doch funktionale Begründungen für diese Abweichungen auch im Sinne der Überlebensdienlichkeit – zum Beispiel des Clans oder der Sippe – zu finden. Man kennt solche Beispiele aus der Geschichte der Kulturanthropologie, dass etwa bei den Eskimos die Alten in den Schneesturm gingen, um dem Clan nicht mehr zur Last zu fallen, dass bei den Buschmännern, der Kalahari, wenn eine Frau zwei nicht-eineiige Zwillinge geboren hatte, von denen eines ein männliches, eines ein weibliches Wesen ist, dass dann eines begraben wurde – und zwar immer das männliche, weil das für die Weiterführung des Clans für das Überleben offenbar „nicht so wichtig" ist. Man kann das durch entsprechende funktionale Überlegungen erklären. Das gilt auch für die Tungusen, bei denen man beispielsweise als älterer Mensch relativ „fit" sterben musste, um im Jenseits, in den „Ewigen Jagdgründen", noch gute Jagdgelegenheiten wahrnehmen zu können: Man durfte also im Interesse des guten Nachlebens nicht zu hinfällig sterben. Selbst dort ist die Sicherung eines bestimmten Weiterlebens einer Einheit, in diesem Fall des Individuums, im Nachleben vorrangig, also ein funktionales Erfordernis.

Heute geht es freilich nicht mehr darum, sondern es handelt sich um Überlebensbedingungen der Gesamtmenschheit auf einer enger gewordenen und durch globale Wirkungs- und Handlungsvernetzungen gekennzeichneten Erde, auf der viele, wenn nicht sogar die meisten ökologischen Schäden auch länderübergreifend verursacht werden und keineswegs auf einzelne Länder eingeschränkt werden können. Auf dem Wege zu einer Weltgesellschaft scheint sich unter dem Signum der technologisch erfolgreichen abendländisch-westlichen Zivilisation trotz aller Regionalismen, Ethnozentrismen und Fundamentalismen doch eine Art von Vereinheitlichung bestimmter, nämlich funktionaler Werte und Wertsysteme gleichsam empirisch auszubilden (wie ich bereits 1966 betonte). Das ist ein Punkt, der heutzutage in der Philosophie und insbesondere auch in der analytischen Aufarbeitung stärker zu berücksichtigen wäre. Ich möchte nicht auf die sozialwissenschaftlichen Definitionsversuche von Werten eingehen, wie sie insbesondere von Kluckhohn, von Kmieciak u.a. vorgebracht worden sind und auch z.T. der gängigen Wertwandlungsdiskussion zugrunde liegen. Diese Definitionen (z.B. bei Kmieciack) haben den Nachteil, dass die Wertkonzepte zu stark als hypothetische Konstrukte des Wissenschaftlers, der Werttatsachen, Wertwandlungen beobachtet, vorgestellt werden – und weniger, zu wenig als handlungsleitende Konstrukte, die der einzelne im Alltag selber befolgt, indem er sich bestimmte Ziele, Wertungen vorsetzt, vornimmt oder als in seiner entsprechenden Kultur verinnerlichte übernimmt und eben danach handelt. Das ist ein Punkt, der, wie ich glaube, wichtig ist gegenüber der durchaus etwas zu „kopflastig" wissenschaftstheoretisch bzw. wissenschaftsmethodologischen Hinsicht der Diskussionen über Bewertungen und Wertewandel. Wertaussagen sind eben etwas Anderes als das bloße Verwenden von hypothetischen Konstrukten unter der Sicht des Wissenschaftlers. Heutzutage sieht man durchaus, dass Werturteile in gewissem Sinne auch unter dem Aspekt der Ökonomie diskutiert werden können bzw. müssen. Das ist ein Ansatz, der in den derzeitigen Wertdiskussionen eine Rolle zu spielen beginnt. So hat etwa Kenneth Boulding, der Ökonom, schon vor langem behauptet, Werte seien nichts Anderes als Äquivalenzklassen von Präferenzfunktionen, d.h. also Mengen von auf einer Präferenzskala gleichstehenden Gütern, die dann als Austausch angesehen werden. Gegenstände oder Güter, welche die gleiche Funktionspräferenz haben, werden in die gleiche Wertklasse eingeordnet. Werte sind Nutzenwerte auf Differenzkurven, eben eine Äquivalenzklasse gleichwertiger Objekte hinsichtlich entsprechender Bewertungs- und Nutzungsfunktionen oder gleichwertiger Ergebnisse von Produktionsfunktionen oder Entscheidungsverfahren.

Das ist zwar ein Gesichtspunkt, den man methodisch bei der Beurteilung vieler Güter- und Funktionswerte zu berücksichtigen hat, wie sie in der Ökonomie häufig vorkommen, und auch bei Bedarfswerten, bei knappen Gütern etwa, wenn sie austauschbar sind bzw. wären, was ja nicht generell gilt. Insofern ist dieser Ansatz natürlich in engerer, ökonomischer Hinsicht sinnvoll und macht auch manche Arten der Bewertung analytisch zugänglich, aber diese Auffassungen der Werte als allgemeine Wertphilosophie zu verkaufen und überhaupt Werte generell als Präferenzfunktionen bzw. der entsprechenden Äquivalenzklassen zu verstehen, das gerät viel zu einseitig, weil solche Ansätze nämlich einerseits bestimmte nutzenrelevante ästhetische Werte nicht berücksichtigen können – und andererseits „natürlich" bei ökologischen Schäden in Schwierigkeiten geraten. Zudem setzen auch schon grundsätzlich Präferenzen selbst Wertungen und Werte voraus, welche die Vorzugsbewertung und den Wertungsvergleich erst ermöglichen. Man muss schon etwas bewerten können und bewertet haben, um überhaupt Vergleiche von Bewertungen im Sinne einer Präferenz, einer Vorzugsbewertung vornehmen zu können. (Auf die soziale Realität, die sekundäre soziale Wirklichkeit der Werte möchte ich, wie gesagt, hier nicht näher eingehen. Hier spielen natürlich Orientierungsleitlinien nicht nur als theoretisch-hypothetische Orientierungs- und Ordnungskonzepte eine Rolle, sondern sie sind im wesentlichen auch normativer Art.)

Wertungen sind auch geeignet im Bereich der Handlungen verändernd zu wirken. Sie sind zwar in gewissem Sinne „fiktive" Konstrukte, die vom Wertenden übernommen worden sind oder auch sogar gebildet worden sind. Sie sind aber meistens soziale Wertungen, d.h., sie sind institutionell sanktioniert oder werden durch die Gesellschaft, die Gruppe usw. kontrolliert. Die Abweichung wird durch Normenabweichung festgestellt und insbesondere fallweise dann auch entsprechend sanktioniert. Es handelt sich bei Wertungen also um abstrakte Konstrukte, die immer an Normen gebunden sind, die normativ funktionieren und die in gewissem Sinne sogar multifunktional wirken. Multifunktionale Verwendung von Bewertungen und Wertzuschreibungen ist typisch. Man kann Werte nicht nur in Bezug auf eigene Einstellungen oder eigene Handlungen oder Beurteilungen fremder Handlungen und Einstellungen benutzen, sondern auch beispielsweise bei der Zuschreibung von Wertungen zu anderen Systemen. Man kann sogar sekundäre Wertungen vornehmen, also Werte selbst wieder beurteilen und bewerten. Das ist ganz ähnlich wie bei Normen und entsprechenden anderen sekundären Zuschreibungen. Für soziale Werte ist eben charakteristisch, dass sie ein institutionalisiertes Gerüst haben bzw. institutionell gestützt sind. Sie gehen über die persönliche Wertbindung hinaus. Werte für Natur- und Umweltgüter sind natürlich dann auch im wesentlichen soziale Werte.

Aber Werte weisen generell so etwas wie eine Mehrdeutigkeit auf, eine methodologische Mehrdeutigkeit. Nicholas Rescher hat in seinem Buch Introduction to Value Theory (1969) von einer Janusköpfigkeit der Wertaussagen geschrieben, die darin besteht, dass Werte sich einerseits auf Handlungen beziehen, indem sie diese, deren Ziele, Intentionen, Absichten begründen und rechtfertigen können oder indem sie sich andererseits auf Rechtfertigungsdiskussionen, auf Argumentationen rechtfertigender Art für Handlungen oder auch Einstellungen und selbst Wertungen beziehen, sozusagen eine Metastufe höher funktionieren. Man kann also auf verschiedenen Ebenen werten und man mag auch auf der semantischen Metastufe in Bewertungsargumenten und Diskursen bestimmte Maßstäbe für Beurteilungen selbst wieder als Werte konstruieren oder feststellen – oder gar method(o-log)ischen Metabewertungen unterziehen.

Man kann generell als These festhalten, dass das Modell der sekundären Interpretationskonstrukte (Verf. 1993 u.a., z.B. 1994, 1995) sich auf diese Weise durchgängig anwenden lässt, dass sich viele der philosophischen Mehrdeutigkeiten, der Schwierigkeiten beim Nachweis der Existenz, bei der grundsätzlichen Erfassung von Werten, insbesondere bei sozialen Werten vermeiden lassen, wenn man einen solchen Standpunkt der interpretativen Deutung und Vermittlung einnimmt. Werte sind einerseits Konstrukte, andererseits stark sozial normiert, geregelt, standardisiert, kontrolliert, sanktioniert. Sie sind an Konventionen gebunden – insofern sozial –, sie sind aber abstrakte Artefakte und insbesondere auch auf unterschiedlichen Schichten und Ebenen anzuwenden. Sie sind prinzipiell – das ist richtig an dieser geschilderten Einsicht moderner Analytiker –, nicht von Wertungen und Bewertungen loszulösen. Sie sind also stets in Zusammenhang mit ihrer Funktion, ihrer sozialen oder auch personenbezogenen Funktion der Integration, der Sicherung, der Ordnung von bestimmten Lebensorientierungen zu sehen. Die sprachliche Grammatik sollte und braucht uns nicht zur Hypostasierung der Werte als eigene Entitäten in einem platonische Himmel der Ideen verführen. Dennoch können sie – wie jede® weiß – stark auf das Verhalten, auf die Entwicklung der entsprechenden Gesellschaft, Kultur, der Geschichte usw. einwirken. Rescher versuchte nun, diese Modelle der Handlungsselektion und Steuerung durch das Modell der Wertklassifikationsgesichtspunkte zu erfassen. Er hat sechs verschiedene Wertklassifikationsmomente aufgeführt, die ich auf bislang siebzehn erweitert habe.

1. Wer adoptiert oder übernimmt den Wert verbindlich? Sind das individuelle Personen, soziale Einheiten, Gruppen, Gesellschaften?

2. Der Wertgegenstand, das Objekt, kann ein Merkmal abgeben, nach dem man Ding- und Güterwerte unterscheiden kann, zum Beispiel von Funktionswerten. Man kann natürlich noch genauer unterscheiden: Personenwerte, Charakterwerte usw.

3. Die Art des Vorteils oder des Nutzens ist dann ein möglicher Unterscheidungsgesichtspunkt. Das Differenzieren kann entweder qualitativ oder komparativ oder quantitativ geschehen.

4. Man kennt Zweck- und Funktionswerte, Zielwerte usw.

5. Beziehung zum Wertanhänger und dem Nutzen: Hier wären selbstorientierte, „egozentrische", Werte oder zum Beispiel altruistische, „fremdorientierte" Werte zu nennen oder In-group-Werte gegenüber Out-group-Werten. Familien-, Berufsgruppen-, nationale Sozialgruppenwerte können sowohl das eine als auch das andere sein. Menschheitsorientierte Werte wären heutzutage eigens analytisch abzutrennen bzw. hervorzuheben – und natür-

lich Werte der Biosphäre, die auch als „Nutznießer" auftreten könnte. Die Ökosystemwerte sind auch in diese fünfte Kategorie einzubeziehen.

6. Die Beziehung zwischen verschiedenen Werten und entsprechenden Folgen und Mitteln, also zwischen instrumentellen Werten und in sich selbst gegründeten, sog. intrinsischen, Werten ist eine traditionelle Unterscheidung, die auch in der Wertphänomenologie, etwa bei Hans Reiner (1965), zur Unterscheidung von Eigenwerten und Letztwerten geführt hat.

7. Zu beachten ist die Realisierungszeit und die Realisierungsmöglichkeit. Man kann erfüllbare von utopischen Werten unterscheiden; man muss das auch beachten, um Schwierigkeiten zu vermeiden.

8. Qualität und Vergleich. Das habe ich schon beiläufig einfließen lassen. Qualitative plus klassifikatorische Wertbegriffe gegenüber vergleichenden, komparativen, abstufenden (mehr oder weniger) und entsprechend quantitativen, metrischen Werten, also beispielsweise messbaren Nutzenwerten.

9. Es gibt allgemeine und spezifische Werte, wobei eine möglichst große Rendite bei ökologisch sinnvollen Geldanlagen ein Beispiel für eine spezielle Wertorientierung wäre, während möglichst geringe Schädigung von Umweltgütern generell ein allgemeiner Wert wäre.

10. „First-order values" oder „second-order values". Man kann Bewertungen selber wieder beurteilen, bewerten – oder gar ganze Charaktere beispielsweise hinsichtlich ihrer Wertorientierungen beurteilen; das ist dann eine sekundäre Wertung; Wertung über Wertung(en).

11. Polarität: Bekannt zumindest aus der Tradition, der Literatur usw. sind die Gegenüberstellung(en) von Wert gegen Unwert, positive gegenüber negativen Werten. Jeder kennt da Beispiele, die auch in der Moralphilosophie vorkommen: „gut" gegenüber „böse", (moralisch) „richtig" gegen „falsch" u.Ä.

12. Es gibt die Über- oder Unterbewertung von Gesichtspunkten, die eine Rolle spielen, zum Beispiel die Relativierung von Werten auf ein mittleres Normalmaß; auch solche Gesichtspunkte können zur Unterscheidung bei der Analyse von Wertungen mitspielen.

13. Rein theoretische Werte (wie „kognitive Wahrheit") im Gegensatz oder im Vergleich zu praxisorientierten normativen Werten, die unmittelbar Handlungen leiten. (Nach wahrem Wissen zu streben mag für einen Wissenschaftler hier eine Art von „Zwischen"-Wert bzw. Leitnorm darstellen.)

14. Die Über- und Unterbewertung von Gesichtspunkten ist fallweise zu unterscheiden. Zumindest ist beides möglich. Auch die Relativierung von Werten auf ein mittleres Normalmaß oder ähnliche solche Gesichtspunkte könnten bei der Analyse von Wertungen eine Rolle spielen.

15. Zudem gibt es, im Gegensatz zu den unifunktionalen, plurifunktionale Wert, also Werte mit mehreren Funktionen bzw. Dimensionen: ein gesunder Körper wirkt z.B. oft auch ästhetisch, „schön" oder „attraktiv".

16. Werte können als Mittel für Metawerte dienen: Gesundheit dient der Lebensqualität.

17. Man könnte sogar versuchen, metatheoretisch eine wertende bzw. Metawert-Perspektive an die Konzeptionen von Wert-Theorien, an praktische und Moral-Philosophien ebenso wie an Methodologien des Wertens und Bewertens anzulegen, ja sogar an Ontologien und Axiologien, Werte im Allgemeinen betreffend.

Insgesamt ist jedoch durch diese Aufzählung der Klassifikationsweisen von Werten deutlich geworden: Mit ihren Strukturen, Beziehungen, Einteilungsgesichtspunkten hängen auch die Erfassungsweise der Werte selber von Konstruktionen und Interpretationen ab. Als fassbare Konstrukte sind Werte in der Tat Interpretationskonstrukte, genauer: Werte sind nur als Interpretationskonstrukte zu fassen bzw. zu konstituieren, zu erfassen, zu deuten, zu verstehen und zu verwenden, zu beschreiben, sei es erklärend, sei es selber normierend, sei es rechtfertigend oder sei es begründend. Diese verschiedenen Funktionen muss der Philosophierende unterscheiden. Das heißt, auf allen diesen Ebenen sind Werte Interpretationskonstrukte und als solche Zuschreibungskonzepte, welche mehr oder weniger verbindlich für jemanden gelten, bzw. von ihm/ihr als verbindlich anerkannt werden. Mit Werten kann man sich identifizieren. Man engagiert sich für Werte. Werte werden entweder in einer Selbstzuschreibung oder einer Fremdzuschreibung zugeordnet. Sie dienen auch zur Erziehung oder Erhaltung einer positiv oder negativ gefärbten Einstellung in Bezug auf Zustände und Handlungen. Sie werden entweder qualitativ oder vergleichend nach „Besser" oder „Schlechter" oder nach bestimmten Graden oder Größen zuerkannt. Monetäre Werte sind nur eine spezielle Art sozialer, institutionengebundener Werte.

Das Gesagte dient generell zur Erfassung auch entsprechend bestimmter Entscheidungen, zur Selektion von Handlungen, zur Auszeichnung und Auswahl von Handlungen, Konzeption von Plänen, zur Begründung von entsprechenden Entscheidungen usw. Der Konstruktcharakter der Interpretationscharakter der Wertungen wird auch deutlich an den genannten Dimensionierungen, die in Ausweitung von Reschers Versuch, Dimensionen der Weltklassifikationen vorzugeben, entwickelt wurden. Das zeigt, dass hypothetische Konstrukte, Einordnungsgesichtspunkte, Klassifikationsgesichtspunkte zwar eine wichtige Rolle spielen, dass aber damit nicht schon alles erledigt ist bzw. wird, dass die konstruktive Einordnung auch Bezüge unterschiedlicher Gesichtspunkte auf verschiedene Beziehungsglieder der Bewertungen oder Träger der Bewertungen verweisen und dass unterschiedliche Verwendungsweisen fallweise einschlägig sind und vorgenommen werden, beispielsweise nicht nur erklärende, beschreibende, sondern auch normative (vorschreibende bzw. ihrerseits bewertende).

5. Umwelterhaltung und intergenerationelle Verantwortung

Nach Jonas ist der Wechsel der Verantwortungsreichweite und ihrer Zeitbezüglichkeit das Neue an der für die technologische Welt notwendigen „Ethik der Zukunftsverantwortung" (1979, 175). Die „*Verantwortung für die geschichtliche Zukunft im Zeichen der Dynamik*" (ebd. 229) führt dazu, dass die Macht des Menschen und damit sein Können „den *Inhalt* des Sollens erzeugen". Das faktische Können, die Machtverfügung ist also gleichsam „*Wurzeln des Soll der Verantwortung*" (ebd. 230f.). Das Kantische „Du kannst, denn Du sollst": ‚Sollen impliziert Können' wird hier – bei anderer faktischer Bedeutung des Könnens im Sinne der *faktischen* Macht des Menschen – geradezu umgekehrt. Das Können wird dem Menschen zum Schicksal – faktisch *und* moralisch. „Das Sollen" ergibt sich daraus „als Selbstkontrolle seiner bewusst wirkenden Macht" in Bezug auf „sein eigenes Sein", besonders auch auf das der künftigen Menschheit, und in Bezug auf andere von seiner Macht abhängige Wesen. Wie schon oben erwähnt wird der Mensch „zum Treuhänder" aller anderen Lebewesen von Selbstzweckcharakter, die „unter das Gesetz seiner Macht" geraten (ebd. 232). Jonas meint, „die Zukunft der Menschheit" sei „die erste Pflicht menschlichen Kollektivverhaltens im Zeitalter der modo negativo ‚allmächtig' gewordenen technischen Zivilisation", und hierin sei „die Zukunft der Natur als *sine-qua-non* offenkundig mit enthalten", enthalte „aber auch unabhängig davon eine metaphysische Verantwortung an und für sich, nachdem der Mensch nicht nur sich selbst, sondern der ganzen Biosphäre gefährlich geworden ist" (ebd. 245). Nachdem die „Schicksalsgemeinschaft von Mensch und Natur" und „auch die selbsteigene Würde der Natur" wiederentdeckt worden seien, ist den Menschen mit der technologischen Eingriffs-, Störungs- und gar potenziellen Zerstörungsmacht zugleich eine Verantwortung für den Zustand der Natur, „den Zustand der Biosphäre und das künftige Überleben der Menschenart" übertragen (ebd. 246, 248). Die weithin geforderte Senkung von Umweltbelastung und -beeinträchtigungen, die Verminderung des CO_2-Gehaltes in der Luft sind natürlich gerade auch für die künftigen Generationen und unsere verantwortliche Vorsorge – auch im Sinne angemessener Lebens- und Umweltbedingungen – für diese von hoher Bedeutung.

Wichtig ist für Jonas die Umdeutung des Verantwortungsbegriffs als Funktion von Macht und Wissen: Er meint, die Verantwortung sei in der traditionellen Ethik überwiegend bloß jeweils als „kausale Zurechnung begangener Taten" gesehen worden. Sie bezog sich als legale und moralische Verantwortung „auf getane Taten", für die der jeweilige Handelnde verantwortlich gemacht wird (ebd. 172f.). „Verantwortung', so verstanden, setzt nicht selber Zwecke, sondern ist die ganz formale Auflage auf alles kausale Handeln unter Menschen, dass dafür Rechenschaft verlangt werden kann. Sie ist damit die Vorbedingung der Moral, aber noch nicht selber Moral" (ebd. 174). Im Gegensatz zu dieser „ex-post-facto-Rechnung für das Getane", die dem Handelnden real oder potenziell präsentiert wird, meint Jonas, gilt es einen neuen, „einen ganz anderen Begriff von Verantwortung" zu entwickeln, der „die Determinierung des Zu-Tuenden betrifft; gemäß dem ich mich also verantwortlich fühle nicht primär für mein Verhalten und seine Folgen, sondern für die Sache, die auf mein Handeln Anspruch erhebt" (ebd. 174ff.). Man müsse heute übergehen von einer Konzeption der Verursacherverantwortung zu einer „Treuhänder"- oder Heger-Verantwortung des Menschen, von der rückwirkend zuzuschreibenden Ex-post-Verantwortung und Präventionsverantwortlichkeit, von der vergangenheitsorientierten Handlungsresultatsverantwortung zur zukunftsorientierten, durch Kontrollfähigkeit und Machtverfügbarkeit bestimmten Seinsverantwortung. Dies ist auch für die Verantwortung der gegenwärtigen Menschen bzw. der heutigen Generation für künftige Generationen bedeutsam.

Allerdings muss man sicherlich noch hinzufügen: Die traditionelle Verantwortung für Getanes bleibt freilich wie erwähnt weiterhin auch bestehen.

Die so erweiterte Verantwortlichkeit richtet sich freilich auf die Zukunft, auf die künftige Existenz und die Existenzbedingungen der Menschheit, der nachfolgenden Generationen, beachtet ihr moralisches Recht auf ein menschenwürdigeres Leben in einer zuträglichen Umwelt, aber auch auf die Zukunft der Natur (und Mitkreatur). Ein justiziables Recht der Nachgenerationen, der Mitkreaturen könnte entstehen.

Bei der ersten Jahrestagung der Gesellschaft für Rechtspolitik Trier im Jahre 1981 unter dem Thema „Technik und Recht" wurde unter Anwesenheit vieler führender Juristen die Frage diskutiert, ob einzelne Ungeborene und kommende Generationen Rechtsansprüche gegenüber der gegenwärtigen Generation geltend machen könnten. Die anwesenden Juristen lehnten zumeist jede These von Rechten künftiger Generationen gegenüber der jetzigen ab: Jemand, der noch nicht einmal existiere, könne keinen formellen Rechtsanspruch erheben. Etwas nicht Existierendes könne per se kein Rechtsträger sein. Insbesondere gäbe es kein Recht darauf, zur Existenz zu kommen. Dies mag vom juristischen Standpunkt aus richtig sein – der Verfasser ist kein Jurist – wirft aber gleichwohl einige rechtsmethodologische und besonders moralische Probleme auf.

Zunächst einmal ist die Frage vom ungeklärten Ausgang der Naturrechtsdiskussion abhängig, die hier nicht ausführlich aufgegriffen werden kann. Definiert sich die Gattung Mensch unter Einschluss ihrer künftigen (wie der vergangenen) Generationen als eine integrierte natürliche Art, so stehen den

Individuen als Mitgliedern dieser Art bei Annahme eines naturrechtlichen Standpunktes naturrechtliche Ansprüche zu, die sich als Grund- oder Menschenrechte – etwa als Recht auf Leben und Überleben usw. – konkretisieren könnten. Gelegentlich stellten Juristen und Rechtsphilosophen auch in neuester Zeit ein zwar nur begrenzt leistungsfähiges „Überlebensnaturrecht" auf (vgl. Jakob 1983, 769; vgl. auch Hart 1972, 187, 189, der vom Überlebensziel als einer vom Recht zu berücksichtigenden Wertvorstellung spricht). Simons fordert ein „abgeleitetes Naturrecht", durch das Menschen „vor unfreiwilligem Ausgesetztsein gegenüber schädlichen Bedingungen, sei es durch Vernachlässigung oder Absicht, geschützt werden". Ebenso gelte bedingt „für jedes menschliche Wesen gleichermaßen ein Naturrecht", in einer Umwelt zu leben, die nicht über eine bestimmte Unschädlichkeitsdosis hinaus durch gefährliche Substanzen wie Blei, Quecksilber oder Asbest usw. verschmutzt ist und wo „diese oder jene Substanz (lediglich) in sicheren Mengen in der Umwelt vorhanden ist". Dies gilt in entsprechender Weise für Atemluft, Trinkwasser usw. Allgemein definiert Simons (1983, 201, übers. H.L.): „Wenn immer ein Umstand C schädlich oder hinderlich (detrimental) für die Wahrnehmung eines natürlichen Rechtes R durch ein menschliches Wesen ist, dann ist es ein abgeleitetes natürliches Recht, dass das menschliche Wesen vor einer unfreiwilligen Verwicklung in den gefährlichen Umstand C geschützt wird". Simons betont, dass ein solches natürliches Recht nur a posteriori und hypothetisch unter der Annahme, dass es überhaupt Naturrechte gebe, begründet werden kann.

Wie dem auch sei, die Naturrechtsdebatte kann hier nicht aufgegriffen werden. Es scheint jedoch rechtsphilosophisch sinnvoll zu sein, auch über kodifizierte positive Rechte hinaus jedenfalls bedingte und abgeleitete Grundrechte als „existent" (aber was heißt das genauer?), wenn auch möglicherweise als erst noch zu kodifizierende anzusehen, die in Grundrechten und Menschenrechten auf Leben und Überleben in einer adäquaten Umwelt wurzeln. Gelten solche bedingten Grundrechte nun auch für künftige Generationen insgesamt – also kollektiv – oder für deren Mitglieder?

Rechtstechnisch gesehen scheinen sich hier zwei große Schwierigkeiten zu ergeben: Erstens (beim Problem der Existenzrechtsträger) kann wohl – wie in dem oben zitierten Argument auf der rechtspolitischen Tagung hervorgehoben – ein nichtexistierendes Wesen bzw. eventuell gar ein nichtexistierender kollektiver Rechtsträger auf den ersten Blick kein Recht haben, ohne schon zu existieren. Ein Recht, das der Rechtsträger aus prinzipiellen Gründen (etwa dem der Nicht-Existenz) nicht selbst ausüben oder wenigstens durch Dritte geltend machen kann, kann nach bisheriger Rechtsauffassung der Juristen nicht existieren. Aber heute muss man unterscheiden zwischen dem Recht auf Existenz, das Nichtexistierenden nicht zuzusprechen ist, und bedingten Rechten für den Fall, dass Existenz hypothetisch vorausgesetzt wird. Zudem gibt es moralische Rechte, die über einklagbare legale Rechte hinausgehen. Rechtstechnisch, so übereinstimmend die meisten Rechtswissenschaftler und Rechtsphilosophen (z.B. auch Weimar), lässt sich ein solches Recht wissenschaftlich nicht begründen.

Robert Weimar schrieb mir in einem Brief zu dieser Frage: „Aus dem geltenden Recht ist ein Individualrecht einzelner Menschen, die erst ferneren Generationen angehören werden, auf eine menschliches Leben ermöglichende oder gar auf eine menschenwürdige Umwelt oder ein entsprechendes „Verbandsrecht" künftiger Generationen nicht ableitbar. Dem geltenden Recht sind solche Ansprüche, sieht man einmal von bestimmten einzelnen Ausprägungen ab, durchweg fremd; de lege lata gibt es nur vereinzelt subjektive Rechte, die der Herstellung oder Erhaltung ökologisch notwendiger Bedingungen dienen. Erst recht ist es rechtskonstruktiv ausgeschlossen, postgenerationelle subjektive Rechte oder ähnliche Positionen auf Erhaltung notwendiger Lebensbedingungen dem Rechtssystem zu entnehmen; solche Rechte lassen sich nur politisch, philosophisch, religiös usw. postulieren und in das Rechtssystem einführen; eine dazu erforderliche gesetzliche Kodifizierung oder sonst rechtlich wirksame Überbringung hat indes bislang nicht stattgefunden. Insbesondere ist die Diskussion um postgenerationelle Rechte von der Rechtsdogmatik noch kaum aufgegriffen worden. Auf metajuristischer, nämlich rechtspolitischer, moralischer usw. Ebene liegt daher auch die Frage nach einer Institutionalisierung eines Ombudsmannes für Zukunftsfragen der Menschheitsentwicklung (wie vom Verf. 1983a vorgeschlagen); ein solcher – so es ihn gäbe – müsste übrigens nicht notwendig (bedingte) Rechte künftiger Generationen für den Fall ihrer Existenz, also Rechte als bedingte „fremde" Rechte wahrnehmen, sondern könnte – je nach der Gestaltung seiner Funktion – durchaus eine Rechtswahrung aus eigenem materiellen Recht im Interesse der folgenden Generationen wahrnehmen. Allein, hierfür die juristischen Voraussetzungen zu schaffen, das vermag im kodifikatorisch angelegten Rechtssystem nur der Gesetzgeber, der diesen Weg indes bislang nicht beschritten hat. – Wenngleich es – in welcher Gestalt auch immer – postgenerationelle Rechte und entsprechende Wahrnehmungsträger im Rechtssystem nicht gibt, so ist doch die Frage zu stellen, ob und warum das geltende Recht den Schutz künftiger Generationen bisher so gut wie oder völlig ausgespart hat. Dies ist allerdings nicht der Fall. Die Gesetzgebung (z.B. in der Bundesrepublik Deutschland, der Schweiz und in Österreich) hat für die Erfüllung dieser Schutzfunktion lediglich eine rechtstechnisch andere Gestaltung gewählt, als dies in einzelnen Ansätzen zu postgenerationellen Rechten und ihrer Verwirklichung von zumeist philosophischer Seite reklamiert wird. So liegt dem geltenden Naturschutz-, Raumplanungs- und Entwicklungsplanungsrecht nicht die Konzeption des subjektiven Rechts der ökologisch möglicherweise schwer betroffenen Postgenerationen zugrunde. Wohl aber basieren die genannten Rechtsmaterien weitgehend auf sogenannten objektivrechtlichen Lösungen; d.h., das Gesetz begründet jeweils Verpflichtungen, welche die mit dem Naturschutz, der Raum- und Entwicklungsplanung befassten öffentlichen Verwaltungen treffen, ohne dass mit diesen Verpflichtungen notwendig Individualrechte korrespondieren. Im übrigen ist der Gesetzgeber nach der Verfassung gehalten, im Rahmen seiner Gestaltungsfreiheit Regelungen zu treffen, die geeignet sind, die nicht regenerierbaren, aber notwendigen Daseinsbedingungen für menschliches Leben – gerade angesichts der Unsicherheiten und Substitutionsdefizite des wissenschaftlichen und techn(olog)ischen Fortschritts – zu erhalten. Diese objektiv-rechtlichen Lösungen, die sich an Gesetzgebung bzw. Verwaltung richten und sich binden, ohne den einzelnen zu berechtigen, erreichen in den entsprechenden existenziell bedeutsamen Sachbereichen mit ihren generationenübergreifenden Planungsdimensionen schon jetzt einen gewissen, zumindest mittelbaren Schutz der Folgegenerationen."

Zweitens (zum Problem der Pflichten-Rechte-Symmetrie): Eine verwandte Schwierigkeit ergibt sich aus der Symmetrie von Rechten und Pflichten, wie Birnbacher (1980, 125 und 1988, 98ff.) hervorhebt: „X hat immer dann ein Recht gegenüber Y, wenn Y eine Pflicht gegenüber X hat. Entscheidend ist die Präposition ‚gegenüber‚. Sie erfordert die Existenz eines Korrelats, und insofern mögen die Nachgeborenen zwar ein Recht darauf haben, eine halbwegs unversehrte Umwelt hinterlassen zu bekommen, niemals aber ein Recht darauf, allererst zu existieren." Diese Formulierung umschreibt zwei wesentlich problematische Punkte: Einerseits die Frage, ob es ein Recht auf Existenz eines noch nicht existierenden Rechtsträgers, sei es eines individuellen oder kollektiven, gibt. Jedes Recht muss einem existierendem Rechtsträger zugeordnet werden können: Existenz ist sozusagen vorausgesetzt, kann nicht als Recht selbst gefordert werden, da kein Subjekt des Rechts existiert, das das Recht auf Existenz erst zugesprochen erhalten könnte. Ein allgemeines absolutes Existenzrecht kann also nach Birnbacher nicht widerspruchslos zugeschrieben werden.

Denn Existenz ist ein zu allgemeines, nach Kant nicht einmal „reales" – d.h. sach- und informationshaltiges, gehaltvolles – Prädikat, als dass es zum Gegenstand einer Rechtseigenschaft gemacht werden könnte. Existenz in diesem Sinne ist keine Sacheigenschaft (auch hier schließt sich eine weite analytisch-philosophische Diskussion an, die hier nicht aufgerollt werden kann (vgl. Morscher 1982)). Andererseits können jedoch unter hypothetischer Voraussetzung der Existenz eines Rechtsträgers durchaus spezifische bedingte Rechte zugeschrieben werden – sozusagen ebenfalls hypothetisch: unter der Bedingung der künftigen Existenz. Dies meint Birnbacher mit dem Recht der Nachgeborenen auf eine „halbwegs unversehrte Umwelt", die ein relativ ungestörtes Leben und Überleben der künftig existierenden Menschen ermöglicht. Setzt man die menschliche Gattung als eine über längere Zeiten hinweg kontinuierlich existierende integrative Einheit voraus, so würde sich hier im oben erwähnten Sinne ein abgeleitetes, bedingtes Naturrecht auf das Vorfinden einer lebenszuträglichen Umwelt begründen lassen. Insofern hätten künftige Generationen ein bedingtes Naturrecht auf eine relativ unversehrte Umwelt. So betont auch Feinberg, der sich nicht nur für die Recht der Tiere und der Natur, sondern auch für die der zukünftigen Generationen in diesem Sinne einsetzt, „dass die Erhaltung unserer Umwelt nicht nur moralisch gefordert (statt bloß wünschenswert) ist, sondern dass wir sie auch unseren Nachkommen schulden, und zwar um ihrer selbst willen. Gewiss sind wir es den kommenden Generationen schuldig, ihnen die Welt nicht als bloße Müllhalde zu hinterlassen" (1980, 170). Er sieht „unsere ungeborenen Ur-Ur-Urenkel" als „in einem bestimmten Sinn ‚potentielle' Personen an, wenn auch in einem gewissen schwächeren Sinne als menschliche Föten, weil sie unbestimmter sind. Da „unsere Nachkommenschaft als Kollektiv" aber „bei normalem Ablauf der Ereignisse, mit derselben Gewissheit existieren" werde, „mit der irgendein bestimmter Fötus im Schoß seiner Mutter einmal selbstständig existieren wird", sei die Existenz einer fernen menschlichen Zukunft in anderer Beziehung" keineswegs in einem schwächeren Sinne ‚potenziell' als im Falle eines einzelnen Fötus vor seiner Geburt" (ebd. 171). Zwar wissen wir nicht, wer diese Nachkommen im einzelnen sein werden, aber, meint Feinberg, „sie werden ganz gewiss Interessen haben, die wir heute zum Guten oder Schlimmen beeinflussen können. So viel jedenfalls wissen wir von ihnen": „Die Identität der Träger dieser Interessen ist heute notwendigerweise dunkel, aber die Tatsache, dass sie Interessen haben werden, steht leuchtend klar vor uns. Dies aber genügt, um schon heute sinnvoll von ihren Rechten reden zu können" (ebd. 172). Gibt es wie bei den Föten auch gewisse Unstimmigkeiten und Zweifel hinsichtlich des „Rechts zukünftiger Generationen, ins Leben zu treten", so hätten die kommenden Generationen „mit Gewissheit uns gegenüber" jedoch „bedingte Rechte": „Die Interessen, die sie mit Sicherheit einmal haben werden, wenn sie existieren werden (vorausgesetzt, dass dies einmal der Fall sein wird), fordern den Schutz vor heute möglicher Verletzung" (ebd.). Aber Feinberg betont, dass es „heute noch keine aktuellen Interessen zukünftiger Generationen" gibt, da es sie selbst noch nicht gibt": „Folglich kann es ihrerseits auch kein aktuelles Interesse daran geben, überhaupt zu existieren" (ebd.). Reicht aber ein potenzielles Interesse nicht zur Zuschreibung bedingter Rechte aus (wenn es auch nicht mit einem aktuellem Interesse gleichgesetzt werden kann)?

Diese Potenzialität oder bloße Bedingtheit hatte einige Philosophen dazu geführt, ihnen jegliche Rechte abzusprechen, um nicht in eine Rechtsträgermetaphysik potenzieller, aber nicht existierender Subjekte der Zukunft zu verfallen. Wie können später lebende Menschen überhaupt Rechte besitzen, die – gegebenenfalls stellvertretend für jene Späteren – geltend gemacht werden könnten – insbesondere schon heute und wem gegenüber? Feinberg scheint die Geltendmachung durch „Anwälte" wahrgenommen wissen zu wollen, „die in ihrem Namen sprechen": „Und diese fühlen sich keineswegs als bloße Verwalter, sondern im eigentlichen Sinn als die bevollmächtigten (sic? Von wem? H.L.) Anwälte zukünftiger Interessen" (ebd. 170). (Wie aber soll das gedacht werden?) Es sei, glaubt Feinberg, wie bei den ungeborenen Föten „sinnvoll [...], ein potentielles Interesse, schon bevor es Wirklichkeit wird, zu schützen" (ebd.), ohne dass das Recht auf das In-die-Existenz-Treten damit unterstellt wird.

In der Tat gibt es die stellvertretende Wahrnehmung von Rechten in der geltenden Rechtsordnung gerade auch dann, wenn der Rechtsträger noch nicht geschäftsfähig oder prozessfähig ist (z.B. im Vormundschaftsrecht, Jugendrecht, bei der elterlichen Vertretung Minderjähriger). Freilich wird hier grundsätzlich – zumindest in Entwicklung befindliche oder sozusagen existierende passive – Rechtsfähigkeit vorausgesetzt. Aber die Rechtsordnung kennt auch in besonderen Fällen den Schutz noch nicht Rechtsfähiger (z.B. deliktsrechtlicher Schutz der Leibesfrucht; Anwendung von gesetzlichen Vorschriften, die für die zu ihrer Entstehung Rechtsfähigkeit voraussetzende GmbH gelten, auf die nicht rechtsfähige Vor-GmbH; Anwendung des § 31 BGB, der von Haus aus nur für den rechtsfähigen Verein gilt, auf den nicht-rechtsfähigen Verein nach § 54 BGB). Neuerdings nehmen auch Rechtsschutzbeauftragte oder „Anwälte" im wahrsten Sinne des Wortes sozusagen Quasirechte nicht-menschlicher natürlicher Arten wahr (vgl. Lenk 1983a). Sind Naturschutzbeauftragte rechtlich so zu verstehen?

Dies führte mich (1981, 1983a) dazu, bei der erwähnten Diskussion der Gesellschaft für Rechtspolitik die Idee eines Rechtsbeauftragten, gleichsam eines Ombudsmannes, eines bestellten Rechtsberaters und -vertreters für die künftigen Generationen, aufzuwerfen, der deren bedingte oder Quasirechte stellvertretend wahrnehmen könnte.

Eine weitere formale Schwierigkeit der erwähnten Symmetrie von Rechten und Pflichten (die von Teutsch 1985, 89 ausdrücklich bestätigt wird) ist die folgende: Bei der Anwendung auf die Naturarten und die Natur wäre die Unterstellung von Rechten (und somit auch Pflichten) bei nicht-menschlichen Naturwesen zweifellos eine entweder unvertretbare anthropozentrische Überdehnung des Rechtsbegriffs (weshalb ich (1983a) lieber von der

Konstruktion eines moralischen Quasirechts rede), oder illusorisch, wenn man Birnbachers Aussage als volle Symmetrie verstehen würde. Die Natur kann uns gegenüber keine Pflichten haben: Eine vollständige Symmetrie in der einen wie in der Umkehrungsrichtung kann sicherlich nicht gemeint sein. Deshalb bleibt meines Erachtens nur die Möglichkeit offen, die vollständige Symmetrie von Rechten und Pflichten in Bezug auf deren Träger und Gegenstände aufzugeben und Naturarten allenfalls Quasirechte (symmetrie-erhaltende fiktive konstruktive Korrelate zu den Pflichten, meist zu Unterlas-sungs- oder Vorsorge- oder Betreuungspflichten allein des Menschen) zuzu-schreiben. Dies ist nur eine fiktive Konstruktion, die in gewissem Sinne die fruchtbare Weiterverwendung einer symmetrieartigen Konstruktion erlaubt, ohne diese selbst ontologisch oder rechtsphilosophisch oder ethisch zu fundieren und ohne zu einem überzogenen Anthropozentrismus gezwungen zu sein. Rechtstechnisch scheint der Schutz der Naturarten selbst kein Problem zu sein, soweit dieser sich auf Unterlassungspflichten stützt, deren Beachtung durch Strafandrohung und andere Sanktionen kontrolliert wird.

Die aus der Tradition der Rechtsphilosophie stammende, Gegenstand und Träger betreffende Symmetrieforderung zwischen Rechten und Pflichten scheint aber im wesentlichen noch auf der noch viel weiter reichenden idealistischen Tradition, besonders der Kantischen Rechtsphilosophie, zu basieren, die Rechte und Pflichten nur im Verhältnisse von vernünftigen Wesen zueinander sieht: „Nun kennen wir aber mit aller unserer Erfahrung kein anderes Wesen, was der Verpflichtung (der aktiven oder passiven) fähig wäre, als bloß den Menschen. Also kann der Mensch sonst keine Pflicht gegen irgend ein Wesen haben als bloß gegen den Menschen, und stellt er sich gleichwohl eine solche zu haben vor, so geschieht dies durch eine Amphibolie der Reflexionsbegriffe, und seine vermeinte Pflicht gegen andere Wesen ist bloß Pflicht gegen sich selbst; zu welchem Missverstande er dadurch verleitet wird, dass er seine Pflicht in Ansehung anderer Wesen für Pflicht gegen diese Wesen verwechselt" (Kant: Metaphysik der Sitten II, AA VI, 442, § 16). Für Kant hat also nur ein Wesen Rechte, das auch Pflichten hat. Dies führt meines Erachtens zu rechtsphilosophischen und moralphilosophischen Absurditäten – etwa der, dass Tierquälerei nur aus Rücksicht auf die Nerven des Menschen, aber nicht aus Verantwortung gegenüber den Tieren selbst moralisch zu ächten wäre (vgl. Verf. 1983a). Es könnte aber gerade eine besondere moralische Auszeichnung des Men-schen sein, dass er sich auch gegenüber anderen Naturwesen für deren Existenz und Erhaltung verpflichtet fühlt, repräsentativ Verantwortung trägt (wie es Albert Schweitzers (1923) Ethik der „Ehrfurcht vor dem Leben" schon seit Jahrzehnten forderte) – eine Verantwortung, die sich insbesondere auch entsprechend seiner technischen Macht bemisst bzw. vergrößert (hat) (vgl. a., etwas anders begründet, Jonas 1979, 1982, 1984). Ein ähnliches Argument gilt übrigens bei der Verpflichtung für künftige Generationen: Zwar handelt es sich um potenzielle Menschen, aber sie hätten als nicht-existierende kein Existenzrecht an sich. Hätten wir also keine Verpflichtung ihnen gegenüber? Dies wäre unvereinbar auch mit dem Grundsatz zur Zukunftsverantwortung nach Jonas.

Eine Lösung aller drei Probleme – des der Existenz des Rechtsträgers und des der Pflichten-Rechten-Symmetrie sowie jenes der Beschränkung von Rechten auf Pflichtenträger – setzte freilich voraus, dass entweder die Symmetrie zwischen Rechten und Pflichten aufgegeben würde oder nicht jeder Pflicht wirkliche Rechte, sondern unter Umständen nur fiktiv zugeschriebene moralische Quasirechte entsprächen (z.B. bei Naturrechten oder hypothetischen Existenzrechten künftiger Generationen) oder dem Besitz von Quasirechten eben keine Verpflichtung des Quasirechtsträgers symmetrisch zuzuordnen wäre. Dann ließen sich auch Rechte (wie Quasirechte) potenziellen Trägern zuerkennen. Rechte selbst sind ebenso wie Pflichten ohnehin interpretationskonstruktive Zuschreibungen, die von Setzungsakten, geltenden Normenregelungen und wertmäßigen Deutungen sowie Zuschreibungsakten abhängig sind. Warum sollten dann nicht Quasirechte und hypothetische Rechte zuschreibbar sein? In gewissem Sinne ließe sich dann auch ein moralisches Quasirecht künftiger Generationen auf Existenz konstruieren, also eine moralische Verpflichtung für uns, für die Existenz künftiger Generationen zu sorgen. Erst dann kämen die bedingten hypothetischen moralischen Rechte zum Tragen, von denen oben die Rede war.

Wenn diese Idee der interpretativ konstruierten Quasirechte eine sinnvolle und unseren ethischen Intuitionen gerecht werdende Lösung hinsichtlich unserer Verpflichtung und Verantwortung gegenüber Naturarten ist, so kann dies ebenfalls eine entsprechende Lösung für das Problem des Rechts künftiger Generationen und ihrer Mitglieder bieten. Die erwähnten bedingten und abgeleiteten Naturrechte, die den künftigen Generationen unter hypothetischer Voraussetzung ihrer Existenz eben auch hypothetisch zugeschrieben würden, ließen sich entsprechend konstruieren: als Verpflichtung unsererseits oder als hypothetisches Quasirecht der Nachgeborenen andererseits. Selbst wenn das positive Recht gegenwärtig noch oder auch künftig unmittelbar keine verfahrensmäßigen Möglichkeiten für die Konkretisierung solcher Konstruktionen lässt, wären moralische (Quasi-)Rechte zu fordern, bzw. zu entwickeln, die durchaus unseren moralischen Intuitionen entsprechen. Das Problem der Gerechtigkeit zwischen den Generationen ist ja ohnehin bei der prominentesten aktuellen philosophischen Grundlegung einer Theorie der Gerechtigkeit, nämlich der von Rawls (1975, 319–326, 330), konstitutiv berücksichtigt worden: Die wirklich gerechte Wahl einer Verfassung sozialer Verteilungsregeln im fiktiven Urzustand muss von der

Generationenzugehörigkeit der Wählenden absehen; der „Schleier des Nichtwissens" der im Urzustand Befindlichen umfasst auch, dass sie nicht wissen, zu welcher Generation sie gehören. Der „gerechte Spargrundsatz" müsste so sein, dass „sie wünschen können, alle früheren Generationen möchten ihn befolgt haben" (ebd. 323, 151), so dass „eine Übereinkunft zwischen den Generationen bezüglich der fairen Aufteilung der Lasten" entsteht, „die aus der Errichtung und Erhaltung einer gerechten Gesellschaft entstehen", wobei „dieser Grundsatz vom Standpunkt der am wenigsten Bevorzugten in jeder Generation aus festgelegt wird" (ebd. 325f.). In Rawls rechtsphilosophischem Konstitutionsmodell ist ausdrücklich impliziert, „dass Angehörige verschiedener Generationen ebenso wie Zeitgenossen Pflichten und Verpflichtungen gegeneinander haben. Die gegenwärtige Generation kann nicht machen, was sie will, sondern ist an Grundsätze gebunden, die im Urzustand beschlossen würden, um die Gerechtigkeit zwischen Menschen zu definieren, die zu verschiedenen Zeiten leben. Darüber hinaus haben die Menschen die natürliche Pflicht, gerechte Institutionen aufrechtzuerhalten und zu fördern, und dazu ist die Entwicklung der Zivilisation bis zu einem bestimmten Punkt notwendig" (ebd. 327). Insbesondere dürfen nach Rawls die zugrunde gelegten Gerechtigkeitsgrundsätze „die Generationen nicht allein wegen ihrer früheren oder späteren Existenz verschieden behandeln" (ebd. 329). Wenn die Idee einer Verpflichtung gegenüber späteren Generationen zur konstitutiven Grundlegung des bedeutendsten Modells einer (sozusagen sozialliberalen) Grundlegung der Gerechtigkeitstheorie dient, ist es keineswegs abwegig, entsprechende ethische und rechtliche Verpflichtungen wenigstens bedingt auch gegenüber kommenden Generationen zu fordern. So könnte man auch den Mitgliedern kommender Generationen solche bedingten Rechte, einschließlich eines auf Existenz, zusprechen, die nicht individuell einklagbar sind, sondern allenfalls kollektiv zuzuschreiben und durch heutige Anwälte oder Ombudsmänner stellvertretend einzufordern sind.

Dieter Birnbacher nahm 1988 ausdrücklich das Thema der „Verantwortung für zukünftige Generationen" auf. Er plädierte vom Standpunkt eines so genannten Rationalen Universalisten für einen intergenerationellen Nutzensummenutilitarismus, also für eine Maximierung des Bilanzintegrals der Nutzensumme („Integral des Nettonutzens über alle Generationen") gegenüber möglichen Schäden über alle (endlich vielen) Generationen der Menschheit. Der rational-universalistische Standpunkt ergibt sich daraus, dass man entweder mit Adam Smith die Position eines unparteilichen dritten Beobachters einnimmt oder sich nach C.I. Lewis nacheinander mit den Standpunkten der Betroffenen identifiziert und entsprechend zu einem „gleichen" Abstand von allen zukünftigen Betroffenen sowie schließlich zur Forderung nach Gleichbehandlung kommt. Birnbacher fordert dementspre-

chend, eine „Strategie der Erwartungswertmaximierung als intergeneratio-
nelle Risikostrategie" zu wählen, entsprechend die gravierenderen Risiken
zu vermeiden oder zu verringern, insbesondere unelimierbare und unge-
wisse Risiken mit möglicherweise katastrophalen Folgen für spätere Generationen auszuschließen.

Dies klingt ebenso plausibel wie sein „Katalog" von realitätsnäheren
„Praxisnormen": „Keine Gefährdung der Gattungsexistenz des Menschen
und der höheren Tiere" (die Menschheit besitzt eine Pflicht zur kollektiven
Selbsterhaltung, ja, eine kollektive Hervorbringungspflicht für nachkommende Generationen), eine Pflicht zur Vermeidung von Gefährdungen der zukünftigen menschenwürdigen Existenz im Sinne der negativen Praxisnorm
des „Nil nocere!", eine „Pflicht zur Vermeidung zusätzlicher irreversibler Risiken" und zur entsprechenden „Wachsamkeit", zur „Erhaltung und Verbesserung der vorgefundenen natürlichen und kulturellen Ressourcen" im Sinne
des biblischen Gebots, den Garten Eden zu „bebauen und zu bewahren",
eine Pflicht zur subsidiaren „Unterstützung anderer bei der Verfolgung zu-
kunftsorientierter Ziele" sowie eine Pflicht zur „Erziehung der nachfolgenden
Generationen" im Sinne solcher Praxisnormen.

Birnbacher möchte Realisierungsbedingungen sowie anthropologische,
psychologische und soziale Grenzen der Anwendbarkeit einer abstrakten
idealen Ethik durch die realitätsnahe ‚Verpackung' von „Praxisnormen" vermitteln und fordert im Anschluss an frühere Vorschläge von Robert Jungk,
Dennis Gabor und mir, die eine Vertretung der zukünftigen Generationen im
Sinne eines „Pflichtverteidigers" vor dem „Gerichtshof der Innovationen"
(Jungk 1973), durch einen Minister (Gabor 1976) oder wenigstens einen
Bundesbeauftragten bzw. auf unteren Ebenen einen Ombudsman (Lenk
1983a) forderten, die Einrichtung eines Ministeriums für die Fragen der zu-
künftigen Generationen.

Dies alles klingt plausibel und in gewisser Weise konkret, ist freilich nicht
ausschließlich an die spezielle Perspektive des Nutzensummenutilitarismus
gebunden, wie Birnbacher meint, sondern könnte durchaus auch aus einer
Gesinnungs-, Prinzipien- oder Gerechtigkeitsethik nichtutilitaristischen Zu-
schnitts folgen.

Insgesamt erweist sich Birnbachers Arbeit zwar von hohem analytischen
Niveau und großer Belesenheit mit argumentativer Feinheit, doch bleibt er
zu sehr in seinem ökonomisch-utilitaristischen Ansatz gefangen.

Er sieht zum Beispiel nicht genügend, dass gesamtnutzenutilitaristische
Lösungen durchaus sehr ungerechte (unfaire) Verteilungen zulassen und
wohl unlösbare Vergleichbarkeitsprobleme der Nutzen unterschiedlicher
Arten und insbesondere auch subjektiver Schätzungen aufwerfen. Sein Ent-

wurf bleibt trotz der Betonung der „Praxisnormen" doch zu sehr der Konzentration auf ideale Normverhältnisse (Unterstellung nahezu vollständigen Wissens, Idealnormenorientierung) verhaftet, ist zu individualistisch, zu wenig institutionell-sozialstrukturell bezogen auf soziale Gruppen und Institutionen, die heutzutage Hauptträger von Zukunftsplanungen und -verantwortungen sind. Selbst bei der Diskussion der Praxisnormen, die ihrerseits zu allgemein und vage formuliert bleiben, behandelt Birnbacher die Frage der Umsetzung nicht genügend konkret, obwohl er sehr eingehende, wenn auch auf fiktiven Zahlenzuordnungen basierende Modellstudien für Zeitpräferenzen und ausgleichende Bewertungen in der Abfolge von Generationen hinsichtlich der relativen und absoluten Nutzenmaximierung entwickelt.

Insbesondere aber wird keinerlei Differenzierung nach unterschiedlichen Verantwortungsarten vorgenommen. Zu wenig wird zwischen legalen, „einklagbaren" Rechten und „moralischen" Rechten unterschieden, weil Birnbacher auch den Begriff der moralischen Rechte zu sehr als „advokatischen" Begriff sieht, der sich ausschließlich aus einer Pflichtenzuweisung ergibt. Interessant ist dabei, dass er zwar Rechte (auch passive Rechte z.B. auf fremdes Unterlassen) stets an Pflichten anderer knüpft (Birnbacher 1988, 99f.), jedoch bei Pflichten auch ein kollektives Subjekt erlaubt und diese auch „ohne Bezug auf ein wie immer geartetes Gegenüber" zulässt, wenigstens als moralische Pflichten (ebd. 133). So argumentiert Birnbacher anhand der allgemeinen Empfindung „vieler", die es „als schlechthin axiomatisch" empfinden, „dass die Menschheit als ganze verpflichtet ist, ihr eigenes Überleben nicht in Frage zu stellen" (ebd. 139), für eine „Hervorbringungspflicht" der Menschheit für zukünftige Generationen, die aber „niemandem geschuldet sein kann" (ebd. 132). Da aber „jemand, der noch nicht existiert", kein „moralisches Recht darauf haben" könne, „zu existieren" oder zur Existenz gebracht zu werden, kann es sich nicht um ein Recht der künftigen Generationen handeln, hervorgebracht zu werden. Die entsprechende Pflicht heutiger Generationen ist dann also „eine Pflicht ohne Bezug auf ein irgendwie geartetes Gegenüber" (ebd. 133). Ist aber damit nicht schon die oben erwähnte, von Birnbacher definitorisch-analytisch angenommene Symmetrie von Rechts- und Pflichtenzuschreibungen gesprengt? Eine künftige Generation kann wohl nicht aktuelle Pflichten gegenüber der gegenwärtigen Menschheit haben – allerdings eine potenzielle Ausweitung des Interpretationskonstrukts bedingter Pflichten ist hier möglich. Gewisse (freilich aber symbolische) Ehrerbietigkeitspflichten hinsichtlich der Vorgängergenerationen dürften allgemein auch künftigen Generationen zuzumuten sein – und sie werden auch analoge Pflichten wie wir für ihre Nachfolgegenerationen haben.

Birnbacher konstruiert also für die „gesamte gegenwärtig lebende Menschheit" als ein Kollektivpflichtsubjekt eine Pflicht, für die künftige Exis-

tenz der Menschheit zu sorgen, also eine Verantwortung zur Hervorbringung
einer künftigen Generation und zur Wahrung zuträglicher Existenzbedingungen für diese wahrzunehmen; er sieht aber keine Möglichkeit, ein moralisches Recht künftiger Generationen auf Existenz gegenüber der heutigen
Menschheit einzuräumen. Etwas inkonsequent verteidigt er jedoch unter
Aufrechterhaltung der Symmetrieforderung ähnlich wie Feinberg bedingte
zukunftsbezogene Rechte künftiger Generationen. Falls diese einmal existieren sollten (worauf sie nach Feinberg und Birnbacher keinerlei Recht haben), könnte man ihnen aber dennoch „moralische Rechte gegen die Gegenwärtigen zuschreiben", insofern als jemandem, der „ein Recht aus logi-
schen oder kontingenten Gründen nicht selbst geltend machen" kann, „das
Recht zuzusprechen" ist, „andere aufzufordern oder darin zu unterstützen,
die Erfüllung der entsprechenden Pflicht einzufordern" (ebd. 101). (Auch moralische Rechte sind für Birnbacher an die prinzipielle Einforderbarkeit der
Pflicht bei entsprechenden Adressaten gebunden.) So wäre es also möglich,
„stellvertretend" moralische Rechte der künftigen Generationen dadurch
wahrzunehmen, dass die entsprechenden Vorsorgepflichten bei der gegenwärtigen Generation eingefordert werden (ebd.). Kann man aber jemandem,
der noch nicht existiert, dem man nach Birnbacher kein Recht auf Existenz
zusprechen kann, nun überhaupt ein Recht zusprechen – etwa das Recht,
andere aufzufordern, die Erfüllung der unterstellten Pflichten einzufordern?
Aus dem Recht zur Aufforderung folgt natürlich noch keine Verpflichtung des
Aufgeforderten. Birnbacher scheint mir diese grundsätzlichen Schwierigkeiten nicht restlos geklärt zu haben, obwohl ich ihm Recht darin gebe, dass
„keine ernsthaften logisch-metaethischen Gründe dagegen (sprechen), auch
Zukünftigen moralische Rechte gegen die Gegenwärtigen zuzuschreiben"
und dass Mitglieder der gegenwärtigen Generationen darüber hinaus auch
Pflichten haben, andere zur Erfüllung solcher Vorsorgepflichten anzuhalten
und zu erziehen sowie sie dabei solidarisch zu unterstützen (ebd.). Nur
muss man dann konsequent die Kantische Wechselbindung von Rechts-
und Pflichtübernahmen generell und/oder die definitorische Symmetrie von
aktuellen Pflichten und Rechten aufgeben.

Im Grunde ist jede Zuschreibung eines Rechtes oder Quasirechts inter-
pretationsabhängig. Dann erscheint es willkürlich, eine aus methodischen
Erwägungen allein gezogene scharfe Grenzlinie zu ziehen, zwar künftigen
Generationen potenzielle bedingte Rechte (die stellvertretend von anderen
eingeklagt werden können) einerseits zuzugestehen, aber andererseits bei
der Nichtexistenz eines Rechtes auf Existenz zu verharren. Ebenso könnte
man natürlich ein durch andere stellvertretend zu artikulierendes moralisches Recht auf Existenz der künftigen Generation fordern, wenn schon
eine Hervorbringungspflicht der jetzigen Generation gesehen wird. Beides

ergibt sich aus interpretativen Zuschreibungen. Auch ist es nicht einzusehen, wieso die Zuerkennbarkeit moralischer Rechte auf bedingte Rechte der erwähnten Art eingeschränkt werden muss und wieso die Gebundenheit der Rechte an Pflichten nicht ebenso auch umgekehrt werden kann im Sinne einer Gebundenheit von adressatenbezogenen (evtl. kollektiver) Pflichten an Rechte potenzieller Rechtsträger (wenn diese Rechte stellvertretend wahrgenommen werden können). Da der Begriff der „moralischen Rechte" ohnehin eine erweiterte Zuschreibung ist, die der notwendigen Zuordnung zu einem Gerichtsverfahren (außer etwa einem idealisierten Verfahren vor dem Gerichtshof des Gewissens im Sinne Kants) entbehrt, hindert uns nichts daran, auch von „moralischen" „Rechten" oder „Quasirechten" zu sprechen, ohne diese an die Notwendigkeit einer verfahrensmäßigen Einforderung zu binden. Dies kann man selbst dann zugeben, wenn man sich nicht inhaltlich konkret an die Naturrechtstradition binden will. Da wir ohnehin gezwungen sind, wie ich anderenorts ausgeführt habe (1983a), die vollständige definitorische Symmetrie von Rechten und Pflichten in Bezug auf die potenzielle Trägerbindung aufzugeben, wie sie Kant noch im Sinne hatte: Nur Wesen, die auch moralische Pflichten übernehmen können, haben für Kant auch moralische Rechte (also nicht etwa Tiere oder moralunfähige menschliche Wesen wie Embryonen, total Geistesgestörte oder ständig bewusstlose Personen im Koma) – können wir auch hinsichtlich des Zuschreibungscharakters von moralischen Rechten hier offener verfahren. Dies würde bedeuten, dass wir durchaus auch potenziellen künftigen Generationen ein potenzielles (Quasi-)Recht auf Existenz zusprechen könnten, wenn wir ihnen ohnehin selbst bedingte Rechte (für den Fall einer vorausgesetzten Existenz) nur zuweisen können. Die Zuschreibung einer Hervorbringungspflicht müsste eigentlich logischerweise zur (wenigstens möglichen) Zuschreibung eines moralischen Existenz-(Quasi-)Rechtes der künftigen Generationen, die hervorzubringen Birnbacher uns für verpflichtet hält, führen.

Im Übrigen könnte und müsste man kollektiven Verpflichtungen auch kollektive moralische Rechte zuordnen können. Moralität ist in der Tat mehr als Einzelverpflichtung. Sie umfasst auch nicht nur rechtsanaloge Einklagbarkeit und Einhaltung von moralischen Normen, sondern sie bezieht sich auch auf moralische Ideale, die wesentlich mehr umschreiben als einklagbare Einzelverpflichtungen. Diese Erkenntnis findet ihre Entsprechung im Problem der Verantwortungsverteilung (auch hinsichtlich öffentlicher Güter wie z.B. Wasser, Luft, Boden und deren Schädigung – vgl. Lenk/Maring 1990a und 1990b): Nicht jede Verantwortung ist restlos in Einzelverantwortlichkeiten von Individuen auflösbar. Kollektive Verantwortlichkeiten können existieren, die nicht „ohne Rest" auf Individualverantwortlichkeiten reduzierbar sind, obwohl sie in einer angebbaren Weise doch wenigstens mit Individualverantwortlichkeiten zusammenhängen, von Relevanz für diese sein sollten.

So gibt es etwa einen Vorschlag von Mellema (1985a), der die Aktualisie-rung bedingter Pflichten an Schwellenwerte koppelt und sich gerade so gegen ethische Verwässerungseffekte bei „Mitläufertum" (Jaspers), „Befehls-notstandsausreden" und bei wachsenden Mitgliederzahlen mitverantwort-licher Gruppen richten möchte. Moralische Verantwortung ist prinzipiell nicht wie ein Kuchen aufteilbar und verwässerbar, selbst wenn faktisch in politi-schen Zusammenhängen – etwa in Parlamenten und Gremien – der Ein-druck entstehen mag, dass mit der wachsenden Zahl der Mitglieder die Ver-antwortlichkeit des einzelnen sinkt oder gar schwindet (vgl. hierzu ausführ-licher Lenk/Maring 1991).

Insgesamt scheint mir, dass durchaus eine ethische Verpflichtung des Menschen (bzw. der Menschheit) generell besteht, dafür zu sorgen, dass – wie andere von seiner Eingriffsmacht abhängige Naturarten – besonders auch seine eigene Art nicht ausstirbt und nachfolgende Generationen an-gemessene Existenzgrundlagen vorfinden. Zwar haben einzelne nicht schon gezeugte (potenzielle) Individuen – was immer diese eher paradoxe Be-schreibung bedeuten mag – wohl kein Einzelrecht auf Geburt, zwar kann man keine individuelle Verpflichtung zur Nachkommenzeugung einzelnen Paaren gegenüber erheben, jedoch scheint es eine sinnvolle Extrapolation der sonst zumeist nur als Abwehr- und Schutzrechte konstruierten Men-schen- und Grundrechte zu sein, eine kollektive Verpflichtung der heutigen Menschen zu entwickeln, auch ihre Art nicht aussterben zu lassen oder zu vernichten. Der Mensch hat nicht nur negativ die Verpflichtung, seinen künftigen Nachkommen zuträgliche Lebens- und Umweltbedingungen zu hinterlassen, also eine Totalplünderung nicht regenerierbarer Rohstoffe ebenso wie eine tödliche Verschmutzung oder Zerstörung der Umwelt zu unterlassen, sondern kollektiv auch eine Verpflichtung und Verantwortung, dies aktiv zu verhindern, tätig wirkend für die menschenwürdige Weiterexis-tenz seiner Gattung zu sorgen. Zumindest ist dies eine moralische Forde-rung, die sich aus der (von unterschiedlichen ethischen Systemen als ein Höchstwert statuierten) Integrität und Weiterexistenz der Menschheit ergibt. Selbst eine Fassung von Kants formalem Kategorischem Imperativ bezieht sich auf das eigentlich inhaltliche „Prinzip der Menschheit und jeder vernünf-tigen Natur überhaupt, als Zwecks an sich selbst" (AA IV, 431). Moralisch gesehen bestehen also bedingte Rechte bzw. Quasirechte künftiger Generationen auch auf Existenz, wenngleich weder rechtlich noch moralisch irgendeine Einzelexistenz eines nicht gezeugten Individuums „eingeklagt" werden kann. Entsprechend besteht wohl heute keine Einzelverpflichtung für jeden, Nachkommen zu haben, doch lässt sich ethisch eine kollektive Ge-samtverpflichtung der Menschheit interpretativ (re)konstruieren und argu-mentativ stützen, die menschliche Gattung nicht aussterben zu lassen und für zuträgliche Lebensbedingungen zu sorgen. Rechtlich freilich sind diese Ansprüche bzw. Verpflichtungen nicht als Einzelansprüche bzw. Einzelverpflichtungen zu konkretisieren: Weder eine Pflicht zur Nachkommenzeugung noch ein Recht auf Gezeugtwerden kann in Bezug auf Einzelne angenommen werden. Insofern gehen gewisse allgemein-menschliche moralische Verbindlichkeiten über individualistisch und juristisch konkretisierbare hinaus. Moralische Wertbindungen greifen weiter aus als moralische und rechtliche Einzelverpflichtungen.

6. Nachhaltigkeit und Tragfähigkeit – Öko- und Humanverträglichkeit

In den letzten eineinhalb Jahrzehnten ist viel von „Nachhaltigkeit" der Ressourcenverwendung unter Gesichtspunkten der Umweltschonung und auch der Verantwortlichkeit der nachwachsenden Generationen die Rede. Der Begriff *Nachhaltigkeit* stammt aus der deutschen Wald- und Forstwirtschaft[6] und besagt, dass lediglich so viele Bäume geschlagen bzw. Waldteile abgeholzt werden sollen, wie in den zugrunde gelegten Zeiträumen natürlicherweise nachwachsen. Dieser Begriff ist eigentlich nur auf heute so genannte „nachwachsende" bzw. „erneuerbare Ressourcen" anwendbar. Er wird jedoch in erweiterter Fassung – z.B. vom bekannten Brundtland-Bericht (1987) – auch auf die Rohstoffausschöpfung und den allgemeinen sparsamen und sorgsamen Umgang mit Rohstoffen und nicht-erneuerbaren Ressourcen angewandt: Hier wird allerdings deutlicher und genereller von *„tragfähiger Entwicklung"* (*„sustainable development"*) gesprochen. Die Grundidee erweitert also den herkömmlichen Begriff der nachhaltigen Bewirtschaftung von nachwachsenden Naturressourcen, verallgemeinert diesen auf einen zuträglichen oder sparsamen Umgang mit allen Umweltressourcen – also gerade auch mit den *nicht* erneuerbaren, wie z.B. Ölvorkommen, Erzlagervorräte usw. Das ist in der Tat eine sinnvolle Erweiterung, die natürlich der Grundidee der verantwortlichen Nutzung und langfristigen Umwelt- und Ressourcen schonenden Bewirtschaftung Ausdruck verleiht. In der Tat geht es um die auf lange Zeiten hin verantwortliche Berücksichtigung der Interessen und moralischen Rechte auch unserer Nachkommen – wie auch um die Frage der Erhaltung der Systemzusammenhänge der Wechselwirkung zwischen natürlichen Faktoren und menschlichen Eingriffen in unsere Umwelt[7].

---

6 „Sustainable development" wird oft mit „nachhaltige Entwicklung" übersetzt – und stammt wohl auch geschichtlich aus dieser traditionellen Idee der Forstwirtschaft. Hans Carl von Carlowitz in Freiberg/Sachsen hatte 1713 in seinem Buch „Sylvicultura Oeconomica" diese Konzeption wohl als erster entwickelt. Die „Tragbarkeit" ist allerdings nicht auf die nachwachsenden regenerierbaren Ressourcen beschränkt wie die „nachhaltige" Forstbewirtschaftung.

7 Weitere Verfeinerungen hinsichtlich unterschiedlicher gerechter oder „angemessener" „Hinterlassenschaften" in Gestalt von Sach-, (evtl. „kultivierten") Natur-, Wissens-, und Humankapital und Begriffe von „starker" (konstant zu haltendes Naturkapital!) und „schwacher" Nachhaltigkeit (mit Substituierbarkeit) führen Döring und Ott (2002) ein.

So schreiben Döring/Ott (2002a, 40; vgl. auch Döring/Ott 2002b und SRU 2002): „Die regulative Idee der Nachhaltigkeit" umfasse „Aspekte inter- und intragenerationeller Gerechtigkeit". „Verpflichtungen gegenüber zukünftigen Generationen" würden wir nachkommen, „indem wir [...] gerechte oder ,angemessene' [...]

Zur Gewährleistung einer „tragbaren Entwicklung" im Sinne der „Nachhaltig-keit" i.w.S. gehört insbesondere die möglichst weitgehende Nutzung so ge-nannter „erneuerbarer Energien". Dieses Ziel wird derzeit besonders auch in der Bundesrepublik Deutschland relativ stark propagiert und praktisch geför-dert. Das gilt tendenziell auch für andere Länder der Europäischen Union.

(individuelle und kollektive) Hinterlassenschaften bilden" (ebd. 41). Diese be-ziehen sich auf Sachkapital, Naturkapital, kultiviertes Naturkapital, Sozialkapital, Humankapital und Wissenskapital (ebd.). Die Autoren unterscheiden Konzepte *schwacher* (WS) und *starker Nachhaltigkeit* (SS); „ein Hauptunterschied" liege „in der Beurteilung der Substitutionsmöglichkeiten von Naturkapital [...] durch Sach-kapital oder durch Wissen, Technologien usw." (ebd.). Bei SS solle „das Natur-kapital über die Zeit hinweg konstant gehalten werden"; bei WS dürfe es substituiert werden (ebd.). Auch dürfe bei WS abdiskontiert werden (ebd.). Döring/Ott (2002a, 42) selbst treten für „[v]ermittelnde Positionen" ein: Substitution sei teilweise zulässig, die „kritische Substanz'" des Naturkapitals müsse erhalten bleiben; Nicht-Substitution gelte aber lediglich prima facie. Verbunden werden hiermit „Begründungslastregeln" (ebd. 44): Die Begründung muss von der Partei vorgebracht werden, die substituieren möchte – wobei die „Multifunktionsfähigkeit vieler ökologischer Systeme" zu beachten ist (ebd.). Döring/Ott (ebd. 45) fassen nun ihren Standpunkt wie folgt zusammen: „Langfristig sollte man sich [...] poli-tisch auf das Konzept starker Nachhaltigkeit einschließlich der Konsequenz verstärkter Investitionen in das Naturkapital verständigen. Im Anschluss daran" sei „die Frage zu entscheiden, wie diese Konzeption auf eine ökonomisch effiziente und sozial verträgliche Weise umgesetzt werden kann". Konkreter müsse dann das „in Deutschland politisch favorisierte Drei-Säulen-Modell (Ökologie, Ökonomie und Soziales als gleichberechtigte, zu integrierende Säulen) [...] im Sinne von SS zu deuten und mit entsprechenden Leitlinien zu verknüpfen" sein (ebd.). Eine „plausible Hierarchie von Umwelt- und Naturqualitätszielen" und „spezifische Regeln" müsse das Ziel Nachhaltigkeit ergänzen (ebd.). Leitlinien seien: Effizienz, Suffizienz und Resilienz, wobei letztere „die Widerstandsfähigkeit ökologischer Systeme gegenüber anthropogenen und natürlichen Störungen" bezeichnet (ebd.).

Seit einiger Zeit haben sich die EU-Staaten zu einer starken Erhöhung des Anteils erneuerbarer Energien am Energieverbrauch verpflichtet und erste mehr oder weniger große Schritte bereits eingeleitet (besonders Schweden, Lettland und Finnland) (s. Abb. 6.1):

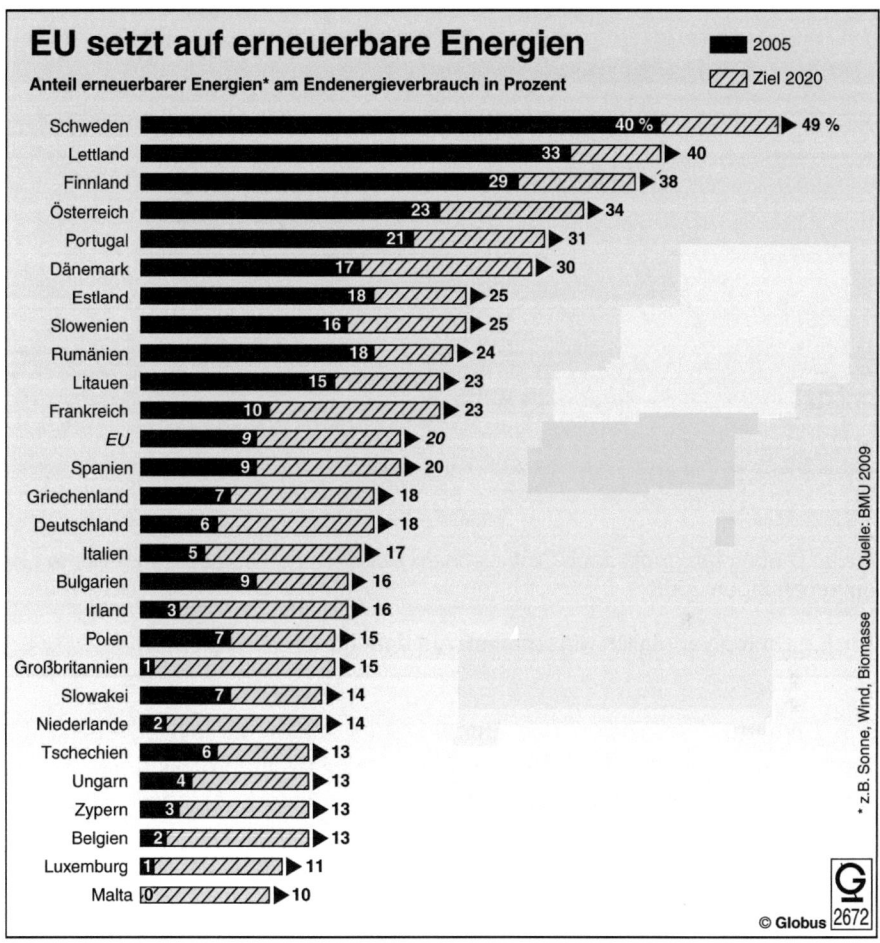

Quelle: Globus-Infografik nach BMU 2009

Abb. 6.1 EU setzt auf erneuerbare Energien

Man hat aber auch vieler Orts den Verbrauch von Umweltressourcen für wirtschaftliche Zwecke in den beiden letzten Dekaden beachtlich reduziert (s. Abb. 6.2):

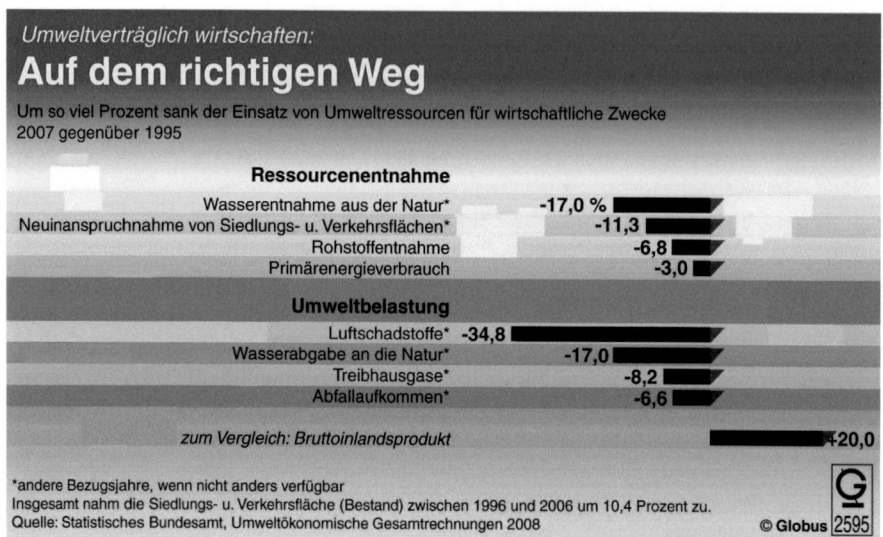

Umweltverträglich wirtschaften:
Auf dem richtigen Weg
Um so viel Prozent sank der Einsatz von Umweltressourcen für wirtschaftliche Zwecke 2007 gegenüber 1995

Ressourcenentnahme

Wasserentnahme aus der Natur*	-17,0 %
Neuinanspruchnahme von Siedlungs- u. Verkehrsflächen*	-11,3
Rohstoffentnahme	-6,8
Primärenergieverbrauch	-3,0

Umweltbelastung

Luftschadstoffe*	-34,8
Wasserabgabe an die Natur*	-17,0
Treibhausgase*	-8,2
Abfallaufkommen*	-6,6

zum Vergleich: Bruttoinlandsprodukt +20,0

*andere Bezugsjahre, wenn nicht anders verfügbar
Insgesamt nahm die Siedlungs- u. Verkehrsfläche (Bestand) zwischen 1996 und 2006 um 10,4 Prozent zu.
Quelle: Statistisches Bundesamt, Umweltökonomische Gesamtrechnungen 2008   © Globus 2595

Quelle: Globus-Infografik nach Statistischem Bundesamt, Umweltökonomische Gesamtrechnungen 2008

Abb. 6.2 Umweltverträglich wirtschaften: Auf dem richtigen Weg

Eine Enquête-Kommission des Bundestages stellte für ein „Drei-Säulen-Modell" die Beachtung ökologischer, ökonomischer und sozialer Nachhaltigkeitsfaktoren nebeneinander und stellte dafür folgende Normen auf (Deutscher Bundestag 2000, 14ff.):

Nachhaltige Entwicklung:

„Die Abbaurate erneuerbarer Ressourcen (z.B. Holz) soll ihre Regenerationsrate [...] nicht überschreiten".

„Nicht-erneuerbare Ressourcen (z.B. Erdöl, Erdgas etc.) sollen nur in dem Umfang genutzt werden, in dem ein physisch und funktionell gleichwertiger Ersatz [...] geschaffen wird".

„Stoffeinträge [...] in die Umwelt sollen sich an der Belastbarkeit der Umweltmedien (Luft, Boden, Wasser) orientieren".

„Das Zeitmaß anthropogener [...] Eingriffe" muss „im ausgewogenen Verhältnis zum Zeitmaß der für das Reaktionsvermögen der Umwelt relevanten natürlichen Prozesse stehen".

„Gefahren und unvertretbare Risiken für die menschliche Gesundheit durch anthropogene Einwirkungen sind zu vermeiden".

Ökonomische Nachhaltigkeit:

„Das ökonomische System soll individuelle und gesellschaftliche Bedürfnisse effizient befriedigen. Dafür ist die Wirtschaftsordnung so zu gestalten", dass Eigeninitiave und -interesse förderlich für das Gemeinwohl der „derzeitigen und künftigen Bevölkerung" sind.

„Preise müssen dauerhaft die wesentliche Lenkungsfunktion auf Märkten wahrnehmen. Sie sollen dazu weitestgehend die Knappheit der Ressourcen [...], der Produktionsfaktoren, Güter und Dienstleistungen wiedergeben". Endlichkeit der Ressourcen und Emissionen sind zu beachten.

„Die Rahmenbedingungen des Wettbewerbs sind so zu gestalten", dass Märkte funktionieren, „Innovationen" anregen, „langfristige Orientierung sich lohnt" usw.

„Die ökonomische Leistungsfähigkeit einer Gesellschaft und ihr Produktiv-, Sozial- und Humankapital müssen im Zeitablauf mindestens erhalten werden".

Soziale Nachhaltigkeit:

„Der soziale Rechtsstaat soll die Menschenwürde und die freie Entfaltung der Persönlichkeit sowie Entfaltungschancen für heutige und zukünftige Generationen gewährleisten", um so „den sozialen Frieden zu wahren".

Die Gesellschaftsmitglieder müssen entsprechend ihrer „Leistungsfähigkeit einen solidarischen Beitrag für die Gesellschaft leisten".

Alle Gesellschaftsmitglieder erhalten „Leistungen von der solidarischen Gesellschaft" entweder „entsprechend geleisteter Beiträge für" oder entsprechend ihrer „Bedürftigkeit, wenn keine Ansprüche an die sozialen Sicherungssysteme bestehen".

„Die sozialen Sicherungssysteme können" nur entsprechend einer „gestiegene[n] Wirtschaftskraft" wachsen.

Das gesellschaftliche „Leistungspotential soll für künftige Generationen zumindest erhalten bleiben".

Es ist sicherlich keine Übertreibung, wenn man heute feststellt, dass der Begriff und Ausdruck „Nachhaltigkeit" zu einem geradezu verschwommenen Schlagwort geworden ist, wie aus den zuvor stehenden Kurzformulierungen zur „Ökonomischen Nachhaltigkeit" (mit der Bedeutung Bedürfnisbefriedigung, der Eigeninitiative förderlich, langfristige Leistungsfähigkeitserhaltung usw.) und „Soziale Nachhaltigkeit" (Entfaltungsschranken, sozialer Frieden, soziale Sicherungssysteme, Leistungspotenzialerhalt) ersichtlich ist. Allenfalls die Balancierung und positive Bilanzierung von Investitionen in Leistungsfähigkeit und deren langfristigem Output könnte mit gewissen Ähnlichkeiten zur Nachhaltigkeitsfrage parallelisiert werden. Doch auch diese Analogie ist eher schwach ausgedrückt bzw. eher metaphorisch zu verstehen.

Man sollte den im engeren Bereich der Ressourcenausbeutung bzw. -erneuerung gewonnen Begriff der Nachhaltigkeit nicht unziemlich ausdehnen in die Bereiche sozialer Gerechtigkeit und Bedürfnissicherung, usw. (Selbst die Ausweitung auf nicht-erneuerbare Ressourcen im Sinne des „sustainable development" ist bereits eine Erweiterung, verbleibt aber wenigstens beim Thema „Ressourcennutzung" bzw. „-übernützung".)

Freilich spricht nichts dagegen, die Nachhaltigkeitsdebatte angesichts der Ressourcen auf die Problematik der Verantwortung für künftige Generationen zu übertragen („keine übermäßige Ausbeutung der nicht erneuerbaren Ressourcen jetzt!") – hier ist eine Übertragung schon terminologisch und thematisch eher gerechtfertigt.

Es spricht auch nichts dagegen, die Nachhaltigkeitsproblematik der ökoverträglichen Eingriffe zu verbinden mit Gesichtspunkten der Sozial- und Humanverträglichkeit sowie der Gerechtigkeit. Doch empfiehlt es sich zweifellos – schon aus Gründen der begrifflichen Klarheit –, die Begriffe weiterhin der Bedeutung und Definition nach getrennt zu halten und erst nachträglich in empirisch gehaltvollen Aussagen und Ansätzen zu sammeln bzw. nebeneinander zu verwenden, um gerade die Wechselbeziehungen deutlicher herauszustellen. Humanverträglichkeit, Sozialverträglichkeit bzw. Sozialgerechtigkeit sind nun einmal von der Ökoverträglichkeit im Sinne der Nachhaltigkeit im engeren Sinne zu unterscheiden. Enger ist die Beziehung, wie gesagt, zur Intergenerationenverträglichkeit bzw. -gerechtigkeit, da es sich dabei ebenfalls zum großen Teil um Ressourcenerschöpfungs-Probleme handelt. Zweifellos ist jedoch eine gewisse parallele Argumentation generell vertretbar, da es um die Feststellung und Nicht-Übertretung gewisser Zuträglichkeitsgrenzen geht. Insofern weisen Nachhaltigkeits- bzw. Umweltverträglichkeitsdebatten und Humanverträglichkeitsdiskussionen in der Tat Parallelitäten auf. Dies gilt nicht nur in formaler Hinsicht, sondern auch in inhaltlicher Beziehung; denn die Schädigung, Depravierung oder gar Zerstörung der Naturgrundlagen im Sinne der Nichtbeachtung von Nachhaltigkeit im originären Sinne schädigt natürlich im Zuge der Naturschädigung auch die Menschen- und Humanzuträglichkeit.

Allgemein jedenfalls sollte der Ausdruck „Nachhaltigkeit" – selbst mit spezifizierenden Zusätzen, wie „ökonomisch", „sozial" – nicht allzu weit und undifferenziert bzw. inhaltlich ungerechtfertigt ausgedehnt werden, wie es leider in manchen Ansätzen geschieht (s. a. u. Indikatoren für Nachhaltigkeitsdefizite, s. u. Tab. 6.2 in Beziehung auf Armutsquote, Arbeitslosigkeit, Einkommensunterschiede, Bildungsdefizite, Kriminalität).

Es geht also generell um Umweltverträglichkeit („Ökoverträglichkeit"), Humanverträglichkeit (Zuträglichkeit für die Menschen in ihrer Umwelt) in einem ökonomisch vertretbaren und sozial angemessenen Rahmen und um die

Verantwortung für künftige Generationen – nämlich jene, diesen eine zuträgliche und „lebbare" Umwelt im Kleinen wie im Großen zu hinterlassen. Man kann also von „Ökoverträglichkeit", „Humanverträglichkeit" und „Zuträglichkeit für künftige Generationen" sprechen. Dabei wäre noch die Sozialverträglichkeit für gesellschaftliche Gruppierungen als Leitidee hervorzuheben, die ebenfalls für künftige Zielsetzungen wie heute schon eine wichtige Leitidee darstellt.

Häufig wird die „Tragfähigkeit" der Erde (genauer der Lebenssphäre auf dem Planeten, einschließlich Wasser und Atmosphäre) als Eigenwert angesehen – so z.B. in erster Linie von Naturschutzverbänden. Der ehemalige BUND-Vorsitzende Weinzierl spricht etwas allgemeiner von „Zukunftsfähigkeit". Diese und auch die international verbreitete Verwendung von „tragfähiger Entwicklung" lässt es mehr oder minder bewusst offen, ob sich die Leitidee auf die Gesamtdynamik der Natursysteme (Ökosysteme) oder auf die Zuträglichkeit für Menschen und ihre künftigen Generationen bezieht. Deshalb wäre es besser, von ökologischer Verträglichkeit (Ökosystemverträglichkeit) und Humanverträglichkeit sowie im Besonderen von „Generationenzuträglichkeit" oder Zukunftsfähigkeit für Nachkommen seit Generationen zu sprechen – und gesondert nochmals von der Sozialverträglichkeit[8].

---

8 Skorupinski und Ott (2000, 140ff) unterscheiden drei Untervarianten des Kriteriums *Sozialverträglichkeit*: 1. als Verbindung von Verfassungs- und Umweltverträglichkeit, 2. als identisch mit Verfassungsverträglichkeit („Individualrechte vorrangig gegenüber der Steigerung kollektiven ökonomischen Nutzens und [...] anderer Werte") und 3. prozedual im Sinne diskursiver Zustimmungsfähigkeit. Sie schlagen vor – ähnlich wie Banse/Friedrich (1996, 2000, 161) – Sozialverträglichkeit *als* Demokratieverträglichkeit aufzufassen, wobei „in einem gemeinsamen Diskurs alle von der Entscheidung betroffenen Gruppen [...] prinzipiell zustimmen können" (Banse-Friedrich) – natürlich in einem „(konzeptionell guten) pTA-Verfahren", also einer partizipatorischen Technikfolgenabschätzung. 4. Wird noch eine inhaltliche Charakterisierung von Sozialorientierung und Sozialverträglichkeit der Technik „als Sicherung von Freiräumen, als das Offenhalten von Gestaltungsspielräumen für zukünftige Generationen und als Ausrichtung auf die Verbesserung der Lebensbedingungen Aller (oder möglichst Vieler)" bzw. als Betonung von „Optionswerten" (nach Hubig) aufgeführt.

Es werden auch noch die eher verschwimmenden („diffusen bzw. umstrittenen") Kriterien „kulturelle Verträglichkeit", „psychische Verträglichkeit" angeführt – sowie die „Forderung nach [...] Verhinderung gesundheitlicher Schäden durch Technik" bzw. das Ausmaß der Gesundheitsförderlichkeit und – last but not least – das Kriterium der starken Umweltverträglichkeit (s. vorige Anmerkung). Diese wird durch fünf „Kern-Bedeutungen" charakterisiert: Pathozentrik (Ausmaß der Leidensminderung betroffener Lebewesen), „strong sustainability", d.h. Erhalt von Naturkapital, Tutorismus (Sicherheit bzw. „Safety first" hinsichtlich ökologischer Risiken, „Erhalt von Biodiversität i.e.S." und „Orientierung an Verursacher- und Vorsorgeprinzip". (Die Autoren sehen hierin einen möglichen Vorteil gegenüber

Interessanterweise hat auch die Umweltpolitik die Kombination von Umweltverträglichkeit und Sozialverträglichkeit bereits aufgenommen und in der so genannten Volkswirtschaftlichen Gesamtrechnung in Verbindung mit der umwelt-ökonomischen Gesamtrechnung und der Sozialen Gesamtrechnung einen Rahmen entworfen, der die Datenbasis für die notwendigen Integrationen in Gestalt der „gleichzeitigen Erreichung von Zielsetzungen in den Politikbereichen Wirtschaft, Umwelt und Soziales bzw. das Ausbalancieren der Zielkonflikte" bereitzustellen versucht (Statistisches Bundesamt 2003, 79): Die Umwelt-ökonomische Gesamtrechnung wird „bereits jetzt zu den Indikatoren Rohstoff- und Energieproduktivität [...], Treibhausgasemissionen [...] und Luftschadstoffen" hinzugezogen. Auch wurde 2003 erstmals eine „Bodengesamtrechnung" vorgestellt, die „vertiefende Informationen zum Anstieg der Siedlungs- und Verkehrsfläche" in der Bundesrepublik liefert. Die Gesamtrechnungen verfolgen „das Ziel, eine integrierte Analyse zu ermöglichen, die die Ursachen von Entwicklungen aufzeigt und die Formulierung von Maßnahmen erlaubt" – unter Berücksichtigung eines „möglichst vollständigen und konsistenten Gesamtbildes". Sowohl in den Umwelt-ökonomischen Gesamtrechnungen, als auch in den volkswirtschaftlichen Gesamtrechnungen wird nach „wirtschaftlichen Aktivitäten" (Wirtschafts- bzw. Produktionsbereiche sowie der Konsum der privaten Haushalte) genauer differenziert. Dadurch werden die einzelnen Resultate vergleichbar und miteinander verknüpfbar.

Die Ergebnisse der Umwelt-ökonomischen Gesamtrechnung und dieser Integration erlauben „Effizienzmaße (Produktivitäten oder Intensitäten)" als „monetäre ökonomische Größen mit physischen Umweltkennziffern (zu) verknüpfen", ermöglichen es, „sektorale Indikatoren" (z.B. „spezifischen Energieverbrauch der Wirtschafts- oder Produktionsbereiche") abzuleiten, zeitliche Entwicklungsanalysen sowie „Input-Output Tabellen zur Berechnung kumulierter Effekte" zu erstellen und die Daten in „multi-sektoralen ökonometrischen Modellierungsansätzen zur Aufstellung von Szenarien mit einer integrierten Betrachtung" von dynamischen Umwelt- und Wirtschaftsvariablen zu entwickeln (ebd. 80).

Grunwald und Kopfmüller (2006, 46ff.) unterscheiden in ihrem so genannten „Mehr-Säulen-Konzept" prinzipiell die ökologische Dimension von der ökonomischen und der sozial- und institutionell-politischen und behandeln diese als „gleichrangig" für die Charakterisierung nachhaltiger Entwicklung. Nur unter Einbeziehung der institutionell-politischen neben den genannten anderen nicht-ökologischen Dimensionen könnte und müsse der „Langfristcharakter" gewahrt, „die traditionelle Grenzziehung zwischen der einen ‚offi-

---

den Bestimmungen der Umweltverträglichkeitsprüfungen, „in denen der Nachhaltigkeitsgedanke noch keine große Rolle spielt".)

ziellen' Politik und den mehr basisdemokratischen zivilgesellschaftlichen Gruppen im umwelt- oder entwicklungspolitischen Bereich [...] überwunden" (ebd. 51) sowie die „Integrativität" der „Nachhaltigkeitskonzepte" gewährleistet werden, die insgesamt unter den „vier querschnitthaften Prinzipien": „Generationengerechtigkeit, Lebensqualität, sozialer Zusammenhalt und internationale Verantwortung" stehen (ebd. 54, 133f.): „Im integrativen Konzept geht es darum, das Postulat global verstandener Gerechtigkeit in Zeit und Raum auf die menschliche Nutzung von (natürlichen und sozialen) Ressourcen und ihrer Weiterentwicklung zu beziehen. Der erste Schritt der Operationalisierung besteht in einer Übersetzung der konstitutiven Elemente in generelle Ziele nachhaltiger Entwicklung:

- „Förderung der menschlichen Intelligenz";

- „Erhaltung des gesellschaftlichen Produktivpotenzials";

- „Bewahrung der Entwicklungs- und Handlungsmöglichkeiten der Gesellschaft" (ebd. 55).

Dies wurde nach dem von der Helmholz-Gemeinschaft der deutschen Großforschungsinstitute zuerst systematisch entwickelten „integrativen Nachhaltigkeitskonzept" innerhalb des Projektes „Global zukunftsfähige Entwicklung – Perspektiven für Deutschland" zu einem System von „Nachhaltigkeitsregeln" (ebd. 56f.) entwickelt. Hierbei spielen nicht nur die „nachhaltige Nutzung erneuerbarer Ressourcen" sowie der „nicht erneuerbaren Ressourcen", die „nachhaltige Nutzung der Umwelt als Senke" und die „Vermeidung unvertretbarer technischer Risiken" eine entscheidende Rolle, sondern auch die „nachhaltige Entwicklung des Sach-, Human- und Wissenskapitals" sowie die „Erhaltung des gesellschaftlichen Produktivpotenzials" und eben die „Bewahrung der Entwicklungs- und Handlungsmöglichkeiten" – auch im Hinblick auf „Chancengleichheit", Partizipation, „Erhaltung des kulturellen Erbes in der kulturellen Vielfalt" sowie der „kulturellen Funktion der Natur" und der „Erhaltung der sozialen Ressourcen" – kurz: alle Regeln zur „Sicherung der menschlichen Existenz" im Hinblick auf Gesundheit, Grundversorgung, Existenzsicherung, gerechte Verteilung der „Umweltnutzungsmöglichkeiten" und sogar für einen „Ausgleich extremer Einkommens- und Vermögensunterschiede". Als „instrumentelle Regeln" werden u.a. angegeben: „Internalisierung der extern ökologischen und sozialen Kosten", „angemessene Diskontierung", „faire weltwirtschaftliche Rahmenbedingungen" und „internationale Kooperation", „Machtausgleich" und „Selbstorganisationsfähigkeit" (ebd. 57).

Nachhaltigkeit wird also umfassende indikative, weit über die ökologische Einbettung und Thematisierung hinausgehende politische und gesellschaftliche Aufgabe verstanden. „Nachhaltigkeit" gilt somit sogar ein umfassendes Rahmenkonzept für die gesellschaftliche Entwicklung überhaupt – sowohl national als auch vor allem international gesehen (im Hinblick auf Entwicklungspolitik und internationaler Chancengerechtigkeit sowie globale Verantwortung). Dabei werden anhand ausgewählter Indikatoren vor allem für die Bundesrepublik Deutschland aber auch allgemein zentrale „Nachhaltigkeitsdefizite" (ebd. 66ff.) herausgestellt, die nicht nur die Umweltbelastung und den Land- und Flächenverbrauch sowie die Gefährdung der Biodiversität und den Verbrauch nicht-erneuerbarer Stoff- und Energieressourcen, die Belastung und Verschmutzung der Böden und Gewässer betreffen – also die klassischen ökologischen Teildimensionen –, sondern auch die Verteilungs- und Gerechtigkeitsproblematik sowie die sozialen und kulturellen Unausgewogenheiten in der Gesellschaft.

Kritisch heben Grunwald und Kopfmüller (ebd. 133f.) hervor, dass die Nachhaltigkeitsstrategie für die Bundesrepublik Deutschland noch keine „wirklich integrative Handlungsstrategie" erkennen lässt, da im Wesentlichen die ökologischen Faktoren – und zwar nur der „intergenerativen Gerechtigkeit" – eine „deutliche Priorität genießen, die „intragenerative Perspektive" aber vernachlässigt wird. Die „Möglichkeit einer ‚Entkopplung' zwischen Wirtschaftsleistung und Umweltverbrauch" wird zu optimistisch eingeschätzt und „entsprechend ist die Auswahl von Indikatoren wie Bruttoinlandsprodukt, Rohstoffproduktivität und Transportintensität problematisch". Die Autoren urteilen (ebd. 134): „Trotz einiger begrüßenswerter Ansätze etwa in den Bereichen erneuerbarer Energien, Familien- und Rentenpolitik sind bislang noch erhebliche Defizite festzustellen": So weise die viel publizierte „AGENDA 2010" „nur wenige konkrete Bezugspunkte" zu der 2002 vorgelegten Nachhaltigkeitsstrategie auf: „Ändert sich daran nichts, muss eine solche Strategie zwangsläufig zu einem zwar stattlichen, aber zahnlosen Tiger degenerieren". (Ähnliche, sehr allgemein gehaltene Kritiken werden gegenüber den Initiativen auf der EU-Ebene und bei den UN-Zielen und UN-Konventionen (UN-Millenniums-Ziele für 2015) und für das Konzept „Global Governance" vorgebracht, obwohl diese Initiativen als „von besonderer Bedeutung für die Entwicklung der politischen Umsetzung von Strategien nachhaltiger Entwicklung angesehen werden (ebd. 145). Es geht insgesamt in den ökologischen Hauptschwerpunkten um Umweltverträglichkeit – „Ökoverträglichkeit" –, Humanverträglichkeit – Zuträglichkeit für die Menschen in ichrer Umwelt und um die Verantwortung für künftige Generationen, nämlich, diesen eine zuträgliche und „lebbare" Umwelt im Kleinen wie im Großen zu hinterlassen –, um Sozialverträglichkeit für gesellschaftliche Gruppierungen und ökonomische Nachhaltigkeit, die nicht mit neoliberalen Quartalsdenken verwechselt werden kann. D. h. um die gleichen Leitideen, die unabhängig von der Diskussion um die Nachhaltigkeit entwickelt wurden.

Zweifellos ist es sinnvoll, geradezu „human" mit unserer Umwelt umzugehen, genauer: „human-verträglich", ökologisch vertretbar, unter Berücksichtigung der Nachhaltigkeit (also die Regenerierbarkeit nachwachsender Naturressourcen beachtend). Humanverträglichkeit wäre also eine Idee, die durchaus mit der menschengerechten Umwelt- oder Lebensqualität in dem Natursystem, in dem man lebt, zusammenhängt. Es ist nicht von ungefähr, dass auch die Ethik sich in dieser Richtung erweitert hat und heute eine so genannte „ökologische Ethik" des rücksichtsvollen Umgangs mit Naturressourcen, Naturwesen und -systemen entwickelt wird. Diese neue Richtung und Naturethik ist natürlich mit der zunehmenden Belastung und Zerstörung der Umwelt und der Lebensqualität durch Ballungsprobleme, Übernutzung und Erschöpfung von Rohstoffreserven und Ökosystemen und durch die Überbevölkerungsproblematik entstanden.

Der Biologe und Ökologe Josef Reichholf hat neuerdings (2008) im Anschluss an eine ausführliche Diskussion über Evolutionsprozesse, biologische Vorstellungen über Gleichgewichte und Fließgleichgewichte (von Bertalanffy) die Nachhaltigkeitsdiskussion unter dem Ziel eines ausgewogenen Gleichgewichts und einer ausgleichenden Proportionierung von Ressourcenverbrauch und -regeneration wieder einmal darauf aufmerksam gemacht, dass eine vom Menschen unabhängige Natur im Systemzusammenhang kaum mehr existiert, dass vor allem fälschlich immer abgeschlossene Ökosysteme unterstellt wurden, aber eine Abwägung von Nachhaltigkeitsbewertungen generell in größere Zusammenhänge einer nicht rein statischen und nicht nur auf rein biologisch-ökologisches Gleichgewicht ausgerichteten Konzeption weder der faktischen Entwicklung der Natursysteme und –zusammenhänge noch den menschlichen Nutzungsmöglichkeiten und Zielinteressen gerecht werden kann. Ein ökologisches Gleichgewicht unter Naturnutzung durch den Menschen sei eine Art von Mythos: „Denn betrachten nicht etwa die vier großen Naturnutzer, die Land- und Forstwirtschaft, die Jagd und die Fischerei, seit jeher Ungleichgewichte als Ziele ihrer Vorstellungen vom Gleichgewicht?" (2008, 113). „Perfekte Nachhaltigkeit" wäre geradezu ein unmögliches „Perpetuum mobile". Stattdessen ist schon möglichst große Schonung der „vorhandenen Ressourcen" ein sinnvolles Ziel der Nutzungsmöglichkeiten, also eher eine vielseitige diversifizierte jeweils situations- und entwicklungsangepasste dynamische Wechselwirkung zwischen Naturvorgängen und menschlichen Eingriffen, sodass möglichst keine „Kippvorgänge" der Systemzustände eintreten sollten (ebd. 117, 121). Die situationsdynamisch angepasste Strategie eines wechselwirkenden Eingreifens des Menschen in Naturvorgänge zur Stabilisierung von jeweiligen Spannungen und „Ungleichgewichten" – und nicht die Verteidigung von Gleichgewicht oder gar Gleichmacherei im Gesellschafts- und Umweltverhalten – sei jenseits der großen Vereinfachungen von „Gleichgewicht" in und „mit der Natur" nötige Erkenntnis und Verhaltensleitlinie. Gleichheit und Gleichgewicht wären „günstigstenfalls gleichbedeutend mit Stillstand, schlimmstenfalls das Ende. Wir brauchen deshalb ein neues Denken in den Ungleichgewichten: in der Ökologie wie in der Gesellschaft". Nur „überlebensfähige Ungleichgewichte werden aus der Gegenwart wie in der Vergangenheit die Menschheit in die Zukunft führen" (ebd. 132). Aber „dazu brauchen wir ungleich bessere Kenntnisse über die Grenzen von produzierenden Ungleichgewichten, als sie uns bislang zur Verfügung stehen. Wir müssen wissen, wie groß die Energieflüsse und Materialumsetzungen werden dürfen, um den Rahmen nicht zu sprengen und andere Menschen und die örtliche, regionale oder globale Natur nicht zu schädigen" (ebd. 136). „Aus ‚Gleichgewichten' heraus entsteht keine bessere Welt, und es werden keine Reformen zustande kommen. Nur funktionierende Ungleichgewichte können ‚nachhaltige Entwicklungen' ermöglichen" (ebd. 137) und relativ stabilisierte und prozessdynamisch angepasste tragfähige Entwicklungen ergeben.

Erstmals hierauf dezidiert aufmerksam gemacht zu haben, ist das Verdienst von Reichholfs kurzer Studie, die zeigt, dass vereinfachte und idealisierte Supermodelle von Gleichgewichten und perfekter Nachhaltigkeit entweder mythische Projektionen oder romantische Naturverehrung darstellen. Beides sind keine gangbaren Alternativen, sondern Umweltverträglichkeit und Menschenzuträglichkeit müssen in abgewogener Wechseldurchdringung bzw. -abstimmung in einem dynamisch proportionierten und analysierten sowie kontrollierten Zusammenwirken auf eine möglichst tragbare Zukunftsentwicklung ausgerichtet sein. Angesichts der recht einseitigen Ausrichtung auf eng begrenzte und meist statisch verstandene Ökosystemgleichgewichte und auf möglichst vollkommene Nachhaltigkeit im engeren Sinne ist es wichtig, auf die Beschränkungen solcher Modelle aufmerksam zu machen und den Prozesscharakter der interaktiven Entwicklungen und der möglichst zu stabilisierenden „Ungleichgewichte" und Spannungszustände zu erkennen und zu nutzen – sowohl im Sinne einer Umweltverträglichkeit als auch der Menschenzuträglichkeit – möglichst in abzustimmender Proportionierung.

Hinzu kommt Folgendes, was ich für besonders wichtig erachte: Man kann eigentlich – außer in wenigen Regenwald-, Gebirgs- und Wüstengegenden der Erde – kaum noch von reinen ökologischen Systemen im Sinne von ungestörten Naturzusammenhängen sprechen (s.o. S. 62). Überall hat der Mensch die Natur so weitgehend verändert, dass es sich um Wechselwirkungssysteme zwischen technisch-industriellen, meist durch Landwirtschaft (um)geprägten Umweltsystemen und den ökologischen Systemzusammenhängen von einst und der gesellschaftlichen Umprägungen in Ballungsgebieten handelt. Streng genommen müsste man statt von Öko-systemen von Öko-Techno-Systemen oder genauer sogar von „Öko-Tech-no-Sozio-Systemen" sprechen. (Die Reihenfolge der Komponenten ist natürlich umtauschbar.)

Hierfür wäre eine „tragfähige" oder „zukunftsfähige" Entwicklung anzustreben und als Leitidee zu formulieren. (Darauf ist zum Schluss noch einmal genauer mit Vorschlägen einzugehen.) In der bisherigen Diskussion der überzeugten Umwelt- und Naturschützenden einerseits und der Vertreter(innen) von gegnerischen (rein anthropozentrischen) Auffassungen ist diese Abwandlung der ursprünglichen Systemauffassungen bislang kaum genügend berücksichtigt worden. Wir leben in der Tat in einer weitgehend vom Menschen, wenn auch nicht „gemachten", so doch intensiv „geformten" bzw. „überformten" Umwelt, die nur noch in Grenzen „natürlich" genannt werden kann. Dennoch stellen sich die Probleme der Sicherung der zukünftigen Entwicklung, der „Tragfähigkeit" im ökologischen Sinne (Vermeidung der Systemzerstörung und Erhalt der Entwicklungsfähigkeit sowie der nachwachsenden Ressourcen) genau so wie bei den wirklich rein „natürlichen" Ökosystemen. Wie gesagt, ist es besser, von einer Entwicklungsfähigkeit unter den Gesichtspunkten der „Öko-(techno)-Verträglichkeit", der „Humanverträglichkeit" (einschließlich der Nachgenerationen) und der „Sozialverträglichkeit" zu sprechen. Dabei muss man sich bewusst sein, dass unter diesem Gesichtspunkt einer insgesamt „zuträglichen" oder „verträglichen" Entwicklung alle diese Komponenten mitspielen, einander begrenzen und z.T. überlagern. Es muss also das Ziel sein, sinnvolle und zukunftsfähige Kompromisse einzugehen, damit die Öko-Systeme nicht in ihren Funktions- und Lebens(sicherungs)grundlagen zerstört oder derart wirksam geschädigt würden, dass weder die verbleibenden überformten Natursysteme noch die Menschen noch ihre Gesellschaften in annehmbarer Weise weiterexistieren können. Die Lebenssphäre unseres Planeten muss für alle drei Gesichtspunkte der ökologischen, intergenerationellen, human und sozial verträglichen Zukunftsprojektionen weiterhin angemessen zu integrierende Entwicklungsmöglichkeiten bereitstellen – also humanzuträgliche und Natur erhaltender Maßnahmen vereinen. Die absolute Übertreibung eines der Faktoren und dementsprechend die totale Ausbeutung der anderen würden zur „Verwüstung" oder „Vermüllung" unseres gemeinsamen Raumschiffes Erde und zum Zusammenbrechen der Ökosysteme führen. Das kann niemand wollen, deshalb sind abgewogene und tragfähige langfristige Lösungen gefordert, die alle genannten Komponenten berücksichtigen – wenigstens, soweit sie für die Erhaltung und Entwicklung bzw. Zukunftsfähigkeit der Öko-Techno-Sozio-Systeme entscheidend sind.

Für die zukünftige Entwicklung unserer Gesellschaften und ihrer Lebens-

welt(en) wird es immer dringlicher, ja, unverzichtbar, derartige Priori-
tätensetzungen vorzunehmen, um die entsprechenden Wert- und Verantwortungskonflikte in gewisser Weise durch ethisch- und sozial motivierte
Regeln ordnen zu können. Zumindest müssen Verantwortliche Institutionen,
Planer, Kreditgeber, Politiker – kurz: alle Entscheider – sich solcher Pro-
blemzusammenhänge deutlicher als bislang bewusst sein/werden. Um die
Verantwortungskonflikte besser sichten und nach moralisch plausiblen
Urteilen wechselseitig jeweils in Vorrangvergleichen einordnen zu können,
haben mein ehemaliger Mitarbeiter und heutiger Kollege Matthias Maring
und ich in Übernahme und Erweiterung von Prioritätsregeln aus der
amerikanischen Wirtschaftsethik (etwa nach Patricia Werhane, die vier
solche Regeln aufgestellt hat) 20 Prioritätsregeln für die Berücksichtigung
bei der Regelung oder Lösung derartiger Wert- und Verantwortungskonflikte
entworfen. Darunter umfasst die zweite Hälfte jene Vorzugsnormen, die für
die Öko-, Human- und Sozialverträglichkeit am wichtigsten sind.

6.1 Regeln für Prioritäts- und Verantwortungskonflikte

1. „Moralische Rechte jedes betroffenen Individuums abwägen"; diese gehen vor Nutzenüberlegungen (prädistributive (Grund-)Rechte) (Werhane 1985, 72f.)

2. Einen „Kompromiss suchen, der jeden gleich berücksichtigt" – im Falle eines unlösbaren Konflikts „zwischen gleichwertigen Grundrechten".

3. „Erst nach Abwägung der moralischen Rechte jeder Partei darf und sollte man für die Lösung votieren, die den geringsten Schaden für alle Parteien mit sich bringt".

4. Erst nach ‚Anwendung' der Regeln 1, 2 und 3 Nutzen gegen Schaden abwägen.

Also als ein *Zwischenfazit* der bisherigen Prioritäten kann formuliert werden: *Nichtaufgebbare moralische Rechte gehen vor Schadensabwendung und -verhinderung und diese vor Nutzenerwägungen.*

5. Bei praktisch unlösbaren Konflikten zwischen Parteien und Beteiligten sollte man hinsichtlich Schädigungen und Nutzen für die verschiedenen Parteien faire Kompromisse suchen. (Faire Kompromisse sind z.B. annähernd gleichverteilte oder gerechtfertigt proportionierte Lasten- bzw. Nutzenverteilungen.)

6. Universalmoralische und direkte moralische Verantwortung soll die nicht-moralischen und beschränkten Verpflichtungen überwiegen.

7. Universalmoralische Verantwortung geht i.d.R. vor Aufgaben- bzw. Rollenverantwortung.

8. Direkte primäre moralische Verantwortung ist meistens vorrangig gegenüber indirekter Fern- oder Fernstenverantwortung (wegen der Dringlichkeit und der beschränkten Verpflichtung; aber: Abstufungen nach Folgenschwere und – nachhaltigkeit).

9. Universalmoralische und direkte moralische Verantwortung gehen vor sekundärer korporativer Verantwortung.

10. Das öffentliche Wohl, das Gemeinwohl soll allen anderen spezifischen und partikularen nichtmoralischen Interessen voranstehen. Auch in technischen Regelwerken sind Prioritätsprinzipien formuliert. DIN VDE 31 000 – 2 stellt z.B. die folgende Regel auf:

11. „Bei der sicherheitsgerechten Gestaltung ist derjenigen Lösung der Vorzug zu geben, durch die das Schutzziel technisch sinnvoll und wirtschaftlich am besten erreicht wird. Dabei haben im Zweifel die sicherheitstechnischen Erfordernisse den Vorrang vor wirtschaftlichen Überlegungen." Sicherheit geht also vor Wirtschaftlichkeit.

12. Globale, kontinentale, regionale und lokale Umweltverträglichkeit sind zu unterscheiden und zu berücksichtigen. System-relevante oder gar system-entscheidende Umweltverträglichkeit geht vor – und innerhalb der Letzteren die je bereichsweitere (umfassendere) Wirkungsweise bzw. -vernetzung.

13. Bei „Dringlichkeit" rangiert Ökoverträglichkeit vor ökonomischer Nutzanwendung.

14. Menschen-, Humanverträglichkeit und Sozialverträglichkeit stehen im Konfliktfall vor Umwelt-, Arten- und Naturverträglichkeit, sind aber meist *zusammen* oder in sinnvollen Kompromissen anzustreben.

15. *Konkrete,* Situations- und Betroffenen-bezogene, Humanität soll den generellen abstrakten Forderungen und universalen Prinzipien auch hinsichtlich der Güterabwägung vorangehen,

16. Menschengerechtes (generelle Human- und Sozialverträglichkeit) geht allgemein bloß Sachgerechtem vorher.

17. Verträglichkeit mit den Erfordernissen des Überlebens und der Qualität des Lebens künftiger menschlicher Generationen und die vorausschätzbare Akzeptanz von Maßnahmen, die künftige Generationen betreffen, sollten sehr hohe Priorität haben.

18. Bei sozialen und politischen Planungen i.A. sollten alle Anstrengungen unternommen werden, um ein (relatives) Maximum an allgemeiner Freiheit und an freien Entscheidungen – Offenheit und Flexibilität der Planungen im großen Stil – und um weitgehend gleiche Möglichkeiten für künftige Entwicklungen („Multioptionsgesellschaft") zu erreichen.

19. In gleicher Weise sollte eine relative Vielzahl von Optionen auch für die heutige Generation hohe Priorität haben; das heißt (mit 18.): keine wichtigen Möglichkeiten sollten für heutige und für künftige Generationen ausgeschlossen werden.

20. Nötig ist es also insgesamt, totale Ressourcenerschöpfung und umfassende Umweltverschmutzung zu vermeiden durch einen Vorrang für eine *„tragbare"* und *„tragfähige"* bzw. möglichst *„nachhaltige"* Entwicklung", die weder die „Tragfähigkeit" der Ökosysteme (und zumal des Gesamtökosystems der Lebenssphäre) überfordert bzw. herunterwirtschaftet – noch den Grundrechten und Teilhaberechten großer Bevölkerungsgruppen zuwiderläuft. Es muss also um eine proportionierte und moralisch vertretbare Kombination der Forderungen bzw. Prioritäten der Regeln 16. bis 18. gehen, also um einen unter allen genannten Gesichtspunkten tragfähigen und akzeptablen „vernünftigen" Kompromiss.

Ich möchte zumal einige zentrale ökologisch und human bedeutsame von diesen Prioritätsregeln kommentieren:

Die Regeln 19 und 20 beziehen sich auf die Vereinbarkeit der heute so genannten „Multioptionsgesellschaft" und die i. S. einer „tragbaren" Nutzung natürlicher Reserven und Ressourcen ohne Übernutzung – sowohl für jetzige als auch für künftige Generationen. Sie fasst in gewisser Weise die beiden vorher genannten Regeln in einer Forderung nach einer abgewogenen und für alle Betroffenen – heutige wie künftige – fairen Kompromissforderung zusammen. „Tragbare Entwicklung" für heutige wie zukünftige Genera-

tionen soll eine sehr hohe Priorität haben. Die Idee der „nachhaltigen"
Nutzung von Ressourcen bei erneuerbaren Rohstoffen jeglicher Art, welche
international große Resonanz (wenn auch noch nicht eine entsprechende
Verwirklichung) gefunden hat, muss also noch weiter ergänzt werden durch
die Forderung nach der nicht-totalen Ausschöpfung nicht-erneuerbarer
Ressourcen und durch die Suche nach möglichst die Umwelt schonenden
Alternativen bzw. Substitutionen. Denn ebenso wichtig ist es, eine Ausschöpfung nicht-erneuerbarer Ressourcen zu vermeiden und deren sparsame Nutzung zu verwirklichen und zu ermöglichen durch das Suchen nach
umwelttechnisch unbedenklichen Substitutionen (Rohstoffersatzmöglichkei-
ten) und nach Umwelt erhaltenden und schonenden Alternativen und Ge-
samtplanungen. Insbesondere dürften z.B. nicht hochwichtige organische
Rohstoffe wie das Erdöl, das für zukünftige petrochemische Synthesen und
Entwicklungen und somit für wichtige Produkte auch künftigen Generationen
noch zur Verfügung stehen sollte, unkontrolliert weiter in den lawinenartig
zunehmenden Massen von Verbrennungsmotoren verbrannt werden.

Das Angeführte spielt nicht nur generell eine große Rolle, sondern muss
auch vor dem Hintergrund der Umweltdebatte und angesichts der ökologischen Krisenerscheinungen gesehen und schnell angewendet werden,
gerade angesichts unserer angeführten diesbezüglichen Bewertungsge-
wohnheiten, die hier oft ins „Schlingern" geraten. Insofern kann man vielleicht sagen, dass die präzisere Diskussion hinsichtlich der analytischen Aufarbeitung der Wertprobleme in der Umweltforschung erst noch beginnen
muss.

Angesichts der ökologischen Krisenerscheinungen, der Zunahme regionaler, kontinentaler oder gar globaler Dilemmata (Ozon, CO_2, Ressourcenerschöpfung, Erosion, Klimaveränderungen, Verschmutzungen, soweit
sie eben anthropogen sind) gilt zunehmend: Diese sind katastrophenträchtig
genug, so dass die Natureinstellung, die traditionellen Verhältnisse des
Menschen zur Natur, derart geändert werden müss(t)en, dass auch der Biosphäre und ihrer Funktionsintegration dieser „Bio-Technosphäre", unserer
immer stärker technisch überfremdeter bzw. manipulierter Lebensumwelt
eine neue (und negative!) Gewichtigkeit zukommen muss.

Darüber hinaus gilt es aber auch, die heutigen möglichen Freiheiten der
Multioptionsgesellschaften in Angemessenheit und nach Möglichkeit auch
künftigen Generationen zu erhalten sowie diesen eine einigermaßen vertei-
lungsgerechte Sicherung der Existenzbedingungen (eines über das physische Existenzminimum hinausgehenden minimalen zuträglichen Lebens-
standards) zugänglich zu machen. Nicht nur eine „natürliche", sondern auch
eine moralisch „tragbare" Entwicklung sollte angezielt werden. Das bedeutet:

Eine Kombination der beiden zuletzt genannten Regeln sollte sowohl für heutige wie für künftige Menschen in angemessener Weise nachdrücklich und zugleich möglichst „nachhaltig" angestrebt werden.

Die Diskussion um eine erweiterte Nachhaltigkeitskonzeption und deren Realisierung gelangte in der Folge des oben erwähnten „Drei-Säulen-Modells" in die Agenda von Forschungsprojekten und Forschungsinstitutionen, wie z.B. dem Helmholtz-Programm „Nachhaltige Entwicklung und Technik" (Grunwald 2003, 34):

Erste Versuche zur Rücksicherung der drei „generellen Ziele nachhaltiger Entwicklung", wie etwa „Sicherung der menschlichen Existenz", „Gestaltung des gesellschaftlichen Produktivpotentials" und „Bewahrung der Entwicklungs- und Handlungsmöglichkeiten", sollen Schritte zur Operationalisierung der Nachhaltigkeitsbemühungen unter Berücksichtigung der genannten unterschiedlichen Faktoren ökologischer, politisch-institutionell, ökonomischer, sozialer Dimensionen führen. Dieselben „Dimensionen" der Nachhaltigkeit sollen „gleichrangig und integriert" behandelt werden (ebd. 25). (Die „Menschenzuträglichkeit" ist offensichtlich in der ersten Zielsetzung mitgemeint). Man sieht zwar klar die Mehrdimensionalität der Einflussfaktoren und bemüht sich um funktionsäquivalente Behandlungen durch teilweise Übersetzung von Nachhaltigkeitsforderungen in technische Entwicklungsprofile und -anforderungen, jedoch sind außer wenigen, nur vergleichenden, Regeln des mehr oder weniger Nachhaltigen und der Forderung der Berücksichtigung von Nachhaltigkeitsaspekten in der Technikgestaltung und schon in der Technikfolgenabschätzung (ebd. 32ff. noch kaum präzisere, konkretere Szenarien entwickelt worden, die konkurrierende deutlich übertreffen: So ist weder eine vorrangige Marktorientierung, noch eine Ausrichtung an expliziter Modernisierung und Globalisierung noch ein „Szenario Regeneralisierung und Gemeinwohlorientierung" jeweils eindeutig besser situiert als das jeweilige andere. (Ausschließlich das letztere scheint „Wachstumsschwächen" hinsichtlich der Zukunftsprojektionen aufzuweisen.) Kombinierte Maßnahmenbündel etwa der Vereinigung mit Marktdominanz und Modernisierung oder der Verbindung von Modernisierung und Regionalisierung sowie Gemeinwohlorientierung würden sich in erster Linie dadurch unterscheiden, dass beim ersteren weitgehend auf den Markt als Steuerungsmechanismus abgehoben wird, während das letztere Maßnahmenbündel eine höhere zentrale Lenkungsfunktion des Staates umfassen würde (ebd. 112ff.).

Man versucht zwar „Nachhaltigkeitsregeln [...] als Prüfkriterien" zu verstehen (Regelerfüllung bedeutet bessere Nachhaltigkeit) und so instrumentelle Bedingungen für Nachhaltige Entwicklung in zehn sensitiven Bereichen („Feldern") auszuzeichnen: „Internalisierung externer sozialer ökologischer

Kosten, angemessene Diskontierung, Verschuldung, faire weltwirtschaftliche
Rahmenbedingungen, Förderung der internationalen Zusammenarbeit, Re-
sonanzfähigkeit der Gesellschaft, Reflexivität der Gesellschaft, Steuerungs-
fähigkeit, Selbstorganisation, Machtausgleich". Eine Menge von 25 Nachhaltigkeitsregeln unter rund 120 Indikatoren soll zur Kontinuisierung und
Operationalisierung der Ergebnisse bzw. Soll-Ist-Wert-Vergleiche beitragen,
weist aber natürlich noch viele Spielräume, Pauschalierungen und Mehrdeutigkeiten der Zielwerte-Kombinationen auf. Immerhin wurde für die
Gesamtzahl der Indikatoren aufgrund von zeitlich abgestuften Zielwerten für
das nächste und übernächste Jahrzehnt eine Reduzierung der Einflussfaktoren und Indikatoren erreicht, so dass sich die gegenwärtig dringendsten
„Nachhaltigkeitsprobleme in Deutschland" in eine Übersichtstabelle fassen
lassen (ebd. 109).

6.2 Zentrale Nachhaltigkeitsdefizite und die sie abbildenden Indikatoren

Nachhaltigkeitsdefizit	Ausgewählte Indikatoren
Gesundheitsbeeinträchtigungen	Luftschadstoffbelastung durch Feinstaubemissionen/-immissionen und bodennahes Ozon; Anteil der Personen, die unter Lärmbelästigung leiden
Armut	Armutsquote
Drastische globale Einkommensunterschiede	Globale Relation zwischen oberstem und unterstem Einkommens-Quintil
Arbeitslosigkeit	Langzeitarbeitslosenquote
Bildungsdefizite	Anteil der Schulabgänger ohne Hauptschulabschluss
Mangelnde Chancengleichheit	Zusammenhang zwischen der Lesefähigkeit von Schülern und ihrem sozioökonomischen Hintergrund
Kriminalität	Straftaten pro 100.000 Einwohner
Flächenverbrauch	Zunahme der Siedlungs- und Verkehrsfläche pro Tag
Rückgang der Biodiversität	Anteile gefährdeter Arten bei Säugetieren, Fischen, Vögeln und Gefäßpflanzen
Belastung der Waldböden	Versauerungs- und eutrophierungsrelevante Luftschadstoffemissionen (SO_2, No_x, NH_3)
Abbau nicht-erneuerbarer Ressourcen	Verbrauch nicht-erneuerbarer Energieressourcen
Klimawandel	CO_2 Emissionen
Ungleiche globale Verteilung der Umweltnutzungsmöglichkeiten	CO_2 Emissionen pro Kopf im internationalen Vergleich
Gewässerverschmutzung	Anteil der Fließgewässer mit mindestens chemischer Güteklasse II
Staatsverschuldung	Defizit-Quote der öffentlichen Haushalte
Mangelnde Wahrnehmung globaler Verantwortung	Umfang der Agrarexport-Subventionen in der EU; Öffentliche Mittel für Entwicklungszusammenarbeit in Prozent des Bruttoinlandsproduktes

Quelle. Grunwald 2003, 109

Tab. 6.2 Zentrale Nachhaltigkeitsdefizite und die sie abbildenden Indikatoren

Wie oben schon angedeutet sind natürlich die Indikatoren „Armut", „drastische globale Einkommensunterschiede", „Arbeitslosigkeit", „Bildungsdefizite", „mangelnde Chancengleichheit" und „Kriminalität" und deren Folgewirkungen, die bereits auf der rechten Seite der Tabelle 1 genannt sind, keineswegs unmittelbar unter dem Begriff der „Nachhaltigkeit" zu vereinen (s.o.), sondern eher Indikatoren der sozialen Gerechtigkeit bzw. Humanverträglichkeit als Indikatoren der Nachhaltigkeit, selbst im weiteren Sinne. Entsprechendes gilt für die Staatsverschuldung und die auf gesellschaftliche Teilgruppen ausgerichtete Subventiontätigkeit und auch für die „Wahrnehmung globaler Verantwortung" in diesem Sinne.

Ähnliches ist übrigens z.T. kritisch auch für die nachstehend genannten 21 Indikatoren zur Messung des Fortschritts hinsichtlich der Nachhaltigkeit aus der nationalen Nachhaltigkeitsstrategie der Bundesregierung nach 2002 zu konstatieren (obwohl hier das Ziel der erst sekundär zu schaffenden Integration und also Verbindung von Oökönomie, Ökologie und Sozialem deutlich genannt ist:

21 Indikatoren zur Messung des Fortschritts hinsichtlich der Nachhaltigkeit in der nationalen Nachhaltigkeitsstrategie der Bundesregierung mit dem Ziel der Integration von Ökonomie, Ökologie und Sozialem (2002):

1. Energie- und Rohstoffproduktivität

2. Emissionen der Treibhausgase

3. Anteil der erneuerbaren Energien

4. Entwicklung der Siedlungs- und Verkehrsfläche

5. Bestände ausgewählter Tierarten

6. Staatsdefizit

7. Investitionsquote

8. Forschungs-, Entwicklungsausgaben

9. Ausbildungsabschlüsse der 25jährigen, Studienanfängerquote

10. Bruttoinlandsprodukt

11. Transportintensität und Anteil der Bahn am Güterverkehr

12. Anteil des ökologischen Landbau

13. Schadstoffbelastung der Luft

14. Zufriedenheit mit der Gesundheit

15. Zahl der Wohnungseinbrüche [!!!]

16. Erwerbstätigenquote

17. Ganztagsbetreuungsangebote

18. Verhältnis der Bruttojahresverdienste von Frauen und Männern

19. Zahl der ausländischen Schulabgänger ohne Schulabschluss

20. Ausgaben für Entwicklungshilfe

21. Einfuhren der Europäischen Union aus Entwicklungsländern[9]

Zu diesen Indikatoren gab es reichlich Kritik – u. a. von Umweltverbänden, die von – reinen – Absichtserklärungen sprachen, aber mit Recht hervorhoben, dass Bereiche der Nachhaltigkeit festgelegt wurden, wenn auch ohne genaue Ziel- bzw. Zielkorridorfestlegung und ohne Beachtung des Konfliktpotenzials innerhalb der Indikatoren.

Ein gewisser Fortschritt durch Differenzierung der Dimensionen, Einflussfaktoren und einiger möglicher Maßnahmenbündel ist zweifellos durch solche näher spezifizierenden Modellanalysen ins Blickfeld geraten. Besonders kritische Bereiche und Nachhaltigkeitsdefizite sind so genannt, also ein Handlungsbedarf ist in den entsprechenden „Aktivitätsfeldern" offenbar geworden. Jedoch ist eine speziell die Wertediskussion und Entscheidungsstrategien beleuchtende Projektion der Resonanz und Akzeptanz durch die Bevölkerung damit noch nicht erreicht oder auch nur beabsichtigt. Die Fragen der Human- und Sozialakzeptanz sowie der Realisierung einer verbreiteten Annahme von Nachhaltigkeitskonzepten in der Bevölkerung auch in ökonomischen Krisensituationen steht weiterhin auf der Tagesordnung. Ohne eine dementsprechende umfassendere Wertdiskussion in den gesellschaftlichen Leitschichten und vor allem in der jungen Generation und ohne eine Rückbeziehung auf Gesichtspunkte der gesellschaftlichen und auch individuell einzulösenden Humanisierung wird es nicht zu praktischen Entwicklungen bei der Verwirklichung der Nachhaltigkeitskonzepte kommen. Ähnlich wie „innovative Technik" selbst ist auch „Technikfolgenabschätzung als Nachhaltigkeitsbewertung" nur eine „notwendige, aber keine hinreichende Bedingung" für die Verwirklichung von Zielen und Konzepten im Sinne bereichsübergreifender Nachhaltigkeit (vgl. ebd. 27, 32ff., 114ff.). Immerhin sind der Wille zur Integrativität der Konzepte nachhaltiger Entwicklung nach dem genannten Drei-Säulen-Modell bzw. Drei-Dimensionen-Ansatz und die entsprechende Einsicht der Notwendigkeit einer Kombination oder Integration eine wichtige Vorbedingung für eine generelle Inangriffnahme der vielschichtigen Problematik und für die Akzeptanz von Nachhaltigkeitseinsichten in der Bevölkerung.

---

9 Besonders die Punkte 6. bis 12. und 14. bis 21. haben ersichtlich begrifflich nicht direkt etwas mit Nachhaltigkeit zu tun, sondern stehen erst sekundär in inhaltlichem Zusammenhang mit der Öko-Techno-Sozialverträglichkeit.

7. „Ohne-mich"-Haltung oder persönliche Mitverantwortlichkeit?

Der „Ohne-Michel" ist eine nicht unrepräsentative Variante des deutschen Michel. Hier, in Deutschland, wurde die „Ohne-Michelei" sprichwörtlich! Wohl nicht ohne Grund. Wir scheinen uns häufig, allzu oft in dieser kalten „Ohne-Michel"-Mentalität dahinter zu verstecken, dass wir fragen: Warum soll gerade ich aktiv werden? Wieso soll gerade ich mich engagieren? Warum soll gerade ich denn etwas riskieren, mich einsetzen, etwas tun? Mögen das doch Andere tun! Die „Wieso-Icherei" grassiert, hat wenigstens heimliche Konjunktur. Oder – und das ist viel realistischer, vielleicht weniger zynisch: „Dafür haben wir doch die Notärzte, die Rettungsmannschaften", allgemein: den Staat, die Interessenverbände, Kirchen, Stiftungen: „Die sind doch dafür da!" Bei ihnen kann man sogar seinen mitmenschlichen Obolus in Gestalt eines modernen „Ablasses" zahlen, „freikaufen" durch die Spende zur Weihnachtszeit, gegen die natürlich nichts eingewendet werden soll, im Gegenteil.

Wir leben offensichtlich in einer Gesellschaft, die in manchen Bereichen „kälter", ja inhumaner, zu werden scheint oder sich „entmitmenschlicht", in einer sich zunehmend entsolidarisierenden Gesellschaft. Es scheint eine schleichende Enthumanisierung um sich zu greifen, die durchaus mit hohen persönlichen Ansprüchen, Selbstansprüchlichkeit oder gar Arroganz („Anspruchs-", nein: „Ansprüchegesellschaft"!) einhergehen kann. Das Institut für Demoskopie in Allensbach hat (in einer repräsentativen Erhebung) ermittelt, dass 59 % der Bevölkerung bei uns es heute für eine „zutreffende" Beschreibung halten, dass der einzelne immer mehr staatliche Unterstützung erwartet, ohne sich viel um die eigene Verantwortung für andere zu kümmern. Das sind fast zwei Drittel unserer Gesellschaft! Hier gilt es gegenzusteuern und andere Anreize sowie gesellschaftliche Anerkennungsmöglichkeiten zu setzen bzw. zu fördern – besonders natürlich im Erziehungsbereich.

Als moralisch verpflichtete und uns selber verpflichtende Personen müssen wir dann auch zukunftsorientiert, aufgeschlossen eine moralische Verantwortlichkeit „nach vorne" entwickeln – also ein anderes Konzept als die traditionelle Schuld-Zuschreibung im Rückblick. Das Schuldzuschreiben ist nur ein Fall – nicht der eigentlich wichtige und keineswegs der interessante für unsere Zukunft. Die moralische Verantwortlichkeit muss vorausschauend, offen, zukunftsorientiert sein, darf nicht ausschließlich („exklusiv") nur auf Auszeichnung und Stigmatisierung eines Sündenbocks oder Schuldigen ausgerichtet sein, sondern sie ist eine Konzeption, die beteiligungsoffen zu sein hat, offen für Mitverantwortung. Diese „Beteiligung" ist manchmal schwer greifbar zu machen, aber es muss Kriterien dafür geben. Es gibt hierfür auch Beurteilungs- und Empfehlungskriterien sowie Prioritätsregeln (s.o.), welche in der Anwendung zwischen unterschiedlichen Verantwortlichkeiten zu entscheiden gestatten oder wenigstens eine diesbezügliche Orientierung vermitteln können – z.B.: Schadensabwendung geht vor Nutzenmehrung; (prädistributive) Grundrechte und Sicherheit haben Vorrang, faire Lastenverteilung bei Kompromissen zwischen unausweichlichen Konflikten (also keine einseitigen Benachteiligungen) u.Ä. Das sind ja auch bekannte und plausible Überlegungen. Die Erweiterung der Verantwortung auf alle potenziell Betroffenen (auch auf nachkommende Generationen), auf Umwelt-, Human- und Gesellschaftsverträglichkeit und vor allem auch die Handhabbarkeit der Modelle von Mitverantwortung sind natürlich zu beachten: Bloße Appelle nützen nicht viel, man braucht auch noch Anreize, systematische oder gar institutionelle (s.o. z.B. Kap. 3.).

Wir neigen besonders in Deutschland ganz allgemein dazu, auch in unserem Alltag, die Moral zu sehr im Sinne der Gesetzesorientierung zu sehen. Der Mut der konkreten Humanität, zur konkreten Humanisierung muss eigentlich immer wieder besonders gesondert betont werden, und selbst dazu gehört in bestimmten Zusammenhängen wie dem eben dargestellten u.U. ein besonderer persönlicher Mut und Zivilcourage. Es ist wirklich notwendig, dass heutzutage wieder (mehr) Mut zur Humanität, couragierte Humanität, in den Vordergrund gestellt und gewürdigt wird, dass mutige, konkret-humane Entscheidungen und Handlungen, sowie ein couragiertes und engagiertes Denken des Humanen im Sinne der personenorientierten Mitmenschlichkeit in der jeweiligen Situation, in der sie nötig sind, gefordert werden – und zwar ausdrücklich im Sinne der konkreten Humanität, nicht bloß im Sinne allgemeiner Regeln oder abstrakter Reden am Grünen Tisch. Es ist besonders notwendig, allenthalben die praktische Humanisierung und die konkrete Humanität zu fördern, ja, moralisch zu fordern.

Humane Verantwortung auch für die Folgen von Entwicklungen in verwickelten Systemen kann weder ethisch noch rechtlich von einem Einzelnen allein getragen werden. Das gilt natürlich auch für die Ethik in Wirtschaft, Wissenschaft und Technik. Sie kann aber auch nicht pauschal der Gattung Mensch an sich oder etwa der Berufskategorie Ingenieur, Politiker, Finanzier oder dem Manager abstrakt zugewiesen werden. Mittlere Lösungen entsprechend der jeweiligen entsprechenden Situation oder Rolle: Je nach Zentralstellung oder Wirkungsmöglichkeit sind in einer abgestuften Folge Gruppenverantwortlichkeiten zu entwickeln bzw. bei Konflikten unter dem Gesichtspunkt und dem Gebot der konkreten Humanität zu dimensionieren. Niemand kann für alles verantwortlich sein. Verantwortung ist nicht allumfassend, insbesondere nicht im Zeitalter vernetzter Systemzusammenhänge, wo es mit dem Problemen der Verantwortungsverteilung und Mehrfachzuweisung ganz besonders schwierig wird.

Wer ist beispielsweise bei „Internet" verantwortlich für die Informationen, die im Netz stecken? Ist hier überhaupt jemand greifbar und kontrollierbar verantwortlich zu machen? Eine diesbezügliche Informationsethik zu entwickeln, ist eine ganz dringliche Aufgabe der nächsten Zukunft; man sieht eigentlich überhaupt noch keinerlei Möglichkeit zur konkreten Gestaltung einer operationalisierbaren Ethik bezüglich der weltweiten Informationssysteme – außer der Notwendigkeit, die traditionellen Begriffe zu erweitern. Die moralische institutionelle Verantwortung von technisch-wissenschaftlichen Verbänden, Vereinigungen und anderen Berufsvereinigungen ist dabei natürlich wichtig. Doch nicht der Softwareentwickler oder der einzelne Programmierer noch der Benutzer kann hier ja alleinverantwortlich gemacht werden – und schon gar kein „Eigentümer". Gerade hier gilt es, bald wirksame Regelungen technischer und gesellschaftlicher Art konkret zu „installieren". Insbesondere darf die Humanität, die Humanisierung, das menschliche Maß nicht außer Acht gelassen werden, das allzu leicht in diesen Zusammenhängen vergessen wird. Und Humanität wird wirksam jeweils nur konkret. (Auch in den Institutionen im Zweifelsfall für die konkrete Humanität!)

Insgesamt lässt sich zur Zukunft der Verantwortlichkeit sagen: Weiterhin wird persönliche humane Verantwortung eine Zukunft haben. Die persönliche moralische Verantwortung bleibt nach wie vor das Vorbild der Verantwortlichkeit. Aber es gibt auch Verantwortlichkeiten von kollektiven Akteuren und von formal organisierten sekundär Handelnden, Gruppen, Institutionen, Unternehmen usw., also sozusagen eine sekundäre Verantwortung für organisationelles, korporatives Handeln, die jedoch stets in Zusammenhang mit den persönlichen Verantwortlichkeiten gesehen werden muss, auf die allein sie aber nicht gänzlich zurückgeführt werden kann. Es ist und bleibt ein prekäres Problem, die Verbindung zwischen den abstrakteren Organisationsebenen mit möglichen Systeminhumanitäten einerseits und der konkreten, persönlichen Verantwortlichkeit in Anwendungssituationen andererseits etwa im Falle von Überlappungen und Konflikten, jeweils insbesondere im Sinne der konkreten Humanität herzustellen.

Es ist besonders wichtig, dass kollektive und korporative Verantwortung nicht als „Schutzschild" vor oder als Manöver der Ablenkung von individueller Verantwortlichkeit dient. Verantwortlichkeit ist – wo immer möglich – stets auch als beteiligungsoffene und zukunftsoffene (d.h. für die Steuerung künftiger Handlungen, Entscheidungen, Pläne, Risikozumutungen) zu verstehen und etwa nicht bloß auf die Zuweisung von Schuld an einzelne Sündenböcke zu reduzieren: Verantwortlichkeit in Systemzusammenhängen und Handlungs- sowie Entscheidungsgefügen ist wesentlich stets Mitverantwortlichkeit und Zukunftsverantwortlichkeit. Einzelne können nicht alleinverantwortlich gemacht werden für das, was sie nicht allein verursacht haben bzw. eigentlich gar nicht verantworten können. Besonders ist auch zu beachten, dass die Zuschreibung individueller, persönlicher Verantwortung immer auch unter dem Blickwinkel konkreter Humanität und in deren Dimensionen zu sehen bzw. einzubetten ist. Erst konkrete Humanität kann die allgemeine Idee der Humanität in den Sinne greifbar machen, operational gestalten, tragbar werden lassen.

8. Globalisierung: Ideologie oder Faktum?

Konnte man vor einiger Zeit noch von einer Konjunktur, von einem Boom ethischer und ökologischer Fragen in vielen gesellschaftlichen Bereichen und in den Wissenschaften, insbesondere in der Ökonomie und den anderen Sozialwissenschaften sprechen, so scheint nun die Ideologie der Globalisierung mit dem neuen und doch so alten Leitwert ‚shareholder value‘[10] alle anderen Werte in der Wirtschaft und in Teilen der Politik zu dominieren bzw. zu verdrängen. Moral verkommt zur Grenzmoral (Goetz Briefs), zur Sonntagspredigt und zum verbalen Lippenbekenntnis. Deregulierung und das ‚Vertrauen‘ in die Selbstheilungskräfte der (globalen) Märkte haben in einer scheinbar globalisierten Wirtschaft und Politik erste Priorität. Ein Primat der demokratisch legitimierten Politik vor der Wirtschaft wird vielfach gefordert, oft ist der Staat aber nur Erfüllungsgehilfe des Kapitals.

Ulrich Beck beschreibt die heutige Situation der ‚Globalisierung‘ wie folgt[11]: „Denn worauf die neue Rhetorik der Globalisierung (der Wirtschaft, der Märkte, der Arbeitsplatzkonkurrenz, der Produktion, der Waren und Dienstleistungen, der Finanzströme, der Information) auch immer inhaltlich verweisen mag, hervor stechen in jedem Fall die beabsichtigten politischen

---

10 Profitmaximierung für Aktionäre ist alleinige betriebliche Handlungsorientierung; andere Interessen sind nicht von Belang. Stakeholder-Ansätze, soziale, gesellschaftliche und ökologische Verantwortung von Firmen usw. spielen (fast) keine Rolle. Löhne sind immer zu hoch, und Gewinne können nie hoch genug sein. Die Perversion der Marktlogik zeigt sich überdeutlich: Wenn Beschäftigte entlassen werden, boomt die Börse. Es fragt sich u.a. wer denn eigentlich die Akteure eines solchen Treibens sind? Dass die Märkte selbst agieren – wie es manche Ökonomen, Politiker usw. formulieren –, ist nicht nur eine unzulässige Gleichsetzung eines strukturellen Systems, eines Interaktionssystems mit einem Handlungssubjekt, sondern dient v.a. der Abschiebung der eigenen Verantwortung. Großen Anteil an der Forcierung des Shareholder-value-Konzepts haben sicherlich institutionelle Anleger wie Banken, Versicherungen, diverse Fonds usw. und deren Manager und Investmentbanker, die sowohl bei der (kurssteigernden) Übernahme von Firmen als auch bei der Abwehr von Übernahmen verdienen. Gesteigert wird das Börsenfieber noch durch Aktien-Optionen, die als Teil der Bezüge von Managern, z.B. in zwei Jahren realisiert werden können: Diese können sich dann an einer Steigerung der Börsenkurse quasi selbst bedienen. Dass man an der Börse aber auch viel Geld quasi vernichten kann, zeigen die Kursstürze an der deutschen Börse: 240 Mrd. Euro wurden 2000 und 2001 von Privatleuten „bei Banken, Sparkassen und in Wertpapieren" angelegt; Ende 2001 war diese Anlage lediglich noch 80 Mrd. Euro wert. Hierzu schreibt die Bundesbank: „Das bedeutet eine bewertungsbedingte Vermögensreduktion von 160 Milliarden Euro beziehungsweise knapp 70 Prozent der Geldvermögensbildung innerhalb von zwei Jahren" (Frankfurter Rundschau 18.6.2002).
11 Frankfurter Rundschau 9.1.1997.

Nebenfolgen hier und jetzt": „die Prämissen des Sozialstaats und des Ren-
tensystems, der Sozialhilfe und der Kommunalpolitik, der Infrastrukturpolitik,
die organisierte Macht der Gewerkschaften, das überbetriebliche Verhand-
lungssystem der Tarifautonomie ebenso wie die Staatskosten, das System
der Steuern und die ‚Steuergerechtigkeit' – alles schmilzt unter der Wüsten-
sonne der Globalisierung in die subpolitische Gestaltbarkeit". „Die semantische Hegemonie, die öffentlich geschürte Ideologie der Globalisierung" sei
„eine entscheidende Machtquelle, aus der die Unternehmensseite ihr
strategisches Potenzial bezieht und vermehrt". Die Rolle dieser Ideologie[12]
sollte – so Beck – mit den Fakten verglichen werden. Es gehe „gerade nicht
nur um die externen Nebenfolgen, sondern um die internen Nebenfolgen der
Nebenfolgen industriegesellschaftlicher Modernisierung". Den idealen Ge-
samtkapitalisten (Marx), den Staaten, könne nun jederzeit gekündigt werden,
und so entsteht eine Quasi-Zwangslage für die politisch Verantwortlichen.

Auch „jegliche Wirtschaftspolitik", so die Analyse Norbert Reuters[13], „soweit sie noch stattfindet, schöpft ihre Legitimation aus dem Verweis auf ver-
meintliche Zwänge der Globalisierung. Tenor ist, dass, um den Wirtschaftsstandort Deutschland zu retten, dramatische Veränderungen bei zu
hohen Löhnen, zu hohen Sozialleistungen, zu kurzen Maschinenlaufzeiten,
kurz, bei den deutsche Unternehmen ins Ausland treibenden hohen Ansprüchen der Arbeitnehmerinnen und Arbeitnehmer notwendig sind." Es lasse
sich jedoch zeigen, dass dem „Standortgejammere' die empirische Basis"
fehle. Deutschland liege ja nicht im hinteren Feld der Exportnationen, sondern im Vorderfeld. „Die Ursache der Massenarbeitslosigkeit" könne „unmöglich in einer mangelhaften Exportfähigkeit gesehen werden, sondern"
hänge „offensichtlich damit zusammen, dass Arbeit zur Erwirtschaftung
eines steigenden Sozialprodukts immer weniger gebraucht wird." Um ein fast
dreimal so hohes Bruttosozialprodukt wie 1960 zu erwirtschaften, waren
1995 in Westdeutschland nur 80 % der Arbeitsstunden nötig. Hauptursache
der Arbeitslosigkeit sei „die Tatsache, dass auf den Rückgang der Erwerbs-
arbeit nicht adäquat reagiert wurde." Sinnvoll wäre es beispielsweise gewesen, „die Arbeitszeitverkürzung konsequent voranzutreiben" und den „an-
teilsmäßig [an der Wertschöpfung] zurückgehenden Faktor Arbeit" zu entlasten. Nicht die Globalisierung sei „das Problem, sondern vielmehr der Glaube,
diese sei Schuld an der Arbeitslosigkeit". Denn daraus resultiere die falsche
Politik, die das Problem nur mehr verstärke und zu einer Abwärtsspirale führe, zu einer Falle wird. Weitere Lohnkosten- und Staatsausgabensenkungen
verschärften die Arbeitslosigkeit, die Umverteilung von unten nach oben und
die Teilung der Gesellschaft. Es seien dagegen „Korrekturen in der Einkom-

---

12 Vgl. auch Maak/Lunau 1998.
13 Frankfurter Rundschau 3.12.1996.

mens- und Vermögensverteilung von entscheidender Bedeutung". „Das Ge-
spenst der Globalisierung" lenke „von dem grundlegenden Problem der
wachsenden Konzentration von Einkommen und Vermögen ab." Auch sei
eine „Umwandlung der heutigen arbeitsvolumenzentrierten in eine wertschö-
pfungszentrierte Finanzierung staatlicher Auf- und damit Ausgaben" nötig. –
Nach einem Bericht der Vereinten Nationen besitzen die drei reichsten Menschen weltweit ein Vermögen, dass größer ist als das Bruttoinlandsprodukt
„der am wenigsten entwickelten Länder, die zusammen 600 Millionen Einwohner" haben; das „reichste Fünftel der Erdbevölkerung" verfügt über 86 %
des „globalen" Bruttoinlandsprodukt und das ärmste Fünftel „lediglich über
ein Prozent"[14].

Der Wirtschaftswissenschaftler Ulrich Dolata[15], der die Globalisierung der
deutschen Wirtschaft anhand empirischer Studien dreier deutscher Wirt-
schaftsforschungsinstitute untersucht, kommt zu dem Schluss, dass sich die
„Internationalisierung der deutschen Wirtschaft [...] auf die europäischen
Nachbarländer" konzentriere und dass das Argument der Globalisierung benutzt werde, um „Lohnzurückhaltung, Sozialabbau und Regelungsdumping"
zu erreichen und um „der Industrie möglichst kostenlos optimale (politische,
ökonomische und rechtliche) Rahmenbedingungen für ihr Wirken zur Verfügung zu stellen". „Der deutsche Außenhandel" sei „eher durch eine nachhaltige Europäisierung als durch eine fortgeschrittene Globalisierung geprägt". „Die industrielle Auslandsproduktion deutscher Unternehmen" finde
„zum überwiegenden Teil in den Hochlohnländern Westeuropas und in Nord-
amerika statt", und diene „dort in erster Linie der Markterschließung, sicher-
rung und -erweiterung" und gehe „bislang nicht zu Lasten der heimischen
Produktion und Arbeitsplätze". „Insgesamt" zeige „sich, dass bislang nur ein
schmaler Sektor der deutschen Wirtschaft als im wirklichen Sinne des
Wortes globalisiert werden kann". Als wirklich globalisiert sieht Dolata die
chemische Industrie an.[16] Dass es enge Formen der Kooperation mit ausländischen Firmen und dass es internationalen Wettbewerb gegeben hat
und gibt, wird damit keineswegs geleugnet. Dolata meint aber dennoch zu
Recht, dass es auch Chancen für soziale und ökologische Belange gebe:
Europa sei „unter den Bedingungen der Internationalisierung [...] ein Binnen-
markt, der sich so oder so politisch gestalten lässt"; und er nennt als Alter-

---

14 Frankfurter Rundschau 13.07.1999.
15 Frankfurter Rundschau 30.01.1997
16 Die Globalisierung gilt sicherlich auch und insbesondere für die Kapitalmärkte
mit ihrem Zocker- und Casinokapitalismus und der diesen entsprechenden Menta-
lität. Man denke nur an Nick Leeson, der durch Spekulationen den Bankrott der
Barings Bank 1995 verursachte und auch den Fonds LTCM. Müssten nicht die
Zocker für die von ihnen durch Spekulation verursachten Schäden haften?

native zur „marktradikale[n] Währungsunion" eine europäische Sozialunion mit verbindlicher Sozialcharta. Auch hätte die Bundesrepublik „als technologisch wie ökonomisch führendes Land [...] genügend Ressourcen, um sich als Vorreiterin einer sozialen und ökologischen Gestaltung dieses Marktes zu profilieren." (Vgl. zur Sozialunion auch z.B. Hengsbach 1997, 9ff.)

Im gesamten Euroland lagen 1998–1999 die Euro-Exporte bei 12 % des Bruttoinlandsprodukts[17]. So belegen auch die Exportzahlen für Deutschland, dass es fast jedes Jahr einen neuen Export-Rekord[18] gibt und dass die Ausfuhren 1990 bis 1997 in die Europäische Gemeinschaft bzw. Union bei ca. 55 % konstant lagen; die Exporte in die übrigen Industrieländer sind von ca. 30 % auf ca. 20 % gesunken, in die Reformländer stiegen sie im gleichen Zeitraum von 4 % auf 12 %.

Auch ein Blick auf die Entwicklung der deutschen Exporte in ausgewählte Länder von 1990 bis 2000 zeigt und belegt, dass man von einer seit langem bestehenden Internationalisierung der Wirtschaftsbeziehungen sprechen kann, nicht aber von einer (echten) Globalisierung (s. nachfolgende Tab. 9.1).

---

17 Frankfurter Rundschau 2.1.1999. – Ein Währungsdumping, das vor der Einführung des Euro zur Absatzverbesserung inländischer Produkte im Ausland diente – und eine Abwärtsspirale in Gang setzen konnte, ist nunmehr im Euroland wegen der festen Wechselkurse nicht mehr möglich. Dadurch wächst aber der Druck auf die Löhne usw.

18 Im März 2004 war die Exportsumme der deutschen Wirtschaft um 16,6 % höher als im gleichen Monat des Vorjahres!

9. „Optionen für die Armen"

	Europa	USA	Asien
1990	77,7 %	6,9 %	9,2 %
1997	72,9 %	8,6 %	12,0 %
1999	73,4 %	10,2 %	9,9 %
2000	73,5 %	10,3 %	10,3 %

Quelle: Dresdner Bank, Statistische Reihen, Mai 1998, Mai 2001 – die Importe erreichen im übrigen vergleichbare Prozentwerte.

Tab. 9.1 Deutsche Exporte

Sicherlich agieren auch einige Multis[19] global bzw. sind global verflochten – spielen sogar die Standorte gegeneinander nach unten aus: dies ist sicherlich eine spezielle Falle für potenzielle, um Arbeitsplätze konkurrierende Standorte, die es auch in Bezug auf ein einziges Land allein geben kann – und können sogar Regierungen, Arbeitnehmer usw. unter Druck setzen[20]. Es entsteht ein Prisoners' Dilemma zulasten der Umwelt, Staaten usw. Trotz der Mega-Fusionen und der Entstehung riesiger Global Players in der letzten Zeit, die von nationalen Regierungen allein nicht mehr politisch und evtl. sogar nicht mehr (steuer-)rechtlich kontrollierbar sind, bleibt die Globalisierungsthese weitestgehend Ideologie. Denn die allermeisten Großfusionen finden zwischen Unternehmen aus einem Land statt – z.B. in Deutschland Hypo- und Vereinsbank und VIAG und VEBA, in Frankreich die Supermarkt-Ketten Carrefour und Promodès zum weltweit zweitgrößten Handelskonzern, in den USA die Ölkonzerne Exxon und Mobil – oder zwischen westeuropäischen Unternehmen – z.B. Hoechst und Rhône-Poulenc oder zwischen westeuropäischen und US-amerikanischen Unternehmen – z.B. Chrysler und Daimler Benz, Deutsche Bank und Bankers Trust; manchmal

---

19 Transnationale Unternehmen „tragen bereits ein Drittel zum Weltsozialprodukt bei; etwas weniger als ein Drittel des gesamten Welthandels findet nur noch unternehmensintern statt" (Hamm 1998, 342). „Beinahe der gesamte Außenhandel beispielsweise der USA oder Großbritanniens liegt in der Obhut" von Transnationalen Unternehmen (ebd.).

20 Obwohl die „Gewinne insbesondere der Eigentümer von Finanztiteln [...] durch Arbeitslosigkeit [...] und Armut [...] finanziert" werden, da eine Senkung der Kosten in den Unternehmen durch Entlassungen, sinkende Lohnnebenkosten und allgemein durch Sozialabbau zur Erhöhung der Gewinne führt, „bleibt der Staat durch die Drohung, Arbeitsplätze ins kostengünstigere Ausland zu verlagern, weiter erpressbar" so Hamm (1998, 350) mit Recht.

spielen noch japanische Unternehmen eine Rolle. Die neu zusammengeschlossenen Firmen agieren dann weiterhin global, es sind aber keine globalen Zusammenschlüsse[21]. Mega-Fusionen haben v.a. Folgen für Beschäftigte, Verbraucher, Staaten – Fiskus – und Regierungen; und die euphemistisch so genannten Synergieeffekte der Zusammenschlüsse bedeuten i.d.R. Entlassungen oder wiederum euphemistisch sozial verträglichen Stellenabbau bzw. – zynisch – Freisetzungen. Dass die meisten Zusammenschlüsse auch betriebswirtschaftlich gesehen keine „Ehen, die im Himmel geschlossen werden", sind, kommt noch hinzu. Überdies ist weltweit und auch national ein Rückgang der Zusammenschlüsse – „merges and acquisitions" – festzustellen: Im ersten Halbjahr 2002 sanken diese verglichen mit dem ersten Halbjahr 2001 weltweit um 30 %, wertmäßig um 57 %, bundesweit um jeweils -33 % (nach einer Untersuchung der Wirtschaftsprüfungsgesellschaft KPMG[22]).

Für Friedhelm Hengsbach[23] werden seit geraumer Zeit kollektive „Risiken wie die verfestigte Massenarbeitslosigkeit, die wachsende Armut, Wohnungsnot und gesellschaftliche Ausgrenzungen" „als individuelles Versagen" gedeutet. Ein „allgemeines Marktfieber" werde „entfesselt, das auf ‚Olympiasieger' zugeschnitten ist und die Gesellschaft" werde „nach Spielregeln ausschließlich für Sieger umgebaut". „Das enthemmte Marktfieber" habe „sich schließlich in einer Spirale struktureller Verantwortungslosigkeit verfangen": „Unternehmen entlasten sich, indem sie ältere Arbeitnehmer entlassen, während sie die Kosten des Vorruhestands auf die Gemeinschaft der Versicherten abwälzen. Der Finanzminister entlastet den Bundeshaushalt, indem er die Kosten der deutschen Einigung auf die Solidargemeinschaft der abhängig Beschäftigten ablädt"[24] usw. Einzelne (Gruppen) allein könnten wegen der Fallensituation die genannten Probleme nicht lösen; neue Formen der Kooperation seien nötig. Als positives Beispiel nennt Hengsbach die Vier-Tage-Woche bei VW. Langfristig gesehen würden durch Kooperation und „einen weiteren Zeithorizont" im Hinblick auf ökologische Probleme „das wirtschaftlich Vernünftige mit dem moralisch Gebotenen zu versöhnen" sein[25]. Doch dies scheint wegen der Dilemmastruktur der Probleme zu

---

21 „Die Industrieländer bilden supranationale Wirtschaftsblöcke" (Hamm 1998, 342).

22 Zit. n. Frankfurter Rundschau 25.6.2002.

23 Die Zeit 12.1.1996.

24 Nach der Enquetekommission „Demographischer Wandel": 1996 arbeiteten „im Westen weniger als 30 Prozent und in Ostdeutschland nur rund fünf Prozent der Arbeitnehmer bis zum 65. Lebensjahr" (Badische Neueste Nachrichten 11.11.1998).

25 Vgl. auch ausführlicher Hengsbach 1995. Weitere „Kooperationsfelder" sind (ebd. 149ff.): Beschäftigung und Arbeitslosigkeit, Währungsparitäten und Geld-

optimistisch zu sein – Kooperation ist überdies nicht erzwingbar, und Dilemmata stellen sich erneut in Bezug auf die Kooperation, denn am besten ist es für jeden einzelnen, wenn alle anderen kooperieren. Auch ergeben sich beispielsweise Probleme bei freiwilligen Vereinbarungen über Umweltstandards usw. Von einer weiteren Falle, einer „Vergeblichkeitsfalle" spricht Monika Kuban, Stadtdirektorin in Duisburg, und meint damit das vergebliche Sparen der Städte und Gemeinden, die viele ihrer Aufgaben durch die Gesetzgebung des Bundes und der Länder vorgegeben bekommen; es sei eine „kostentreibende Verantwortungsverwischung"; als Beispiele nennt sie die Kindergartenplatzgarantie und den Anstieg der Sozialhilfe[26].

Kennzeichnend für die Ideologie der Globalisierung sind des weiteren der Steuersätze-Unterbietungswettbewerb in der EU und auch die EU-genehmigten Steueroasen in Dublin, Triest, Madeira und an anderen EU-Orten mit Steuersätzen von 10 % und weniger[27]. Gegen Steuerdumping gibt es einen EU-Kodex, der auf Freiwilligkeit baut und nicht sanktionsbewehrt ist[28] – er werde sehr viel ändern, glaubten die EU-Finanzminister – wahrscheinlich aber nur diese! Es findet generell eine Erosion der Steuerhoheit der Nationalstaaten statt. Der für EU-Steuern zuständige Kommissar meinte: Wer sein Geld, Gewinn, Kapital usw. mobil in Steueroasen verschieben kann, profitiert von einem solchen System, und der Fiskus holt sich das Geld über die immobilen Faktoren, d.h. beim Arbeitnehmer und beim im Inland bleibenden Arbeitgeber[29]. Da das Steuer-Problem ein globales Problem sei, so der Leiter der Steuerabteilung der OECD mit Recht, seien nur globale Antworten geeignet, Abhilfe zu schaffen. Auch aus diesem steuerpolitischen staatlichen Handeln und dem Ausnutzen dieses Sachverhalts durch Unternehmen, d.h. aus der Verlagerung von Gewinnen in die Orte mit der geringsten Steuerbelastung, resultiert ein Dilemma: Das Steueraufkommen an Körperschaftssteuer sinkt tendenziell, und der Anteil der Körperschaftssteuer am gesamten Steueraufkommen lag 1995 mittlerweile unter 10 % in den USA, im UK, in Deutschland, in Frankreich usw. Zahlreiche große bundesdeutsche Unternehmen bezahlen kaum noch Steuern in Deutschland und nur sehr wenig im Ausland. Beispielsweise bezahlte Siemens 1995 trotz eines Bruttogewinns von 2,6 Mrd. DM keine Mark Ertragssteuern in Deutschland und lediglich

---

wertstabilität, Renten bzw. Generationenvertrag, Zeitbündnisse zu einer kollektiven Verkürzung der Arbeitszeit und zur autonomen flexiblen individuellen Gestaltung.

26 Frankfurter Rundschau 21.9.1998.
27 Die Zeit 28.3.1997, 4. 4.1997.
28 Frankfurter Rundschau 3.12.1997.
29 Badische Neueste Nachrichten 10.12.1998.

19,9 % im Ausland. Auch soll Daimler Benz durch Verlustvorträge und geschickte verlustreiche Firmenzukäufe seit 1995 keine Körperschaftssteuer
mehr bezahlt haben. Die Ideologie des Hochsteuerlands Deutschland für
Unternehmen wird dazu benutzt, um zu behaupten, dass die Körperschafts-
steuersätze im Vergleich zum Ausland zu hoch seien. (Diese wurden im
Übrigen ab dem Jahr 2001 weiter gesenkt.) Bei diesem Vergleich werden die
Grenz- und Spitzensteuersätze weltweit gegenübergestellt, ohne Beachtung
der überaus zahlreichen Abschreibungsmöglichkeiten und Subventionen, die
es im Ausland nicht gibt. Die allgemeine Diskussion findet (meist) auch ohne
Beachtung der Bemessungsgrundlage der Steuern statt. Gleichzeitig lässt
sich mit Rolf Münster ein „Marsch in den Lohnsteuerstaat"[30] feststellen. Die
„Steuerquote auf Gewinn- und Kapitaleinkommen" wird – so das Deutsche
Institut für Wirtschaftsforschung – 1998 unter 15 % liegen (ebd.). Die Lohn-
steuer trägt seit 1991 mit ca. 35 % zum gesamten Steueraufkommen bei (in
den 60er Jahren zwischen 11 und 18 %, 1960 11,8 %) (ebd.). Die Steuer-
schätzungen deuteten auf eine gewisse Rückentwicklung hin, d.h. auf Erhöhung bei den Gewinnsteuern für 1999[31]. Eine Steuerharmonisierung in der
Europäische Union ist, z.B. neben dem Schließen der Steueroasen, dringend geboten. Multilaterale Abkommen, vergleichbare Besteuerungsgrund-
sätze, internationale Zusammenarbeit und Kontrollen usw. müssten eingeführt werden, doch bisher gibt es nur zahnlose Kodizes, Verlautbarungen
und nationale Egoismen. Als jeweiliger Rechtfertigungsgrund für niedrige
Steuersätze wird angegeben, dass dies auch ‚anderswo' so ist und deshalb
‚bei uns' auch so sein müsse. Eine Abwärtsspirale entsteht so. Und jeder
verweist auf den jeweils anderen zur Erlangung eines (Steuer-)Vorteils, zur
Unterbietung eines (Sozial-)Standards usw. Durch den ständigen, wechselseitigen Verweis auf das geringere Niveau der je anderen entsteht eine sich
selbst verstärkende Abwärtsspirale: Methodisch gesehen handelt es sich um
einen nicht zulässigen, weil zirkulären und naturalistischen Fehlschluss[32]. –
Durch weitere Änderungen in der Steuergesetzgebung – z.B. Steuerbefrei-
ung von Veräußerungsgewinnen für Kapitalgesellschaften, Senkung des
Körperschaftssteuersatzes – sinken u.a. die Einnahmen aus Körperschaftssteuer und Gewerbesteuer (Letzteres führt insbesondere bei den Kommunen zu drastischen Einnahmeausfällen).

---

30 Frankfurter Rundschau 12.8.1998.
31 Frankfurter Rundschau 13.11.1998.
32 Naturalistisch ist der Fehlschluss, weil aus einem Sein allein – das jeweilige
faktische Niveau der je anderen – auf ein Sollen – „wie es bei uns auch sein soll"
– geschlossen wird.

	1991	**1998/1995**	**2001**
KSt in Mrd. Euro	16,2	18,5	-0,4
LSt in Mrd. Euro	110	145	133

Quelle: Deutsche Bundesbank/Bundesministerium der Finanzen[33]

Tab. 9.2: Die Entwicklung des Aufkommens an Lohn- und Körperschaftssteuer

Vielfältige Maßnahmen werden als Lösung(smöglichkeit)en für Globalisierungsprobleme diskutiert. Der Präsident der Gruppe von Lissabon, Riccardo Petrella, schlägt in einem Vortrag einen „Vertrag für eine andere Globalisierung" vor[34]: „Die eigentliche Fragestellung für die Weltwirtschaft" bestehe „nicht in der Integration der lokalen Wirtschaften in die Weltwirtschaft", sondern „darin, in Erfahrung zu bringen, welche Prinzipien, Regeln und Institutionen innerhalb der nächsten fünfundzwanzig Jahre definiert und geschaffen werden müssen, damit es [den dann] 8 Milliarden Menschen möglich sein wird, ihre Grundbedürfnisse – Trinkwasser, Unterkunft, Ernährung, Energie, Gesundheit, Bildung, Information, Transport, Kommunikation, künstlerischer Ausdruck, Beteiligung an der Gestaltung der Allgemeinheit – zu befriedigen". Hierzu müssten (u. a.) 1. „die Grundprinzipien und die Prioritäten der herrschenden Wirtschaftsweisen in Frage gestellt werden" – z. B. die „Privatisierung von Allgemeingütern und –dienstleistungen wie Bildung, Gesundheit, Wasser, der grundlegenden Infrastruktur" müsse gestoppt werden, denn diese bedeute, „unsere Gesellschaft aller Prinzipien der sozialen Staatsbürgerschaft, der Solidarität, der Gleichheit, der Brüderlichkeit unter den Menschen und der Weltbevölkerung zu berauben" 2. „der Einfluss der Kapitalmärkte begrenzt werden" – mittels politischer Kontrolle der Europäischen Zentralbank durch das Europäische Parlament und mittels einer 0,5 prozentigen Tobin-Steuer „auf die weltweiten Finanztransaktionen" zur Finanzierung von Allgemeingütern weltweit, der „Beseitigung von Steuerparadiesen" (Vorrang der Realwirtschaft vor der Finanzwelt), der „Abschaffung des Bankgeheimnisses" und der „Schaffung eines Weltrates für wirtschaftliche und finanzielle Sicherheit" zur Bestimmung und Kontrolle von Maßnahmen „zum Wohl der gesamten Weltbevölkerung" 3. „Die Rolle, die Wissenschaft und Technik heute spielen, [...] verändert werden" zum Wohl der Allgemeinheit und nicht im alleinigen (Wettbewerbs-)Interesse von Unternehmen 4. „die Reorganisation und Redistribution des Reichtums" mittels „Umverteilung der Gewinne zwischen Kapital und Arbeit zugunsten der Menschen (der Bürger)". Wenn die Vorschläge Petrellas auch sicherlich teil-

---

33 Zit. n. Frankfurter Rundschau 25.6.2002
34 Frankfurter Rundschau 26.11.1998.

weise utopisch sind – u. a. wegen der Machtverhältnisse –, so sind sie doch in der Tendenz zustimmungsfähig, sie gilt es weiter auszuarbeiten, insbesondere im Hinblick auf ihre Operationalisierung. Aber auch hier steckt der Teufel im Detail[35]. Vallender (1998, 576f.) schreibt zur Globalisierungsdiskussion: „Rechtlich abgesichert" sei der „Weg zum ‚Weltbinnenmarkt' namentlich durch das GATT/WTO-Vertragswerk". Der „Globalisierung der Wirtschaftsfreiheit'" müsse „die ‚Globalisierung der Verantwortung'" „zum Schutz der ‚Global Commons'" folgen – institutionell sei hierfür „die Errichtung einer neuen ‚World Sustainability Organisation' (WSO)" geeignet und „eine streng am Subsidiaritätsprinzip orientierte Welt-Umweltpolitik" (ebd.). Diese WSO müsste allerdings eine machtvolle Organisation sein und die Reformen der WTO dürften überdies nicht einseitig der Liberalisierung des Handels Vorrang einräumen.

Von Relevanz sind auch in diesem Zusammenhang die folgenden Prinzipien: das Prinzip der größtmöglichen Eigenverantwortung und das Prinzip der Subsidiarität (vgl. Maring 2001, 345ff.). Fasst man Gesellschaften als hierarchisch gegliederte Systeme auf, dann besagen die Prinzipien: soviel Selbst-, Eigenverantwortung wie möglich, soviel Verantwortung auf der nächst höheren Ebene wie nötig. Was eine untere gesellschaftliche Ebene (faktisch) nicht leisten kann, ist auf einer ranghöheren, übergeordneten Ebene zu regeln. Diese Prinzipen besagen auch: so wenig Eingriffe von ranghöheren Ebenen wie möglich, gerade so viele wie nötig. Falls Freiwilligkeit – Verhaltenskodizes von Unternehmen etwa – keine ausreichende Gewähr für die Erreichung von bestimmten Zielen – z. B. das Verbot von Kinderarbeit – bieten kann, so ist das Problem – eine sozialer Fallen für jedes einzelne Unternehmen – auf der nächst höheren Ebene – etwa auf der Branchenebene – anzugehen bzw. durch staatliches, rechtliches Handeln zu regeln. Letzteres bedeutet keine Verrechtlichung um jeden Preis; vielfach sind aber

---

35 Nicht nur globale Maßnahmen müssen eingeleitet werden, sondern diese bedürfen der lokalen Ergänzung. So wird zum Beispiel von einem Karlsruher Projekt berichtet, das sich die Förderung des nachhaltigen Konsums in Karlsruhe – gemäß Umweltcharta Agenda 21 – zum Ziel gesetzt hat. Hierfür wurde ein Einkaufsführer zusammengestellt und veröffentlicht, in dem Kriterien wie z.B. „möglichst geringer Ressourcenverbrauch bei Rohstoffen, Verpackung und Transport oder die Bereitschaft zu Verbraucherinformation und Transparenz", Anbindung an öffentliche Verkehrsmittel, Arbeitsbedingungen, „fair gehandelte Produkte" der Produktanbieter ausschlaggebend waren. Denn wichtig seien insbesondere Informationen, ohne die Verbraucher keine richtigen Wahlmöglichkeiten haben. Die Institutionalisierug der Umweltcharta Agenda 21 ist sicherlich eine sinnvolle Maßnahme auf lokaler Ebene, sie sollte eine weite Verbreitung haben. Insgesamt gibt es zur Zeit in Deutschland „rund 600 Städte und Gemeinden", die an der „Lokalen Agenda 21" teilnehmen35. Motto: Denke global, handle lokal – aber bedenke kumulative und synergetische Konsequenzen etc.

rechtliche Maßnahmen die einzige Chance, bestimmte Ziele überhaupt erreichen zu können. So sollten ganz allgemein institutionelle Maßnahmen,
Rahmenordnungen usw. unterstützend eingeführt werden – u.a. zur Vermeidung solcher Fallen auf den unterschiedlichen Hierarchieebenen. Auch wird
man durch das Subsidiaritätsprinzip – auch mit anderen Prinzipien zusammen – keine eindeutig abgrenzbaren Zuständigkeiten und exklusiven Ver-
antwortungszuschreibungen erreichen können. Verantwortungen und Mitver-
antwortungen sind Ebenen übergreifend und inklusiv. Auf die Gefahr einer
Verwässerung und Diffusion der Verantwortung, die dadurch entsteht bzw.
besteht, und auch auf die ideologische Verwendung von Subsidiarität und
Eigenverantwortung, sei hier nur verwiesen. Die verschiedenen Ebenen der
Verantwortung lassen sich zunächst abstrakt mit dem Subsidiaritätsprinzip in
einem hierarchischen Modell verknüpfen. Es gibt Mitverantwortlichkeiten für
ein Ganzes, für ein genauer zu bestimmendes System – weltweite Armut –
und Verantwortung für einen Teil, Subsystem – z.B. konkretes Projekt zur
Bekämpfung der Armut –, für je zu spezifizierende Handlungen und Handlungsfolgen. Das Subsidiaritätsprinzip, das den Kern des Hierarchiemodells
der (Mit-)Verantwortung bildet, kann die Eigenverantwortung des Einzelnen
stärken, wenn die dafür notwendigen institutionellen und materiellen Rahmenbedingungen eingeführt werden.

Eine besondere Schwierigkeit ergibt sich aber aus der Kollektivgutproblematik, die mit kennzeichnend für die gerade angesprochenen Probleme ist. Dies gilt auch für die Hungerproblematik in der Welt. Sie kann nur
kollektiv gelöst werden, dennoch sind viele Einzelne aufgrund von Unterlassungen mitverantwortlich, auch wenn sie sich aufgrund ihrer allenfalls marginalen Hilfemöglichkeiten nicht wirklich mitverantwortlich fühlen.

Zweifellos gibt es eine Verantwortung der reichen Länder für die Globali-
sierungsverlierer. Armut und größere Verantwortung der reichen Industrieländer. Der Prozess der Internationalisierung, den es sehr wohl gibt, stellt
eine Herausforderung z.B. im Hinblick auf soziale Gerechtigkeit usw., Nachhaltigkeit oder sustainability (sustainable development) dar.

Als General-These zur Globalisierung möchte ich zusammenfassend festhalten: Die Ideologie der Globalisierung, die einer empirischen Überprüfung
nicht standhält, erzeugt neben vorhandenen sozialen Fallen noch weitere –
quasi sekundäre, die Spezialfälle des allgemeinen sozialen Fallentyps darstellen: Aus vermeintlichen Nachteilen in Bezug auf den jeweiligen Wirtschaftsstandort beispielsweise wird eine echte Falle auf Grund der Wahrnehmungstrübung und des Handelns bestimmter, beteiligter Akteure – namentlich der Global Players. Die Ideologie der Globalisierung führt zu einem
Druck auf den Sozialstaat, auf die Arbeitnehmer, auf die Arbeitslosen usw.

und generell zu einem Druck nach unten. Die Globalisierungsfalle ist auch ein Spezialfall einer reflexiven Prophezeiung (vgl. zur Reflexivität sozialwissenschaftlicher Aussagen ausführlicher Lenk z. B. 1993, 343ff., 351ff., Lenk/Maring 1995b, 363ff.). Diese Rückkopplungsprozesse im sozialen Bereich stellen keine rein naturgesetzlichen Wirkungszusammenhänge dar, wie sie die technischen Rückkopplungsprozesse bilden. Denn soziale Wirkungen sind kulturell konventionalisierte, unter Umständen durch semantische Deutungen erst zustande kommende oder hochstilisierte bzw. sich aufschaukelnde Folgeerscheinungen, aber zum guten Teil nicht bloße Kausalfolgen i. e. S. der Naturwissenschaften. – Systeme in den Naturwissenschaften sind im übrigen häufig und typischerweise geschlossene Systeme; die Systeme in den Sozialwissenschaften sind hingegen offene bzw. prinzipiell offene Systeme.[36] – Beispiele für Rückkopplungsprozesse im Bereich des Sozialen sind die „self-fulfilling prophecy" und die „self-destroying prophecy", die im Zusammenhang mit dem Thomas-Theorem – „Wenn Menschen Situationen als real definieren, sind diese real in ihren Konsequenzen" (Merton 1976, 144ff.) – untersucht werden. Beispielhafte Fälle der self-fulfilling prophecy sind klassische Fälle wie das Illiquid-Werden einer Bank infolge der Aussage, sie sei illiquide; der Ausverkauf von bestimmten Waren infolge des Gerüchts, es gäbe kaum noch solche; das Absinken der Kurse einer Investmentgesellschaft infolge der Vermutung, sie seien zu hoch bewertet worden; das Entstehen bzw. die Verschärfung einer wirtschaftlichen Rezession infolge negativer Einstellungen der Bevölkerung hinsichtlich der wirtschaftlichen Entwicklung und eben auch die Globalisierungsfalle.

Es gibt aber auch echte, primäre Fallen auf den verschiedenen gesellschaftlichen Ebenen – z. B. in Bezug auf den Umweltschutz für einzelne Unternehmen. Eine weitere soziale Falle resultiert aus der strukturellen Verantwortungslosigkeit (Hengsbach), indem jeder versucht, sich auf Kosten anderer zu entlasten. Mit der Ideologie der Globalisierung aufs engste verbunden ist das Dogma der wirtschaftspolitischen Angebotspolitik – die Gewinne von heute sind die Investitionen von morgen und die Arbeitsplätze von übermorgen –, das zusammen mit der Ideologie von den automatischen Selbstheilungskräfte der Märkte – die angeblich „alles zum Besten aller regeln" – in der Wirtschaft und weiten Teilen der Politik dominiert; und die Binnennachfrage wird völlig außer Acht gelassen.

Bevor ich auf die Globalisierungsproblematik i.e.S. noch weiter eingehe,

---

36 Zum Objektbereich der Sozialwissenschaften gehören mehrere, gestufte semantische Ebenen, da Deutungen, Interpretationen usw. in diesem Bereich typisch sind (vgl. Lenk/Maring 1995b, 350). Rückkopplungen usw. entstehen u.a. deshalb, weil die sozialen Akteure Systemteile bzw. Systemelemente 'sind' und die Systeme selbst mitprägen.

sei zum Abschluss dieses Teils der vorige Bundespräsident Rau mit seiner „Berliner Rede" zur Globalisierung vom 13.05.2002 zitiert:

„Die Globalisierung [von der Rau als Faktum ausgeht] wird dann ein Erfolg, wenn die Dynamik der Marktkräfte politisch in gute Bahnen gelenkt wird. Die Menschen überall in der Welt müssen erleben, dass sie im Mittelpunkt stehen. Sie müssen erkennen können: Die Politik und die Wirtschaft werden um der Menschen willen gemacht. Das gilt es, neu zu entdecken."[37]

Generell müssten sich die Ethik und Universalmoral von der ausschließlichen Beschränkung auf individualistische Aspekte lösen, die soziale Verortung und systemische Verbundenheit moralischer Probleme und Phänomene berücksichtigen, ohne nun ins andere Extrem einer kollektivistischen oder korporativistischen Moral zu verfallen. Eine Vermittlung und Ergänzung der unterschiedlichen Ansätze ist also dringlich und geboten.

---

37 Zit. n. Frankfurter Rundschau 14.5.2002.

9.1 Nochmals zur Globalisierungsproblematik

„Das US-amerikanische ‚Worldwatch Institute' hat eine tiefgreifende Steuer-reform zur Rettung der Erde gefordert. Stärker besteuert werden müsse der Ausstoß von Kohlendioxid, die Nutzung von Rohstoffen und sonstiges ‚umweltschädliches' Verhalten, verlangte das Institut in seinem [...] in Wa-shington vorgelegten ‚Bericht zur Lage der Welt'. Dagegen müssten Einkom-mens-, Gewerbe- und Umsatzsteuern sinken. Die Menschheit zerstöre die Erde, wenn sie ihre Lebens- und Produktionsweise nicht rasch auf umwelt-verträgliche Bahnen lenke, erklärte Worldwatch-Präsident Lester Brown. Noch nie in der Weltgeschichte seien Konsum und Wirtschaft so stark ge-wachsen wie in der zweiten Hälfte des 20. Jahrhunderts. Weltweit seien zwischen 1990 und 1997 zusätzliche Güter und Dienstleistungen im Wert von fünf Billionen Dollar produziert worden. Dieser Wert sei so groß wie das Wachstum vom Beginn der menschlichen Zivilisation bis zum Jahr 1950. In den vergangenen 50 Jahren sei der Holzverbrauch verdoppelt, der Wasser-und Getreidekonsum verdreifacht und die Verbrennung kohlenstoffhaltiger Substanzen fast verfünffacht worden. Als bedrohlichste Anzeichen für die Erschöpfung der Vorräte sieht die Umweltforschungseinrichtung das Über-fischen der Meere sowie die sich verschärfende Nahrungsmittelknappheit. Erstmals seit Jahrzehnten sei der Preis für Getreide in den vergangenen Jahren wieder gestiegen. Unterschätzt werde auch die drohende Wasser-knappheit. Der Grundwasserspiegel falle auf allen Erdteilen, die künstliche Bewässerung nehme zu. Das konsumorientierte westliche Wirtschaftsmodell kann nach Überzeugung des Instituts nicht auf die ganze Welt ausgedehnt werden. Zugleich müssten die wohlhabenden Nationen in Europa, Nord-amerika und Asien stärker die Wind- und Sonnenenergie und in geringerem Maße fossile Brennstoffe nutzen. Die Unverträglichkeit des westlichen Wirt-schaftsmodells mit den Lebensgrundlagen zeige sich am schärfsten in China. Wollten die Chinesen im Pro-Kopf-Vergleich soviel Auto fahren wie die Einwohner der USA, müssten jeden Tag 80 Millionen Barrel Erdöl mehr gefördert werden. Derzeit liege die Weltölproduktion bei 64 Millionen Barrel pro Tag. Ähnlich sei es beim Rindfleischkonsum. [...] Die Umweltforscher unterstreichen zudem, dass die Raten des Bevölkerungswachstums drin-gend reduziert werden müssen. Andernfalls würden bis zum Jahr 2050 ins-gesamt 9,4 Milliarden Menschen auf der Erde leben, 3,5 Milliarden mehr als heute. Dies würde die ‚Tragfähigkeit' des Planeten weit übersteigen."[38]

Auch Tendenzen zu einer globalen Klimaveränderung sind kaum noch zu leugnen. Die weltweite Temperatur zeigte im August 1998 einen Wärme-kord mit 16,33 Grad, der um 1,3 Grad höher war als der langjährige Durch-

---

38 Zit. n. Frankfurter Rundschau vom 12.1.1998.

schnittstemperatur (US-Behörde für Klima- und Meeresbeobachtung). Die ungleiche Verteilung der Temperaturzunahme dürfte hierbei eines der Hauptprobleme darstellen. Dass am Nordpol im August 2000 offenes Wasser zu sehen war und eine geschlossene Eisdecke erst in zehn Kilometer Entfernung, lässt sich ebenfalls als Indiz für eine menschenverursachte Klimaveränderung ansehen. In diesen Zusammenhang gehörten auch der Ozon-Alarm und das Fahrverbot für bestimmte Kfz-Typen im August 1998 in Teilen Deutschlands und, dass dadurch keine Verbesserung der Situation erzielt wurde. Die tagtägliche weltweite Umweltzerstörung bzw. Umweltausbeutung lässt sich durch folgende Zahlen verdeutlichen: Vernichtung von 55.000 Hektar Tropenwald, Fang von 220.000 Tonnen Fisch, Aussterben von 100 bis 200 Tier- und Pflanzenarten, Abnahme des Ackerlands um 20.000 Hektar, Luftbelastung usw. durch 60 Mio. Tonnen CO_2 (Umweltbundesamt[39]). Auch die Anzahl der Hochwasser-Katastrophen ist in den letzten Jahren stark gestiegen: z.B. im Sommer 1998 in China, in Indien und in Bangladesch, in Deutschland im Herbst 1998 – lediglich mit hohem Sachschäden – erneut im Februar und März 1999. Die Abholzung der Wälder, die Versiegelung der Böden usw. gelten als menschengemachte Miturachen; die Versteppung und Austrocknung der Flüsse v. a. in Südostasien als Folge intensiver Bewirtschaftung führen einerseits zur Dürre und, falls es regnet, zu Überschwemmungen.

Neben diesen Schwierigkeiten stellt sich die generelle Frage, ob die genannten ökonomischen Ansätze und ökonomische Ansätze überhaupt geeignet sind, um ökologische Schäden (adäquat) zu erfassen, ist zumindest problematisch. Damit solche aber überhaupt anwendbar würden, müsste zumindest vorausgesetzt werden (können), dass alles in Euro – eindeutig (?) – bewertbar ist[40]. Wie aber sind etwa – neben den erwähnten – ökologische

---

39 Zit. n. Frankfurter Rundschau 26.11.1998.

40 Die „Dienstleistungen" der Natur für die Menschen wurden von einer Gruppe US-amerikanischer Ökonomen und Biologen auf – subjektive, ungenaue – 56 Billionen DM geschätzt – die gesamten Bruttosozialprodukte aller Staaten hingegen nur auf 30 Billionen DM für 1994 (Constanza 1997: Bei den 56 Billionen DM handelt es sich um einen Durchschnittswert, der eine Minimumsschätzung darstellt. Gemessen wurden der marginale Wert der gesamten Natur- bzw. Ökosystem-Dienstleistungen und nicht der Gesamtwert des Naturkapitals. Würde man diese Werte in Marktpreise, in Sozialprodukte, in volkswirtschaftliche Gesamtrechnungen usw. einrechnen, so müssten Marktpreise noch deutlich höher sein, Preisrelationen würden sich in Abhängigkeit vom Naturanteil noch stärker ändern usw.)40. Ansätze zur monetären Bewertung externer Effekte sind: „die Kosten der Schadensvermeidung, die Reparatur- und Reproduktionskosten, die Erforschung der Zahlungsbereitschaft der Bürger für eine unbelastete Umwelt" – diese sind allerdings verbunden mit enormen methodischen Problemen (vgl. auch kritisch bis

oder irreversible Schäden, heute (noch) nicht erkennbare Schädigungen der Umwelt aufgrund von Langzeitwirkungen oder gar ein Eigenwert der Natur zu bewerten? Sollen beispielsweise bei Waldschäden der entgangene Gewinn des (individuellen) Eigentümers oder der entgangene Nutzen für eine prinzipiell zeitlich offene Gemeinschaft zugrundegelegt werden? Wie lassen sich Kosten und Nutzen für künftige Generationen bestimmen oder deren Bewertungsmaßstäbe antizipieren? Wie soll – abgesehen von Inflation – zukünftiger Nutzen diskontiert werden? Ist es überhaupt moralisch gerechtfertigt zu diskontieren oder verstößt dies nicht gegen das Verallgemeinerungsprinzip der Ethik? Die durch negative externe Effekte entstehenden Boden-, Luft-, Wasser- und Gesundheitsschäden und sonstige soziale und ökologische Folgeschäden lassen sich doch gerade nicht so einfach in monetäre Größen fassen. Werden sie in der üblichen Sozialproduktrechnung nicht geradezu systematisch vernachlässigt? Wie sollen etwa das Aussterben von Arten, Freizeitqualität, öffentliche Güter usw. (monetär) bewertet werden? Die genannten Schäden lassen sich überdies i.d.R. nicht einem einzelnen (individuellen) Verursacher und Verantwortlichen zurechnen und zuschreiben.

---

ablehnend der Ökonom Horst Zimmermann in Frankfurter Allgemeine Zeitung 23.10.1993, vgl. zur Bemessung und Bemessungsmethoden auch Erichsen (1993, 211), der auf die besonderen Probleme bei der Bemessung der auch von Wicke genannten Options-, Vermächtnis- und Existenzwerten verweist).

9.2 „Option für die Armen" in philosophischer Sicht

Ein besonders aktuelles und wichtiges Beispiel bzw. für einen Komplex sozialer Fallen wurde oben schon angesprochen: die *Globalisierungsfalle*[41]; die eine eigene Spezifik hat und als mehrstufige und (quasi-)sekundäre aufzufassen ist.

Die Annahme, dass die Märkte selbst agieren und die Fallenprobleme lösen würden – wie es manche Ökonomen, Politiker usw. formulieren –, ist freilich nicht nur eine unzulässige Gleichsetzung eines strukturellen Systems, eines Interaktionssystems mit einem Handlungssubjekt, sondern dies dient auch v.a. der Abschiebung eigener Verantwortlichkeit. Auch das ‚Vertrauen' in die Selbstheilungskräfte der Märkte – ebenfalls ein Kategorienfehler – und die Deregulierung haben in einer angeblich total globalisierten Wirtschaft und Politik erste Priorität. Dies wird teilweise noch wissenschaftlich verbrämt – sei es durch eine krypto-normative Mainstream-Ökonomie, sei es durch eine scheinbar werturteilsfreie taulogische Wirtschaftsethik. Der Primat der demokratisch legitimierten Politik vor der Wirtschaft wird vielfach gefordert, oft aber funktioniert der Staat nur noch als „Erfüllungsgehilfe" des Kapitals.

Es gibt aber auch Gegenbewegungen – und dies nicht nur durch Attac und durch NGOs[42]. So stellte der Un-Generalsekretär Kofi Annan im Februar 1999 auf dem Weltwirtschaftsforum in Davos einen „Globalen Pakt" („Global Compact") vor, der die Zusammenarbeit zwischen UNO, Wirtschaft und anderen gesellschaftlichen Gruppen verbessern soll und helfen soll, Ziele der UNO zu verwirklichen.

„Menschenrechte"

1. Die Wirtschaft soll die international verkündeten Menschenrechte in ihrem Einflussbereich unterstützen und achten und

2. sicherstellen, dass sie nicht zum Komplizen von Menschenrechtsverletzungen wird.

Arbeitsbeziehungen

3. Die Wirtschaft soll die Vereinigungsfreiheit wahren und die wirksame Anerkennung des Rechts auf Tarifverhandlungen gewährleisten sowie ferner auf

---

41 „Globalisierungsfalle" ist der Titel eines Buches von Hans-Peter Martin und Harald Schumann. Vgl. zu diesem Thema auch „Aus Politik und Zeitgeschichte" vom 4. Juni 1999.

42 Attac ist die „Association pour la taxation de transaction financières à l'aide aux citoyens", eine 1998 in Frankreich gegründete Organisation, die ‚globalisierungskritisch' eingestellt ist. NGOs sind „non-governmental organizations", meist humanitäre Nicht-Regierungsorganisationen.

4. die Beseitigung aller Formen der Zwangs- oder Pflichtarbeit,

5. die tatsächliche Abschaffung der Kinderarbeit und

6. die Beseitigung von Diskriminierung in Beschäftigung und Beruf hinwirken.

Umwelt

7. Die Wirtschaft soll umsichtig an ökologische Herausforderungen herangehen,

8. Initiativen zur Förderung eines verantwortlicheren Umgangs mit der Umwelt durchführen und

9. sich für die Entwicklung und Verbreitung umweltfreundlicher Energien einsetzen."

Weltweit ließen viele namhafte Unternehmen verlauten, sie würden diese Ziele akzeptieren und unterstützen. Auch die deutsche Bundesregierung unterstützt diese Ziele. Bei uns dient dabei die Gesellschaft für technische Zusammenarbeit (GTZ) als Ansprechpartner für deutsche Firmen und indirekt für die UNO, diese Ziele zu verwirklichen. Auch sollen Verhaltenskodizes von Unternehmen den genannten Zielen dienen, indem sie beispielsweise Kinderarbeit – auch bei Lieferanten und Subunternehmen – verbieten. Wichtig wären aber hier gerade wirksame Kontrollen – auch vor Ort – und zumal die Androhung von Sanktionen, die z. B. im Verlust von Aufträgen bestehen könnten. Ebenfalls bedarf es eines „Drucks" auf Firmen durch NGOs, durch kritische Verbraucher usw.

Zunächst aber einige Fakten zur Armut:

Armut ist wahrscheinlich das einzige echte globalisierte Phänomen – mit umfassenden sozialen Auswirkungen – neben der Klimaänderung und der Umweltverschmutzung (auch die Finanzmärkte und die weltweiten Wertschöpfungsketten sind noch nicht wirklich allumfassend). 1998 musste weltweit jeder Fünfte (ca. 1,2 Mrd. Menschen) von weniger als einem, jeder Zweite (ca. 2,8 Mrd. Menschen) mit weniger als zwei US-Dollar pro Tag leben (Weltbevölkerung damals ca. 5,9, heute ca. 6,3–6,4 Mrd. Menschen).[43] In den 12 ärmsten Ländern der Welt haben die Menschen weniger als 230 US-Dollar jährlich zur Verfügung, in den 12 reichsten Ländern der Welt haben die Menschen zwischen 25.120 und 42.060 US-Dollar. Und die reichen Länder verfügen über 78,3 % des Welteinkommens bei 15 % der Weltbevölkerung (Chossudovsky 2002, 45). Nach einem Bericht der Vereinten Nationen besitzen die drei reichsten Menschen weltweit ein Vermögen, dass größer ist als das Bruttoinlandsprodukt „der am wenigsten entwickelten Länder, die zusammen 600 Millionen Einwohner" haben; das „reichste Fünftel der Erdbevölkerung" verfügt über 86 % des „globalen" Bruttoinlandspro-

---

43 Quelle für diese und die folgenden Zahlen: Weltbank 2000/2001, www.worldbank.org/poverty, vgl. Frankfurter Rundschau 13.7.1999, 3.6.2003, 3.9.2002, 4.9.2002, 24.1.2001, Die Zeit 15.8.2002, 20.2.2003.

„globalen" Bruttoinlandsprodukts und das ärmste Fünftel „lediglich über ein Prozent". Die FAO (Food and Agricultural Organization) der UN ermittelte für den November 2003 842 Mio. unterernährte Menschen; allein im südlichen Afrika hungern 13,5 Mio. Weltweit müssen ca. 1,1 Mrd. ohne sauberes und bezahlbares Wasser, ca. 1,6 Mrd. ohne Strom und ca. 2,4 Mrd. ohne Sanitäranlagen auskommen.

Der reiche Norden subventioniert seine Agrarsektoren mit 350 Mrd. Dollar, das ist siebenmal soviel, wie er für die Entwicklungshilfe ausgibt. Armut in diesen Ländern ist zwar u. a. Folge des Klimawandels, der reiche Norden beutet aber auch die Naturschätze des armen Süden buchstäblich aus und entzieht diesem damit gleichzeitig die Lebensgrundlagen. Überdies unternehmen die Mächtigen in diesen Ländern kaum etwas dagegen. Nochmals zu den Agrarsubventionen. Diese betrugen 2001 in den USA 20.000 US-Dollar pro Farmer, in der Europäischen Union 16.000 US-Dollar. Nur zum Vergleich: Das Pro-Kopf-Jahres-Einkommen beträgt in Südasien 450 US-Dollar, in der Subsahara 470 US-Dollar und in Lateinamerika 3.560 US-Dollar. Überdies findet eine Abschottung der europäischen und US-amerikanischen Märkte – insbesondere im Agrarsektor – durch Schutzzölle statt.

Trotz gewisser Erwartungen und der zuvor betonten Dringlichkeit und nach dem Misserfolg der Kyoto-Umweltkonferenz brachte auch der Umweltgipfel in Johannesburg im Jahr 2002, an dem 190 Staaten teilnahmen, nur äußerst bescheidene Erfolge – nicht nur im Hinblick auf die Armutsbekämpfung und auch nach diesbezüglich nur minimalen Erwartungen. Vielfach gab es nur wachsweiche Ankündigungen ohne konkrete Schritte zur Umsetzung. Partielle (Länder-)Interessen dominierten; und es wurde immer noch die Hoffnung gehegt, der Markt werde alles schon regeln. Wohlfeile Absichtserklärungen wurden beschlossen u. a.:

- zur Artenvielfalt: das Artensterben soll „deutlich reduziert" werden bis 2010,

- zur Entwicklungshilfe: sie soll auf 0,7 % des Bruttoinlandsprodukts erhöht werden (dies war bereits in einer UN-Erklärung von 1970 erklärt worden); in Deutschland lag der Anteil 2001 bei 0,27 %,

- zur Energie: „bedeutende Steigerung" der eneuerbaren Energien sei „dringend",

- zum Trinkwasser und zu sanitären Anlagen: Halbierung des Anteils derjenigen ohne sicheren Zugang zu Trinkwasser und Kanalisation sei das Ziel bis 2015,

- zu den natürlichen Ressourcen: deren Zerstörung soll „sobald wie möglich" beendet werden,

- zur Fischerei: Bestände sollen erhalten bleiben, und bis 2015 sollen geschädigte Bestände „wo dies möglich ist" auf das alte Niveau gebracht werden und

- zum Handel und zur Globalisierung: Subventionen, welche die Umwelt schädigen, sollen reduziert werden, aber nicht solche, die den Wettbewerb verzerren z. B. Agrarsubventionen.

Bei aller globalen – sowohl der absoluten als auch der relativen – Armut sollte man jedoch gerade auch die Armut in den so genannten reichen Staaten nicht vergessen (als – relativ – arm gilt, wer weniger als 50 % des durchschnittlichen Einkommens hat):

USA	13,7
Kanada	17,8
UK	20,0
Italien	17,0
Deutschland	13,0
Frankreich	17,0

Quelle: Chossudovsky 2002, 53

Tab. 9.2.1 Armut in ausgewählten G 7-Staaten nach nationalen Standards (zwischen 1993 und 1996) – Prozent der Bevölkerung unter der Armutsgrenze

Armut kommt aber nicht nur als Einkommensarmut vor, sie hat noch weitere „Dimensionen, Indikatoren und Unterversorgungsschwellen" (Zimmermann 2001, 48); hierzu gehören: Arbeit, Bildung, Wohnen und Gesundheit. Armut ist also ein *multidimensionales* Phänomen. Für 1997 ergab sich für Deutschland das folgende Bild der Unterversorgungsquoten:

	alte Länder	neue Länder
Einkommen	8,2	6,9
Wohnungsversorgung	6,4	8,7
Wohnungsausstattung	1,6	7,4
Bildung	37,0	13,9
Gesundheit	23,8	15,4
Arbeit	8,0	21,4

Quelle: Zimmermann ebd., Angaben in Prozent der befragten Personen über 16 Jahren

Tab. 9.2.2 Unterversorgungsquoten in Deutschland

Insbesondere nahm die Kinderarmut in Deutschland zu, d. h. der Prozentsatz der Kinder und Jugendlichen unter 18 Jahren, die Sozialhilfe (i.e.S.= laufende Hilfe zum Lebensunterhalt) bekamen stieg von 2,1 % 1980 auf 6,8 % 1997 (jeweils Anteil an der entsprechenden Bevölkerungsgruppe). Der Anteil der Personen, die Sozialhilfe (i.e.S.) bekamen, stieg von 1,0 % 1960 auf 3,5 % 1998. Alleinerziehend zu sein und Kinder zu haben gilt in Deutschland als das Armutsrisiko Nummer Eins! So bekamen ca. 25 % der Alleinerziehenden mit Kindern Sozialhilfe (ebd. 47). Auch ist der Frauenanteil unter der relativen Einkommensarmutsgrenze mit 67,1 % deutlich überproportional (ebd. 46). Jaggar (2003, 585, Hervorhebung Verf.) spricht sogar von einer „Feminisierung der Armut" – weltweit liegt der Anteil der Frauen unter den Armen bei 70 %.

Auch im Hinblick auf die Verbreitung der Informations- und Kommunikationstechnologien und der Internet-Anschlüsse, die von der UN als sehr wichtig sowohl für die Armutsbekämpfung als auch zur Wissensgewinnung und -verbreitung angesehen werden, kann von einer weltweiten und gleichmäßigen Verteilung keineswegs die Rede sein; hierzu einige ausgewählte Zahlen:

	Afrika, Mittlerer Osten	Süd- amerika	Asien, Pazifik	Europa	USA, Ka- nada
Online-Nutzer n. Kontinenten 2001	8,8 Mio.	25,3 Mio.	144 Mio.	155 Mio.	181 Mio.
Online-Nutzer n. Kontinenten 2001 (eigene Be- rechnung)	1,6 %	4,8 %	28,0 %	30,1 %	35,2 %
Anteil an der Gesamtbevölk. 2001 (eigene Be- rechnung)	1,1 %	4,4 %	4,0 %	31,0 %	56,2 %

Quelle: http://www.nua.com/surveys/how_many_online/index.html – „educated guess"

Tab. 9.2.3 Internet-Anschlüsse weltweit August 2001

Weltweit gab es 1998 ca. 160 Mio. Internet-Anschlüsse, das entsprach 2,55 % der Weltbevölkerung. Auch neuere Zahlen zu den Internet-Anschlüssen (z.B. Weber 2001, 193) vom Oktober/November 2000 zeigen, dass es bei 400 Mio. Internetnutzern weltweit – das entspricht ca. 7 % der Weltbevölkerung – noch keine globale und auch nur annähernd gleiche Verbreitung dieses Mediums gibt. Auch im August 2001 waren es weltweit 513 Mio., d.h. nur ca. 8,5 % der Weltbevölkerung (in Bezug auf Asien, Pazifik ist freilich ein signifikanter Anstieg der absoluten Zahlen festzustellen). Im Herbst 2002 waren es dann ca. 600 Mio. Menschen, d.h. ca. 10 % der Weltbevölkerung. Auch innerhalb Europas gibt es eine ungleiche Verteilung – mit dem Kriterium „*Grundversorgung* der Bevölkerung" – so verfügten im Jahr 2000 in Albanien 0,07 % der Bevölkerung über einen Internet-Anschluss, in Island hingegen 52,11 % (ebd. 196).

Von einer weltweiten Verbreitung der Internet-Anschlüsse, der PCs usw. kann man nicht sprechen, die Verbreitung ist also noch keineswegs global – entgegen allen Äußerungen zur Globalisierung (vgl. Maring 2001, 195ff.). Diese erweisen sich vielfach als Propaganda. Auch neuere Zahlen (s. oben nach Weber) belegen dies. Nach Angaben der ILO – der Internationalen Arbeitsorganisation – verfügen sogar nur 5 Prozent der Weltbevölkerung über einen Internet-Anschluss, und 88 Prozent davon leben in den Industriestaaten, die Verteilung ist also äußerst ungleich; insbesondere besteht ein „digitaler Graben" zwischen den Industriestaaten und den Entwicklungsländern. Das immer wieder genannte Ziel – zuletzt auf dem UN-Informationsgipfel in

Genf im Dezember 2003 –, bis zum Jahr 2015 solle über die Hälfte der Weltbevölkerung Zugang zum Internet haben, dürfte ebenso wenig erreichbar
sein wie das Ziel, die Anzahl der Hungernden bis zum Jahr 2015 auf 400
Mio. Menschen zu verringern.

Stichwortartig seien noch weitere Problembereiche, die zur weltweiten Armut beitragen, genannt: ungleiche (Entwicklung der) „terms of trade", geringe Erfolgsaussichten für das Konzept des „fairen Handels" – das gerade
auch nach der letzten Konferenz der WTO, der Welthandelsorganisation, in
Cancún, Mexiko 2003 –, Abhängigkeiten z. B. der Entwicklungsländer von
den Patenten der Industriestaaten und von der Saatgutindustrie des Nor-
dens, insbesondere vom biologischen Patentschutz, die Killer-Gen-Proble-
matik usw. Insgesamt kommen die sozialen Menschenrechte – Recht auf
Arbeit, soziale Sicherheit, Gesundheit und Bildung, die ja in UN-Menschen-
rechtskonventionen verbürgt sind – viel zu kurz.

Eine besondere Schwierigkeit bezüglich der internationalen und nationalen Armut und der Hungerproblematik in der Welt ergibt sich aus deren
Kollektivgutproblematik – dies gilt in gleicher Weise bei dem Problem der internationalen und nationalen Gerechtigkeit, der Diskriminierungen aufgrund
der Hautfarbe oder des Geschlechts. All die genannten Probleme sind von
einzelnen Individuen allein nicht zu lösen (vgl. May 1990, 269). Sie können
nur kollektiv gelöst werden, dennoch sind Einzelne aufgrund von Unterlassungen mitverantwortlich, auch wenn sie sich aufgrund ihrer allenfalls
marginalen Hilfemöglichkeiten nicht verantwortlich fühlen – so schreibt May
(1990, 269), der gegen eine „Verwässerung" der moralischen Verantwortung
argumentiert, mit Recht. Diese Probleme können nur kollektiv gelöst werden
– es entsteht eine Pflicht zur Gruppenbildung usw. –, dennoch seien einzelne aber aufgrund von Unterlassungen wenigstens partiell mitverantwortlich.
Die Verantwortung der Mitglieder einer lose strukturierten Gruppe werde nun
aber nicht durch eine steigende Anzahl von Mitgliedern (allein) vermindert,
dennoch veränderten sich individuellen Verantwortlichkeiten in Gruppen – so
May (ebd. 273): „Größere oder kleinere Anteile an Verantwortung sollten
nicht in Analogie zu Stücken eines Kuchens verstanden werden"; eine größere Verantwortung einer Person führe nicht zu einer kleineren Verantwortung bei einer anderen Person; es gebe keine feste Summe der (Anteile
an der) Verantwortung. Die individuelle Verantwortung sei u. a. abhängig von
der Rolle, die der einzelne zur Verhinderung des Übels wahrnehmen könnte
(ebd. 275f.). Zweifellos gibt es also eine größere Verantwortung der reichen
(Industrie-)Länder für die Bekämpfung der Armut. Die Armutsproblematik
verschärft sich noch durch die so genannte Globalisierung und den Verlierer
dieses Prozesses. Auch hierbei bilden und verschärfen sich soziale Fallen,
wie sie oben diskutiert wurden.

Einige Multis sind global verflochten – sie spielen sogar um Arbeitsplätze konkurrierende Standorte gegeneinander, und zwar meist „nach unten", aus und können Regierungen, Arbeitnehmer usw. unter Druck setzen. Es entsteht eine soziale Falle, ein Prisoners' Dilemma zu Lasten der Umwelt, der Staaten, Löhne, Sozialversicherungssysteme usw. Trotz der Mega-Fusionen und der Entstehung riesiger Global Players in der letzten Zeit, die von nationalen Regierungen allein nicht mehr politisch und evtl. sogar nicht mehr (steuer-)rechtlich kontrollierbar sind, bleibt die generelle Globalisierungsthese – wie oben durch die empirischen Daten belegt – weitestgehend eine Art von Ideologie[44]. Es ist vor allem die Ideologie der Globalisierung, die zu einem Druck auf den Sozialstaat, auf die Arbeitnehmer, auf die Arbeitslosen usw. und generell zu einem „Druck nach unten", führt.

---

44 Diese Ideologie der Globalisierung, die einer empirischen Überprüfung nicht standhält, erzeugt neben vorhandenen „sozialen Fallen" noch *weitere – quasi sekundäre*, die ihrerseits Spezialfälle eines allgemeinen Typs von sozialen Fallen darstellen: Aus vermeintlichen Nachteilen in Bezug auf den jeweiligen Wirtschaftsstandort beispielsweise wird eine echte „Falle" auf Grund der Wahrnehmungstrübung und des Handelns bestimmter, beteiligter Akteure – namentlich der Global Players.

10. Zukunftstrends im Blickwinkel der Experten

Im Zeitalter der Internationalisierung, Globalisierung sowie Flexibilisierung und Individualisierung der Wirtschaft, Politik, Finanzierungsvorhaben und auch der Ansprüche wird viel von „Megatrends" („Großtendenzen") in Gesellschaft, Politik und Wirtschaft wie auch der angewandten Wissenschaft gesprochen – Tendenzen, welche teilweise einschränkend, großenteils aber als innovationswichtig beurteilt werden. Mit einer so genannten Delphi-Befragung von Experten werden hierzu Trendverlängerungen in die Zukunft erfragt, die für bedingte Voraussetzungen und Planungen als Orientierungsgrößen oder Rahmentrends dienen. 1998, wurde im Auftrag des Bundesministeriums für Bildung, Wissenschaft, Forschung und Technologie (BMBF) vom Fraunhoferinstitut für System- und Innovationsforschung in Karlsruhe für die Bundesrepublik eine Delphi-Befragung bei Experten aus Industrie und Technik veröffentlicht.[45] Dabei wurden die befragten Experten nach ichren Grundeinstellungen (durch eine Faktorenanalyse) in vier charakteristische Typen und eine Restgruppe gruppiert:

- Standortoptimisten (Deutschland in naher Zukunft wieder ein attraktiver Investitionsstandort; Lösbarkeit der globalen Wirtschafts- und Umweltprobleme),

- Umweltpessimisten (künftig gravierende Umweltprobleme; keine nachhaltige Bevölkerungsentwicklung),

- Bevölkerungsoptimisten (Überalterung in Hochindustrieländern und Bevölkerungsexplosion in den Entwicklungsländern seien aufzuhalten),

- Fortschrittsskeptiker (Kritiker gesellschaftlicher und vor allem problemlösender Innovationen).

Die Bevölkerungsoptimisten und die Standortoptimisten machten je etwa 20 % der Experten aus, zusammen also die Hälfte. Die Experten urteilten im Ganzen über die unterschiedlichen Gruppen hinweg relativ einheitlich, wie sich aus den beiden Graphiken von Grupp (1999) ersehen lässt (s.a. Cuhls u.a. 1998). (Dies spricht für die Stabilität der Trendschätzungen über diese unterschiedlichen Gruppen der Grundeinstellungen hinweg.)

---

45 Da die Delphi-Umfrage noch vor dem Beginn der New Yorker Terror-Attacken seit dem 11. September 2001 abgeschlossen wurde, war die Sicherheitsgefährdung bzw. -problematik aufgrund des internationalen Terrorismus noch nicht ins Visier oder gar den Fokus der Experten geraten! Dieser Faktor würde heutzutage eine viel größere Bedeutung erhalten als damals abschätzbar.

10.1 Megatrends

Megatrend	Zustim-mung (%)	Zeitfenster	Keine Zustim-mung
Geringe Geburtenziffern und die ständige Erhöhung der Lebenserwartung führen in den Industrieländern zu einem Anteil von mehr als einem Drittel der über 60jährigen an der Gesamtbevölkerung.	89	2008 bis 2019	7
Der technische Fortschritt und die globale Umverteilung der Arbeitsplätze steigern die durchschnittliche Arbeitslosenquote in den meisten entwickelten Industrieländern dauerhaft.	74	1999 bis 2006	22
Die Bevölkerung der Erde wird die 10-Milliarden-Grenze überschreiten.	72	2010 bis nach 2025	19
Nach Durchsetzung von Reformen wird Deutschland wieder ein international sehr attraktiver Investitionsstandort.	61	2003 bis 2009	27
Frauen werden mindestens ein Drittel aller Führungspositionen in der Wirtschaft besetzen.	57	2008 bis 2020	32
Die weltweite Verknappung an fossilen Brennstoffen erzwingt eine Rationierung des Energieverbrauchs der privaten Haushalte.	54	2011 bis nach 2025	41
Wachsende Umweltprobleme beeinträchtigen die Gesundheit der meisten Menschen.	53	2003 bis 2015	42
Die Europäische Union entwickelt eine Europaregierung, die die nationalstaatlichen Souveränitäten überwindet.	52	2010 bis 2024	42
Die Tendenzen zunehmender Individualisierung und Pluralisierung beeinträchtigen zunehmend die Funktionsfähigkeit der klassischen Entscheidungsinstanzen repräsentativer Demokratien.	49	2003 bis 2012	33
In Deutschland werden mehr als die Hälfte aller Kirchen aus Mangel an Bedarf geschlossen.	42	2008 bis 2019	40

Die Globalisierung der Wirtschaft führt zum fast völligen Bedeutungsverlust nationalstaatlicher Wirtschaftspolitik.	42	2005 bis 2015	51
Massive Migrationsströme führen in Deutschland zu Unruhen.	37	2003 bis nach 2011	49
Die Klimaentwicklung führt zu einer Ent-völkerung großer Gebiete.	37	2012 bis nach 2025	48
Die technische Entwicklung ermöglicht zwei Dritteln aller Arbeitnehmer, zu Hause zu arbeiten.	31	2010 bis 2024	62
Es kommt zu heftigen kriegerischen Konflikten zwischen armen und reichen Ländern.	30	2007 bis 2019	56
China wird im Pro-Kopf-Bruttoinlandsprodukt die Europäische Union übertreffen.	28	2010 bis nach 2025	56
Mit dem Islam entwickelt sich politisch der stärkste Staatenblock der Welt.	17	2007 bis 2019	67
Eine Weltregierung sorgt für die wirksame Eindämmung kriegerischer Konflikte.	16	2017 bis nach 2025	76
Die meisten Menschen in Deutschland gründen keine Familie mehr.	16	2006 bis 2017	71

Die Megatrends (nach abnehmendem Maß an Zustimmung)

Quelle: Grupp 1999, 21

Tab. 10.1 Megatrends

(Vgl. aber auch die vorige Anm.)

10.2 Folgeprobleme neuer Technik, technologiepolitische Prioritäten

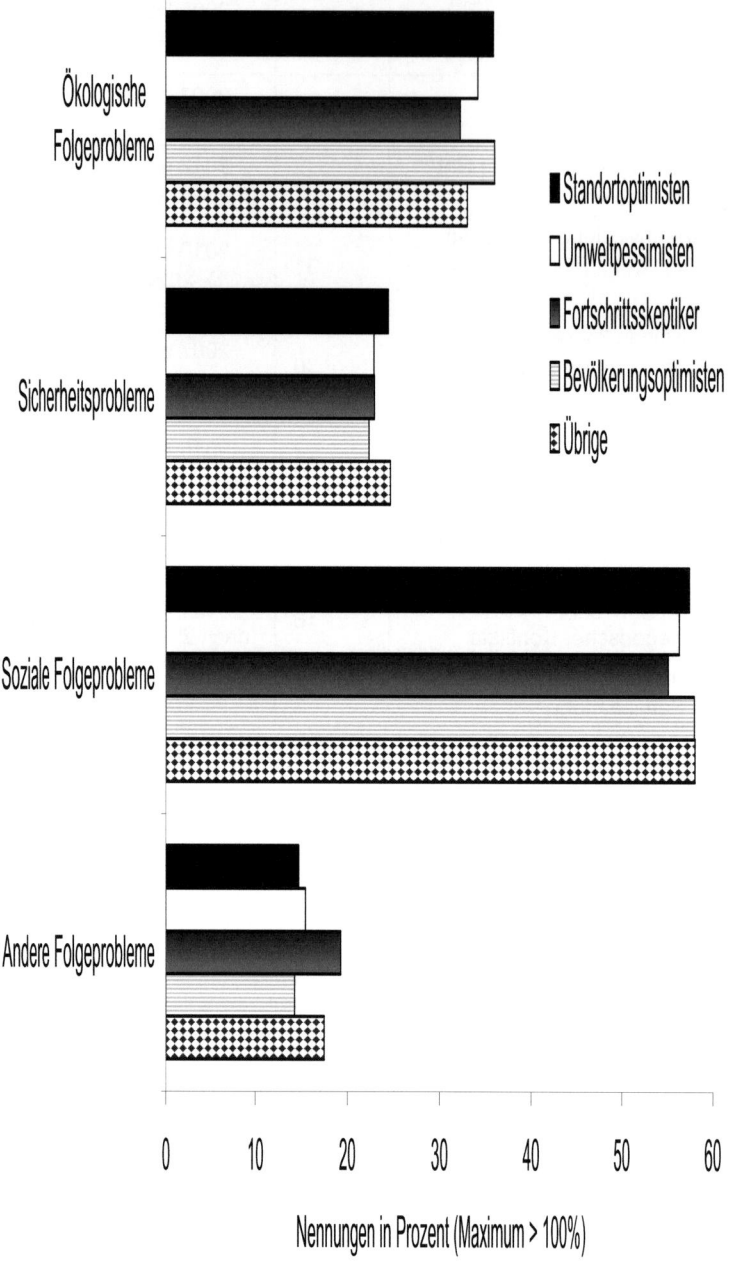

Abb. 10.2 Folgeprobleme neuer Technik, technologiepolitische Prioritäten

Die Einschätzung der Folgeprobleme aus neuer Technik in verschiedenen Kategorien und abhängig von den Bewertungsgrundmustern (durch die Möglichkeit der Mehrfachantwort summieren sich die Angaben auf über 100 %).

Allgemein zeigt sich selbst bei den Umweltpessimisten, dass diese nicht schlechthin Technikgegner, sondern eher „Einspar- und Solarfreunde" sind, also eine andere Form oder Umsteuerung von Technik bevorzugen.

Die Wichtigkeit der ökologischen Folgeprobleme wird von einem Drittel der Experten (etwas stärker von den Optimisten beider Arten) betont. Überragend sind für alle – mit knapp unter 60 % – allerdings die zu erwartenden sozialen Folgeprobleme, während Sicherheitsprobleme von weniger als einem Viertel der Experten besonders in den Vordergrund gestellt werden.

Recht einheitlich sind auch die Forderungen der Experten: Von mehr als der Hälfte wird die intensive Förderung der internationalen Zusammenarbeit gefordert (etwas weniger von den Forschungsskeptikern). Bessere Ausbildung betont etwas weniger als ein Fünftel besonders (neben den Standortoptimisten interessanterweise am meisten die Fortschrittsskeptiker). Intensivierung der Infrastruktur für Forschung und Entwicklung und Förderung durch Dritte wird zu rund 40 % als technikpolitische Priorität genannt, am meisten natürlich durch die Optimisten und letzteres besonders durch die Standortoptimisten. Für die internationale Zusammenarbeit sprechen sich am nachdrücklichsten die Umweltpessimisten aus, da die Umweltproblematik (zumal die globale und kontinentale) nur international angegangen werden kann.

Zu einzelnen technischen und technologischen Trendschätzungen werden generell relativ einheitlich die folgenden genannt: Allgemeine technische Zukunftstrends werden in der Studie nach 12 Entwicklungsgebieten untergliedert. Kurz lassen sich die Hauptschätzungen wie folgt summarisch umreißen (nach Grupp, s.a. Cuhls u.a. 1998):

Umwelt- und Naturschutz werden künftig stärker unter Erhaltungsgesichtspunkten gesehen werden und Anlass geben zu einer „integrierten Umweltschutztechnik". Diese dürfte mit hohem Know-how und Wertschöpfungsanteilen in der Technik und Industrie verankert werden. Deren Bedeutsamkeit gerade für wirtschaftliche Entwicklungen betonen die Wissenschaftler und Wirtschaftler einheitlich, wobei Versorgungs- und Entsorgungsprobleme lokaler Art schneller in Angriff genommen werden dürften als globale Umweltfragen. Auch bei den neuen Techniken im Bereich der Energieerzeugung wird nicht nur auf Ersetzung nicht erneuerbarer Ressourcen und auf Wirkungsgradsteigerung hingewiesen, sondern gleichzeitig auf die zunehmende Wichtigkeit der Umweltschonung. Mehr als die Hälfte der Experten (54 % gegenüber 41 % Nichtzustimmung) schätzt: Die „weltweite Ver-knappung an fossilen Brennstoffen erzwingt eine Rationierung des Energie-verbrauchs der privaten Haushalte". Ebenso meint die Hälfte (53 % zu 42 %), dass wachsende Umweltprobleme [...] die Gesundheit der meisten Menschen" beeinträchtigen werden.

Interessanterweise sind über 60 % (61 % gegenüber bloß 27 % Gegen-stimmen) der Meinung, dass Deutschland „wieder ein international sehr at-traktiver Investitionsstandort" werden wird, aber erst nach Durchsetzung von grundlegenden Reformen). (Dabei ist zu berücksichtigen, dass die Standort-optimisten generell nur etwa 20 % ausmachen.)

Die Innovationen im Bau- und Wohnsektor werden als eher mäßig einge-schätzt, wobei Wohn- und Lebensqualität sowie Umweltverträglichkeit und wiederverwendbare Materialien im Vordergrund stehen dürften. Überhaupt werden neue Materialien und Werkstoffe generell von der Chemie- und Ma-terialforschung erwartet. – Bei den physikalischen Techniken sieht man be-sonders Nanotechnik und Supraleitungsforschung als innovationsträchtig an – neben der chemischen Polymer- und Verbundwerkstoff-Forschung.

Die biotechnologischen und genbiologischen Fortschritte prägen künftig verstärkt die Landwirtschaft und Ernährung, wobei einige Experten mit einem Teil der deutschen Bevölkerung gentechnische Agrar- und Nahrungs-produkte ablehnen. – Auch im Bereich von Gesundheit und Medizin werden biotechnische und genbiologische Methoden sich immer stärker ausbreiten – insbesondere in der Krankheitsforschung, zumal bei Erb-, Stoffwechsel-, Im-mun- und neuen Infektionskrankheiten.

Ganz allgemein stehen weltweite Mobilität und Flexibilität bei allen Trans-port- und Informationstechniken im Vordergrund. – Warenströme und die Menschen werden immer weiter, immer massenreicher – und dennoch zu-gleich differenzierten Ansprüchen genügend – nahezu überall hin transpor-tiert. Daraus entstehen zumal regionale und lokale, aber auch globale Umweltbelastungen, die schließlich umfassendere technische Lösungen er-fordern: z.B. kraftstoffsparende und abgasfreie Fahrzeuge (3-Liter-Auto, Elektromobil, Wasserstoff-Auto, alles derzeit vor der Marktreife stehende Entwicklungen!), aber auch Verkehrsleitsysteme, Änderungen im Lastenver-kehr (Huckepack-LKWs usw.). Schließlich werden „Verkehrsvermeidungs-strategien" (durch „Heim- und Telearbeit", Mitfahrergruppierungen oder gar „Mobilitätskonten") erwogen, die in erster Linie den politisch-organisatori-schen Entwicklungen und Entscheidungen in Ballungsgebieten entstammen werden. Für die Raumfahrt erwartet man eine verstärkte Anwendung der Sa-tellitentechnik in Sachen Umweltschutz, Klimaschutz, Landwirtschaft über die bereits gängigen Einsätze, z.B. bei der Wetterprognose, hinaus.

Besonders die angewandten Informations- und Kommunikationstechnologien werden sich besonders stark auf die technischen Anwendungen und auch auf die bildungsmäßigen Anforderungsqualitäten auswirken. Das gelte nicht nur für „neue Display-Techniken, Schrifterkennung, vollautomatische Produktion, räumliches Fernsehen" usw., sondern etwa auch für die tendenziell lebenslange Teleaus- und -weiterbildung. Besonders aber wird das gesamte technologische, organisatorische und gesellschaftliche Umfeld der Dienstleistungen weiter revolutioniert werden – wie derzeit schon überall in schneller Entwicklung begriffen, obwohl es hierzu bislang nur wenige Studien gibt. Dabei vervielfältigen sich insbesondere die Möglichkeiten der elektronischen Zahlungsvermittlungen, Geldströme, Börsenreaktionen, Kreditbereitstellungen, das Homebanking und Home-Ordering (Bank und Warenbestellverkehr vom Heimcomputer aus) sowie „mobile Informations- und Kommunikationsassistenten" (Handy-PCs bzw. Laptops oder deren Nachfolger: fast jeder wird zu einem „Handyoten"!). Auch die Pflege-, Hilfs- und Angebots- sowie Transportdienste werden noch viel mehr elektronisch strukturiert, geplant, gelenkt und auch individuell angebotsorientiert untergliedert und verfeinert. Kein Dienstleistungsgebiet wird davon ausgeschlossen bleiben. Die Unternehmen und die Entscheider in allen gesellschaftlichen Bereichen werden sich diesen neuen Flexibilitäts- und Mobilisierungsformen recht schnell anpassen – übrigens auch in Bezug auf flexible programmgesteuerte Produktionsweisen und -anlagen (automatisierte programmgesteuerte Produktionsstraßen, Robotik usw.). Entsprechend werden die Anforderungen an die Flexibilität, Mobilität und Teilautonomie der Mitarbeiter(innen) sich ständig erhöhen und veränderte Arbeitsbedingungen und -zeiten sich durchsetzen. Die Experten verweisen auch auf Gefahren eines „zunehmenden Realitätsverlustes" und einer wachsenden „zwischenmenschlichen Kontaktverarmung", sowie einer Klassenspaltung zwischen jenen, die die neuen Funktionsmittel nützen, und jenen, die dies aus Kompetenz- oder Finanzgründen nicht können.

Soweit die Kurzskizze einer vor wenigen Jahren durchgeführten deutschen Delphi-Expertenumfrage zu künftigen Entwicklungen.

10.3 Treffer und Fehlprognosen halten sich etwa die Waage

Zehn Jahre nach der Delphi-Studie des Karlsruher Fraunhofer-Institut für System- und Innovationsforschung, an dem etwa 2000 Experten teilgenommen haben, wurde die Hauptherausgeberin Kerstin Cuhls vom ISI nach dem Eintreffen bzw. Versagen der Expertenprognosen befragt – in einer leider nicht sehr systematischen Übersicht (vgl. Butscher 2008). In welchen Bereichen hatten die Experten die Trends gut vorausgesagt? Worin hatten sie dagegen Entwicklungen zu zaghaft eingeschätzt, oder fehlprognostiziert, oder gar nicht gesehen?

A) Zutreffende Projektionen und externe Prognosen

Bestimmte Tendenzen der Wartung und Sicherung von standardisierten Verfahren und Technologien, die bereits 1998 verfügbar waren, wurden entsprechend dem Trend richtig verlängert und vorausgesetzt. Dies gilt vor allem für die Verbreitung der Mobiltelefonnetze und deren Standardisierung sowie Verträglichkeit, auch international. Ebenso hat die Datenvernetzung zwischen Stromerzeugern und Stromversorgern zu einer „effizienten Energie- und Lastmanagement"-Systematisierung beigetragen, selbst wenn beide noch nicht verbraucherfreundlicher geworden sind und auch die Übersicht der Verbraucher und ihre eigene Entscheidung im Konzept der Erzeuger und Anbieter noch nicht besonders weiter entwickelt worden ist. Immerhin wird der „intelligente Stromzähler" demnächst eingeführt und für Neubauten (ab 2010) verbindlich sein. Die erneuerbaren Energien außerhalb der traditionellen Wasserkraft wurden bereits wie früher (nämlich 2007) als von den Experten vorausgesagt (2020) mit über einem Zehntel der Gesamtenergiebereitstellung erreicht, wobei der Anteil von Windanlagen und von Biogas besonders ins Gewicht fiel. Außerordentlich treffend wurde der digitale Boom bei den Fotokameras, die bereits seit 2002 die Analoggeräte den Anzahlen nach übertrafen und an die Sättigungsgrenze gingen, sodass heute fast nur noch digitale Modelle gekauft werden. (Schon seit 2007 wurden Heizsysteme und Kühlanlagen mit Wärmepumpen auf der Grundlage von Solarenergie in nennenswertem Maße eingesetzt – freilich noch lange nicht überwiegend.

Die Flachbildschirme der Fernsehapparate wurden richtig vorausgesagt, wobei die Experten dies etwas verfrüht eingeschätzt haben, aber der eigentliche Boom ja erst seit knapp zwei Jahren eingesetzt hat. Deutlich ist heute ebenfalls, dass „standardisierte Verwaltung- und Büroroutinen [...] von kompetentem Personal in Entwicklungsländern via Telearbeit vorgenommen" werden: Man denke an Abrechnungen und Verwaltungsprozeduren, die deutsche Unternehmen beispielsweise in Indien, amerikanische in Irland ausführen lassen. Einigermaßen zeitgerecht wurden neue Leuchtdioden-techniken, z.B. Organische Leuchtdioden und neue Displaytechniken („leuchtende Kunststoffe", verformbare Leuchtmaterialien), für 2009 voraus-gesagt.

Dieser Zusammenstellung von positiven Voraussagen steht freilich ein ebenso großer Anteil von Fehlprognosen oder überschätzten oder gar nicht vorhandenen Prognosen gegenüber.

B) Fehlprognosen und Fehleinschätzungen

Während im Allgemeinen die Entwicklungen der elektronischen Kommu-nikation und deren Boom klar im Perspektivspektrum der Forscher lag, so hatten diese doch gewisse Entwicklungen überhaupt nicht gesehen oder ab-schätzen können, die freilich insbesondere mit der lawinenartigen Akzeptanz unter Jugendlichen zu tun hatten: z.B. die Entwicklung der MP3-Player, der Siegeszug der digitalen Musik (wie i-Pods und der Verbreitung der SMS-Nachrichten-Lawine sowie auch den ungeheuren Anstieg der Computer-spiele). Bereits 2005 wurden über 8 Mio. MP3-Player in Deutschland ver-kauft, wobei allerdings die entsprechenden Dateien auch über Handys und Autoradios abspielbar sind und zu einem gewissen Rückgang des boom-haften Anstiegs der MP3-Player geführt haben. Auch die Zunahme der E-Mail-Adressen wurde unterschätzt, besitzen doch seit 2007 mehr als zwei Drittel aller Deutschen eine private E-Mail-Adresse. Mehr als ein Drittel (35%) führen ein Online-Konto, zwei Drittel der Jüngeren (14-64 Jahre) kaufen auch online ein und ein Viertel bucht Reisen (2007) übers Internet: „38% aller Urlaubsreisen wurden 2007 online gebucht". Über zwei Millionen wetten übers Internet, über sechs Millionen betätigen sich so in der Partner-suche- bzw. bei Singlechats auf der individuellen Glückssuche.

Weit unterschätzt hatten die Experten die Bereitschaft junger Leute dafür, mit selbst gedrehten Videoclips freiwillig ihren eigenen Körper und persön-liche Daten im Internet zur Schau zu stellen bzw. preiszugeben: „Selbstver-marktung und der soziale Aspekt des Internets sind enorm wichtig gewor-den." Wir sind eine „Informationsgesellschaft" geworden, die sich in einem ungeahnten und unvorhersehbaren Maße auch elektronisch präsentiert oder gar entäußert.

Nicht geahnt haben die Experten damals den boomhaften Anstieg von mobilen Navigationsgeräten in Autos und GPS-Geräten für Personenortung bei Expeditionen, Wanderungen usw. Die projizierte der verkauften Naviga-tionsgeräte erreicht 2008 praktisch fast die Fünf-Millionen-Grenze.

Obwohl die Experten die Probleme der Energiegewinnung und -verteilung sowie der entsprechenden Umweltbeeinflussung gesehen hatten, haben sie dennoch die Zunahme dieses Themas (nach der zwischenzeitlich eher stagnierenden Aufmerksamkeit) unterschätzt; z.B. hatten sie geschätzt, dass der Energieverbrauch der Gebäudenutzung um 20% sinken würde, tatsächlich hatte er sogar im Schnitt zugenommen: trotz der einzelnen Maßnahmen der Wärmedämmung.

Emissionsfreie Autos sollten um 2008 entwickelt sein – und nur solche im Verkehr zugelassen werden, so die Experten 1998. Zwar arbeiten die Firmen seit längerem an solchen Projekten, aber ein Durchbruch ist bei den Brennstoffzellenautos zumindest marktgängig noch nicht erzielt. Dagegen planen „fast alle großen Automobilhersteller … die baldige Einstellung von Elektroautos-Vehikeln, denen vor 10 Jahren kaum jemand eine Zukunft zugetraut hätte". Die Entwicklung von Leichtautos mit geringem Spritverbrauch ist zwar technisch möglich, wurde freilich durch verschiedene Lobbyingstrategien und Firmen sowie von modischen Trends zu schweren Geländewagen und Vierradantrieb-Bullies überrollt, sodass erst durch die starke Ölpreissteigerung in den letzten Jahren eine Tendenz zur Zunahme von sparsamen Kleinwagen festzustellen ist (bislang ließen sich diese relativ wenig verkaufen). Traditionelle Autobaufirmen hielten sich mit der Entwicklung von Sparmodellen zurück oder diversifizierten mit einem Modell (wie dem „Smart") ihren sonst beibelassenen Trend zum schweren Wagen. Die Einführung von Emissionsplaketten in Städten gibt heutzutage auch einen Anreiz bzw. einen verbindlichen Anstoß in die Richtung der emissionsarmen Katalysatorfahrzeuge. Nun hatten die Experten auch den durchschnittlichen Kraftstoffverbrauch teils mit 30% geringer ziemlich falsch eingeschätzt: Nur rund 10 % weniger Sprit wurden durchschnittlich realisiert.

Für 2008 hatten die Experten die Entschlüsselung des menschlichen Genoms bereits erwartet, doch dies wurde im Wesentlichen bereits 2001 erreicht. Durchaus fehlerhaft wurde auch die Zahl der Tiertötungen und Tierversuche vorausgesagt, da die Zahl der Tierversuche bis 1998 leicht zurückgegangen war. (Seitdem ist sie allerdings wieder erheblich angestiegen - auch in Deutschland.).

Es scheinen also eine Reihe von Projektionen und Prognosen der zehn Jahre alten Studie in geradezu typischer Weise nicht eingetroffen zu sein: besonders bei der Abschätzung von Akzeptanztrends bei Jugendlichen, Energieverbrauchs-prognosen und in der traditionellen Beharrlichkeit der Individualverkehrsmittel. (Auch die Verkehrsbelastung nahm eher zu – trotz der projizierten „Verkehrsentlastung durch Kommunikationssysteme".) Dagegen lagen die Experten in der Einschätzung der Entwicklung der Digitalwelt (abgesehen von den Jugendlichen Digitalmusik- und Kommunikations- sowie Spieltrends) einigermaßen richtig.

C) Fazit nach zehn Jahren

Die Hauptherausgeberin der Delphi-Studie urteilt heute: „Viele Innovationen dauerten länger als vor zehn Jahren vermutet" und „die Welt hat sich mehr verändert als gedacht" (Butscher 2008, 90).

In einem neuen so genannten „Forsight-Projekt" sollen zusätzlich zu den bisherigen Expertenbefragungen diverse Kombinationen von anderen wissenschaftlichen Ansätzen gerade auch gesellschafts- und wirtschaftswissenschaftliche Trends aufdecken, die sich mit dem seinerzeit im Vordergrund gestandenen technischen bzw. technologischen Trends „verschmelzen" würden. Man möchte vermehrt „Inventoren-Scouting" betreiben, – mit jungen Nachwuchswissenschaftlern, die etwa selber Patente oder Preise für innovative Technologien aufweisen. Man hofft, dass man durch die Einbeziehung der „Erwartungen dieser Trendsetter" den Neuentwicklungen in verfeinerter Weise auf die Spur kommt und nicht durch „konsensuelle" m. E.-thoden der Befragung traditioneller Experten wieder die anfangs „noch unbedeutend erscheinenden Entwicklungen auch quasi herausgebügelt bekommt (Cuhls).

Letztlich wird man natürlich selbst bei Verfeinerung der Erhebungsmethoden und der Befragungskontingente auch weiterhin keine Wunder-Projektionen und Voraussagen erwarten können. Es war schon immer so, wie Voltaire und später Valéry meinten: Alles sei schwer vorauszusagen – besonders die Zukunft.

Dennoch ist gerade heute die Bemühung um möglichst gut fundierte Zukunftsprojektionen weiterhin wichtig – auch für die Gestaltung und möglichst schonende Bewahrung unserer Umwelt und der entsprechenden Verträglichkeits- und Menschenzuträglichkeitsfragen.

11. Konkrete Ausblicke zur Zukunftsgestaltung

Was kann man aus den dargelegten Thesen und den hier im Vordergrund stehenden Fragen nach der Verantwortung für Natur- und Umwelt, für Solidarität (auch für nachkommende Generationen) und Humanität entnehmen und für wertende Beurteilungen zur Zukunftsorientierung zugrundelegen? Solchen Fragen werden wir uns künftig vermehrt stellen müssen.

Deshalb seien zum Schluss einige Thesen zur Umwelt- und Menschheitsverantwortung unter besonderer Berücksichtigung der Zukunftsperspektive und nachkommender Generationen formuliert – z.T. auch im Hinblick auf Verantwortlichkeiten der Kreditinstitute und Finanzmächtigen:

1. Vor allem den Jugendlichen und Heranwachsenden müssen akzeptable Perspektiven der Erziehung und Ausbildung sowie des Arbeitens und/oder der eigenaktiven sozial sinnvollen Tätigkeit eröffnet bzw. offengehalten werden. Wir können es uns humanitär und aus bürgerlichen und gesellschaftlichen Eigeninteressen nicht leisten, auch nur eine halbe „no future"-Generation ohne sinnvolle Tätigkeit und ohne sozial förderliches Eigenengagement aufwachsen zu lassen, kreative Potenziale brach liegen zu lassen oder zu verdrängen. Sinnvolle Teilzeitbeschäftigungen sollten staatlich und z.T. durch rentenrelevante Eigenvorsorge gefördert, mit sozial engagierten Eigenengagement vereint werden können (Anerkennung eines sozialen Jahres, Auslandseinsatz – zumal in Entwicklungshilfe, Kranken- und Sozialpflegetätigkeit).

2. Die Bevölkerungsexplosion in Entwicklungsländern und die gleichzeitige Vergreisung in hochindustriellen Überflussgesellschaften müsste tendenziell verringert werden, um das derzeit extremer werdende Auseinanderdriften zu stoppen, zumindest einzugrenzen. Wirksame und konkret greifbare sowie verständliche Anreize (nicht Zwangsmaßnahmen!) zu einer gegen diese Schereneffekte gerichteten Bevölkerungspolitik in Gestalt konkreter Programme und „Incentives" müssten zumal von den reichen Ländern, ihren politischen Instanzen, aber auch von ihren Finanzierungsorganisationen (z.B. Internationaler Währungsfond (IWF) und Weltbank) wirksam und möglichst bald initiiert und implementiert werden. Ökonomische, soziale und ökologische Belange der speziellen Nachhaltigkeiten müssten hierbei vereint werden. „Worte sind schön. Doch Hühner legen Eier!" sagt ein – ausgerechnet! – afrikanisches Sprichwort.

3. Dasselbe gilt für Umweltschonungs- und Energiespar- bzw. Alternativprogramme: Nicht nur aus moralischen, sondern auch aus praktischen Überlebensinteressen und also Klugheitsüberlegungen muss die Umweltzerstörung begrenzt, die Restnatur in den Öko-Sozio-Technosystemen erhalten bleiben.

4. Hierzu sollten insbesondere zukunftsorientierte und innovatorische Initiativen – auch im Sinne von Risikokapitel und Joint-venture-Krediten – von Banken und Institutionen, mehr als bisher in Deutschland (z.B. durch die Kreditanstalt für Wiederaufbau) und Europa üblich, zur Verfügung gestellt werden. (Eine Bereitstellung von Risikokapital ist in Nordamerika viel flexibler – freilich bislang nicht bei der besonders zukunftsträchtigen Umwelttechnik.)

5. Man könnte so auch mehrere Fliegen mit einer Klappe schlagen: Die praktische Einführung des bereits nahezu marktreif entwickelten Brennstoffzellenautomobils (mit Wasserstoff- oder Methangas angetrieben – wäre ebenso forciert zu fördern – z.B. durch politische Anreize wie mehrwertsteuerfreien Kauf, Steuerfreiheit usw. Hiermit könnte nicht nur das durch Autoabgase verursachte Umweltverschmutzungsproblem (einschließlich zum großen Teil auch das Waldsterben) wirksam angegangen werden, sondern auch das Problem der nicht erneuerbaren fossilen Brennstoffe z.T. gelöst werden. Zugleich können Vorräte an wertvollen Aufbaustoffen für viele petrochemische und pharmazeutische sowie an potenziell auch für die organische Nahrungsmittelproduktion wichtigen Rohstoffe für nachkommende Generationen offengehalten werden.

6. Für nicht ersetzbare und nicht erneuerbare Rohstoffe sind ganz allgemein Ersatzlösungen (Substitutionen und Alternativtechniken der Gewinnung bzw. der Bereitstellung oder Nutzung) zu fördern – etwa durch Risikokapitalinitiativen der Forschungs- und Entwicklungspolitik sowie der entsprechend steuerlich zu begünstigenden Kreditgeber. Hiervon könnte nebenbei auch ein erheblicher Anstoß für die angewandte Forschung in den Bereichen der Petro- und Biochemie, der pharmazeutischen und synthetischen Chemie sowie der Materialerforschung und der entsprechenden technischen Entwicklungen ausgehen.

7. Zudem würden flankierende positive Effekte für die Medikamentenentwicklung und somit für die medizinische Betreuung der Menschen möglich. Insgesamt müsste natürlich die Verteilung der medizinischen Grundsicherung – zumal für die Entwicklungsländer, in denen ein extremer Nachholbedarf, z.T. vom Nullniveau aus, besteht – wenigstens tendenziell ein bisschen gerechter erfolgen.

8. Ohnehin stellen sich die Verteilungsprobleme derzeit sowohl bei der Weltgesundheitsorganisation wie auch in der Teilhabe an dringend notwendigen Lebensgütern außerordentlich schief dar. Während die Weltgesellschaft insgesamt durchaus von erzeugten Nahrungsmitteln ernährt werden könnte, hungern und sterben unnötigerweise derzeit noch Hunderttausende bis Millionen in den Entwicklungsländern.

9. Aus humanitären Gründen, aber auch aus Eigeninteresse für künftige Zei-

ten, sollten die hochindustriellen Länder sich den Initiativen der Weltgesundheitsorganisation bzw. den Initiativen der vereinten Nationen und der UNESCO sowie vieler NGO (meist humanitärer Nicht-Regierungsorganisationen) anschließen und im Interesse der allgemeinen menschlichen Solidarität, aber auch aus wohlverstandenem eigenen Zukunftsinteresse sparsame Zurückhaltung im Eigenverbrauch nachdrücklich fördern – mit der Unterstützung von besonders innovationsträchtigen und Umwelt wie Ressourcen schonenden Techniken, Verfahren, Produktionen usw. Hier sind besonders auch die internationalen und z.T. auch nationalen Kreditgeber sowohl privatwirtschaftlicher als auch politischer Ausrichtung gefragt.

10. Auch in der jeweils eigenen – also bei uns der bundesdeutschen – Gesellschaft ist die Förderung von humanitären und solidarischen Zielen nicht nur durch staatliche Unterstützung und Steuererleichterung, sondern gerade auch durch wirksame gesellschaftliche Anreize, z.B. eine neue Anerkennung bürgerschaftlich engagierter Sozialtätigkeit u.Ä. – zu begünstigen und zu fördern.

11. Insgesamt sollten nach Möglichkeit auch marktwirtschaftliche und geltungsfördernde Anreize zum Eigenhandeln auf allen Gebieten gesellschaftlich unterstützt und in allen Bildungsinstitutionen als wichtig vermittelt und eingeübt werden. Dabei sollte die Lebensschule der Eigenleistung und des schöpferischen Eigenengagements, zumal des sozialen, nicht unterschätzt werden. Leistung und auch wirtschaftlicher Erfolg sind neben der durch Eigenleistung erworbenen gesellschaftlichen Geltung nach wie vor unerlässliche Wirkfaktoren und Prinzipien der Demokratie, auf die diese nicht verzichten kann – ebenso wenig wie auf wirtschaftlichen Wettbewerb (Leistung und Wettbewerb sollten jedoch sozial sinnvoll, human- wie gesellschaftsverträglich wie auch umweltverträglich gestaltet werden. Alle – Einzelne und Organisationen der Gesellschaft, der Wirtschaft und der Staaten sowie der Staatengemeinschaft – haben dafür eine Mitverantwortung von außerordentlicher Wichtigkeit für die Zukunft unserer ganzen Welt und unserer Nachkommen. Demokratie und gesellschaftliche Überlebens- bzw. Wohlstandsperspektiven sind auf solch eine grundsätzliche Solidarität in der Ausrichtung auf (und der Gestaltung) humaner Fortschritte angewiesen.

12. Nach wie vor hat angesichts aller dieser gesellschaftlichen Gegenwartsprobleme und Zukunftstrends auch die Philosophie als Diskussionsdisziplin ihre entsprechenden Aufgaben: erstens so etwas wie eine sokratische Funktion: eine Aufgabe, die Spezialisten ins Gespräch zu ziehen, Perspektiven und Interessen der Allgemeinheit oder des Allgemeinen einzubringen und in einer gewissen Integrationsfunktion über die verschiedenen Disziplingrenzen hinweg als ein Forum und Brennpunkt der Diskussion – besonders

auch an der Universität – zu wirken. Dies wird insbesondere deswegen immer wichtiger, weil die Koordinierung von interdisziplinären und fächerübergreifenden Problemen zunehmend schwieriger und nötiger wird: System-, Zielsetzungs- und Wertprobleme gewinnen immer größere Bedeutsamkeit und Aktualität bei fast allen umfangreicheren langfristigen und mittelfristigen Planungsproblemen – gerade auch bei der Armutsbekämpfung.

Ein zweiter zu berücksichtigender Aspekt: Philosophierende sind und bleiben nach wie vor Fachleute für eine zwar tastende, aber in gewisser Weise doch wagende argumentative Behandlung des Normativen, selbst wenn sie keine absolute umfassende Moralphilosophie oder absolut zweifelsfrei begründete inhaltliche Kritik vorlegen können.

Man muss es drittens auch weiterhin noch als eine sinnvolle Aufgabe oder als ein Arbeitsfeld für Philosophen ansehen, am exemplarischen Problem eine Erziehung zur rationalen Diskussion und zur Sprachkritik (z. B.: „Märkte agieren", „Vertrauen in die Märkte") zu vermitteln. Die Einübung disziplinierter und disziplinierender Diskussionsmethoden, der Logik, der sachlichen Argumentation – gerade auch etwa im Normativen – scheint nach wie vor für Studierende, ja, besonders für heutige, keineswegs überflüssig zu sein. Auch hier könnten und müssten Philosophierende heute und künftig eine entscheidende, wichtige Erziehungsfunktion ausüben.

Viertens existiert darüber hinaus durchaus auch heute noch ein – u.U. gar gewachsenes – Bedürfnis nach philosophischen Fragestellungen. Man kann derzeit mit dem Rückgang an religiösen Traditionsbindungen – jedenfalls in hoch entwickelten Industriegesellschaften – durchaus ein gewisses Sinnerfahrungsvakuum diagnostizieren, einen gewissen Mangel an Identitätsfindung und Identitätsfestigung, der ein intellektuelles Orientierungsbedürfnis erzeugt. Philosophierende könnten und sollten wieder neuen Mut zu konstruktiven Vorschlägen, ja zur Spekulation aufbringen. Das Ausmalen alternativer Utopien spielt für die intellektuelle Orientierung sicherlich eine wesentliche Rolle. Die Diskussion der letzten Jahre hat gezeigt –, dass sich hier sogar wirksame Möglichkeiten der politischen Einflussnahme bieten; greifen der Vernunft verpflichtete Philosoph(inn)en diese Diskussion nicht auf, so wächst die Gefahr, dass der Freiraum von ideologischen Taktikern besetzt und die Diskussionsfunktion verloren geht.

Fünftens gehört hierzu auch zweifellos ein weiterer, zunehmend wichtigerer Punkt – und sicherlich ist das ein wesentlicher Grund für den Mangel an Resonanz der Philosophie in der Öffentlichkeit –, nämlich das Ansprechen öffentlicher Probleme gerade auch im Bereich der Philosophie, der bisher erheblich vernachlässigt worden ist.

Die Diskussionen um das Recht jedes einzelnen auf Leben und um das Recht auf einen menschenwürdigen Lebensstandard für alle in der heutigen

Zeit sind z.B. weitgehend unabhängig von einer „professionellen" philosophischen Stellungnahme geführt worden. Und auch solche Fragen, die an die Grundrechte rühren, wie jene über Menschenwürde, Freiheit und Gesellschaft, Individualisierung gegenüber sozialen Werten, „Individualismus gegen Sozialismus", Freiheit und Manipulation, Rationalität bei der Setzung und Projektion von Planungszielen, über Feststellung und Wirkung technologischer Machbarkeit und der mit ihr verbundenen Normativität technologischer Möglichkeiten – man solle alles das auch herstellen, was man herstellen kann –, schließlich Fragen über die politischen Partizipationsprobleme, über Mitspracherechte aller Betroffenen und prinzipielle Konsensbildung, ja, die Begründung der Prinzipien unserer repräsentativen Demokratie selbst – alles das sind Probleme, die durchaus normative Gesichtspunkte enthalten und letztlich auf philosophischen Grundüberzeugungen beruhen oder zumindest mitberuhen. Philosophierende sind hier herausgefordert und könnten und sollten Stellung beziehen.

Grundwerte und Grundnormen wie Achtung, möglichst weitgehende Sicherung und der Schutz menschlichen, aber auch kreatürlichen Lebens oder Verhinderung bzw. Minimierung unnötigen Leidens spielen dabei eine grundlegende Rolle und sind ja auch in allen Kulturen irgendwie institutionell verankert, selbst wenn sich die Formen der diesbezüglichen Normen kulturrelativ gestalten. Über konkrete Gewichtungen und Konfliktlösungen sowie über Ausführungsbesonderheiten können – und sollten – Philosophierende nichts ‚anmaßend' von oben, nichts abstrakt entscheiden, sondern nur zusammen mit anderen Vorschläge machen, zur Diskussion stellen und andere Ansätze vernünftig beurteilen.

Die überfachliche Zusammenarbeit mit Erfahrungswissenschaftlern ist – sechstens – ebenfalls von Nutzen für die Philosophie selbst: Die philosophische Forschung ist auf kritische Korrektive und Anstöße aus anderen Disziplinen angewiesen – heute mehr denn je. Selbst ein noch universell interessierter Philosoph kann nicht mehr alle verzweigten Problemfelder überblicken. Er ist auf Anregungen aus den Einzelwissenschaften angewiesen. Auch ist eine entsprechende empirische – wissenschaftliche – Analyse Voraussetzung, um etwas Sinnvolles über ‚Probleme' in der Welt sagen zu können und um Vorschläge zu deren Lösung machen zu können.

Insgesamt müssen sich die Philosophierenden gerade heute vermehrt den aktuellen Themen der Gegenwart zuwenden und sich den Problemen von öffentlicher Bedeutsamkeit stellen – zumal den heute und langfristig besonders dringlichen humanitären und ökologischen. Ein neues soziales und öffentliches Engagement der Philosophie ist nötig, eine neue pragmatische Philosophie, eine praxisnahe Philosophie der lebenspraktischen Fragen, einschließlich der gesellschaftlichen und der durch die Wissenschaften und durch soziotechnische sowie ökonomische und ökologische Umstände gegebenen Probleme (vgl. Lenk schon 1971, 1975, 1979 und 1999), gewinnt aber derzeit besonders aktuelle, ja, brisante Dramatik.

12. Anhang

12.1 Der Mensch als „Macher der Natur"?

Über operativistische Fehldeutungen von Naturbegriffen der Neuzeit

Im technischen Zeitalter scheint alles machbar, durch technische Verfahren erzeugbar. Schwierigkeiten und Probleme dürften sich ausschließlich in Bezug auf die Entwicklung der entsprechenden technischen Verfahren, die Kosten und den Aufwand der Mittel sowie in Bezug auf deren effizienten Einsatz zu stellen. Wir leben in einer Welt von (fast) totaler Machbarkeit. Die „Macher" haben und beanspruchen das Wort. Eine Ideologie der Machbarkeit drückte das herrschende Bewusstsein in der Welt der Macher aus: „Können impliziert Sollen!" – so formulierte ein früherer Direktor einer kalifornischen Systementwicklungsgesellschaft, Ozbekhan, diesen (gelegentlich, etwa von L. Marcuse und S. Lem so genannten) „technologischen Imperativ", den man besser „technokratischen Imperativ" nennen sollte. E. Teller, der sogenannte „Vater" und Macher der Wasserstoffbombe, äußerte sich gegenüber *Bild der Wissenschaft* (1975, 116) mit provokativer Deutlichkeit: Der Wissenschaftler „soll, was er verstanden hat, anwenden. Und ich meine, dass man sich dabei keine Grenze setzen sollte. Was man verstehen kann, das soll man auch anwenden. Und dann haben wir als Wissenschaftler eine weitere Verantwortung: was wir verstanden haben, und was wir angewandt haben, das sollen wir auch erklären. Wenn wir das fertig gebracht haben – und das ist keine leichte Sache –, dann hört unsere Verantwortung als Wissenschaftler auf. Dann sollen alle Menschen – in einer Demokratie – entscheiden, was man in der Technik und in der Wissenschaft im einzelnen anfangen soll."

Man kann nur hoffen, dass Teller dieses Anwendungspostulat nicht auf das von ihm wesentlich mitbestimmte Produkt, die Wasserstoffbombe nämlich, anzuwenden gedachte – oder wenigstens, dass er den „Anwendungs"-Begriff soweit fasste, dass die Entwicklung einer Waffe nur insoweit mit in den Bereich der Anwendbarkeit gezählt wird, als sie zu verhindern hilft, dass sie jemals angewendet wird.

Technische Darstellbarkeit, Entwicklung, Machbarkeit, Operationalisierung – kurz: totale Technisierung – scheinen das Signum der Ideologie der Machbarkeit von allem und jedem im technologischen Zeitalter zu sein. Mit der Ausdehnung der Verfahren und Zugriffsmöglichkeiten des technischen Menschen greift diese Ideologie auf die gesamte Lebenswelt aus, die somit scheinbar zu einer künstlichen, gemachten, „technischen Welt" wird. Natur, Reflexion, das Unangetastete, Unberührte, vom Menschen nicht Beeinflusste oder gar nicht Beeinflussbare werden in verschwindende Reservate zurückgedrängt. Das Nichttechnische wird gleichsam zum immer kleiner geratenden Naturschutzgebiet. Technische Artefakte, Sachzwänge, Verfahren, Systemzusammenhänge, instrumentelle Erfordernisse reüssieren. Die Macht der Macher gibt sich tendenziell total. Und meinte nicht die Bibel selbst: „Macht euch die Erde untertan!" (Gen. 1:28). (Die andere Tradition im selben Buche (2:15): „Und Gott, der Herr, nahm den Menschen und setzte ihn in den Garten Eden, dass er Ihn bebaue und bewahre" wurde unversehens übergangen und erdrückt, beiseite gelassen. Das Dominium-terrae-Motiv (der Erdbeherrschung), allein als repräsentativ genommen, wäre jedenfalls eine einseitige Deutung der biblischen Position (vgl. a. Hiob 28:1–11, 5:23f., Sprüche Salomos 3:19f., 8:29ff.).)

Natur bloß noch als Restnatur, als schwindendes Residuum, als letzte ökologische Nische in der sonst total technisierten Welt? Technik wird als Überwindung der Natur, geradezu als „Gegennatur" verstanden. Macht die Technisierung, die Operationalisierung oder Operativisierung von fast Allem auch vor der Natur nicht halt? Ist der Mensch gar, der die Natur unter seine Gewalt zu bringen suchte, „vergewaltigte", ein technischer Mitschöpfer, Welterschöpfer – in gewissem Sinne selbst „der Macher der Natur"? „Macht" der Mensch auch die Natur, nachdem er sie sich wenigstens in Theorien, Deutungskonzepten und im technischen Zugriff zurecht gemacht hat?

Auf solche Fragen soll der folgende Beitrag eine differenzierte, und das heißt auch: die Fragestellung verändernde Antwort geben, indem, von geschichtlichen Ursprüngen des modernen Experimentalismus und Operativismus bei der Naturdeutung ausgehend, über marxistische, dem Technizismus nahestehende Deutungen hinaus bis zur operationalistischen neueren Physik die Fragen nach Macht und Machbarkeit auf die Natur bezogen werden. Selbst die philosophische Anthropologie (etwa bei und nach A. Gehlen) und im Zusammenhang damit natürlich die Sozialwissenschaft, wie jede Kulturwissenschaft, scheint sich dem operativistischen Zugriff, dem Experimentalismus, ja, einem gewissen Technoimperialismus, nicht entziehen zu können.

Tauchen hierbei nicht tiefe technizistische Missverständnisse, semantische pauschalierende Überdehnungsfehlschlüsse, kollektive Verdrängungen der „Natur", Fehldeutungen dieser als bloßer „schrumpfender Restnatur" auf?

Haben wir den Triumph des Experimentalismus und der Technik zum totalen Technizismus eskaliert? Stößt die tendenziell total gesetzte Technik nicht an Grenzen? Rächt die Natur sich gegenüber ihrer Vergewaltigung? Haben wir sie nicht ungestraft vernachlässigen, verdrängen, versuchsweise übervorteilen können? Nicht nur die Diskussion über die Umweltverschmutzung in industriellen Ballungsgebieten, sondern besonders das Waldsterben scheint für eine derartige Reaktion zu sprechen – so vordergründig metaphorisch damit missverständlich das Wort von der „sich rächenden" Natur (H. Jonas) auch ist. „Natur" hat jedenfalls wieder Konjunktur und das Thema gewinnt beängstigende Aktualität. „Natur und Machbarkeit", „Natur in der Welt der Macher" – solche zugespitzten Konfrontationsthemen lenken die Aufmerksamkeit auf die Ideengeschichte der Ideologie der Machbarkeit, auf den ideellen Zusammenhang zwischen dem abendländischen Operationalismus und der vergewaltigten Natur.

12.2 Ursprünge der Operationalisierung des Naturbegriffs bei Bacon und Descartes

Bacon war der erste Ideologe der Machbarkeit – auch der partiellen „Machbarkeit" der Natur. Seine Thesen über die Natur werden üblicherweise ganz falsch wiedergegeben, Er war nicht einfach ein simpler Empirist, wie man meist denkt. Selbst wenn sein eigener konstruktiver Beitrag zur Naturforschung recht mager gewesen sein mag und er – anders als *Descartes* – die Entwicklung zur Mathematisierung der Wissenschaften falsch eingeschätzt und abgelehnt hatte, so entwickelte er doch eine neue Art des wissenschaftstheoretischen Ansatzes, der in gewissem Sinne als operativistisch oder operationalistisch angesehen werden könnte. Und gerade auch beim Naturbegriff ist das besonders deutlich: Nach Bacon ist Natur nicht länger nur als das Gegebene und das Vorhandene aufzufassen, Natur ist auch der Bereich des Machbaren; die Gesetze der Natur sind die Regeln der Herstellung (WW I 229f., IV 121). Der Baconsche Naturbegriff ist also nicht mehr nur dadurch geprägt, dass er das darstellt, was den Sinnen unmittelbar gegeben ist oder vernünftig erschlossen werden kann, sondern er umfasst auch das durch die Erkenntnis der Naturgesetze Machbare, also die Technik. Dies Ziel der Erkenntnis besteht nun also darin, auch zu entdecken, „was die Natur tut oder veranlasst werden kann zu tun" (IV 127, II 236). Das ist ein Naturbegriff, den man mit W. Krohn einen „Begriff der möglichen Natur" nennen könnte. Dieser Naturbegriff reicht über die bloß aufnehmende begriffliche Naturbetrachtung hinaus und verbindet erstmals die operative mit der konzeptuellen Naturbetrachtung (vgl. z.B. a. I 218). Das ist ein entscheidender Punkt, der festzuhalten wäre für die später von H. Plessner und A. Gehlen entwickelten Thesen von der „Zweiten Natur" des Menschen. Wenn die operative mit der konzeptuellen Naturauffassung verbunden wird, ist die Natur insgesamt *nicht mehr nur einfach zu erkennen, indem man sie lediglich betrachtet*, sondern *wir erkennen sie, indem wir experimentieren*, indem wir sie manipulieren, kontrollieren, „zwingen", „stellen" (um Heideggers Ausdruck für den technischen Zugriff zur Natur zu verwenden). Wir erkennen die Natur, indem wir wissen und planen, wie wir sie behandeln und erkennen, wie sie reagiert. (Solche Gedanken kehren später übrigens bei Hobbes wieder, der die erste durchformulierte Theorie des Operativismus entwickelt hat, und auch bei Vico, angedeutet in dem Spruch, dass Menschen eigentlich nur das richtig verstehen können, was sie machen, herstellen, konstruieren.) Im Gegensatz zum Begriff der Natur bei Aristoteles – *„techne"* als das vom Menschen Gemachte, äußerlich Gesteuerte und Natur als dasjenige, das die Prinzipien seines Werdens und seiner Bewegung in sich selbst hat (Physik II 192, 68ff., Metaphysik 1015 a) – ist der Unterschied zwischen Natur und Technik für Bacon kein prinzipieller, auch keineswegs ein ontologischer, sondern nur ein faktischer. Wie gesagt, die Natur ist nicht mehr länger bloß das Gegebene, sondern ebenfalls: Das Machbare, das, was der Mensch ermöglichen, herstellen, veranlassen kann, umfasst also die durchaus lebenspraktische Kenntnis, wie Naturprozesse auf die Provokation durch menschliches Vorhandeln reagieren. Bacons Satz „Wissen ist Macht" und seine These, durch Wissenschaft und (nur) durch geschickte, „gehorchende" Ausnutzung von Naturzusammenhängen werde die Natur „besiegt", sind in diesem Sinne zu deuten. Man fühlt sich in der Tat fast an Heideggers Definition der Technik erinnert, die das „Stellen" der Natur durch den Menschen, das Herausfordern der Natur in Bezug auf eine Fragestellung charakteristisch hervorhebt.

Es gibt hier übrigens Parallelen zwischen Descartes und Bacon; bei Descartes findet sich nämlich eine Naturdefinition im Rahmen einer Bestimmung der Naturwissenschaft, die fast der Baconschen gleicht. Descartes hat durch die Erfahrungs- bzw. die Naturwissenschaft „versucht, im Allgemeinen die Prinzipien oder ersten Ursachen aller Dinge zu finden, die in der Welt sind oder sein können" (Discours VI). Dieses „Oder-sein-Können" würde bei Bacon natürlich – wirklich „natürlich"? – vor allem im Sinne der Aktivität des Menschen gedeutet und als Wissen davon, wozu der Mensch die Natur veranlassen kann, auf seine herausfordernden Aktivitäten zu reagieren, was und wie dies herbeigeführt, „gemacht" werden kann. Die Technik, die Mechanik des Möglichen, fällt damit unter den Naturbegriff: Die Regeln dieser Mechanik sind „mit den Gesetzen der Natur identisch" (ebd. V). „ Natur" ist nicht das objektiv Gegebene, sondern das objektiv Mögliche. Sie ist in gewissem Sinne gebunden an Konstruktionsregeln des Menschen, an gesetzmäßiges Handeln unter Verwendung von Naturgesetzen und Erkenntnissen darüber, wie Objekte in experimentellen Situationen reagieren. Das Ziel der Naturerkenntnis ist nicht länger nur ein Auffinden und Ordnen von Tatsachen – eine Ansicht, die man normalerweise – und bei Bacon sicherlich fälschlich – den Empiristen unterstellt –, sondern die Naturerkenntnis, zumal in der Gestalt der Naturwissenschaft besteht in der Konstruktion von Tatsa-

Konstruktion von Tatsachen nach Gesetzen, die den Bereich des Möglichen abstecken. Gesetze beziehen sich nicht nur auf Tatsachen, sondern auch auf mögliche Zustände. Sie sind zugleich Regeln, die diese Zustände verwirklichen. So etwa lässt sich dieser operativistische Zugriff zur Natur umschreiben. Man sieht, dass damit eine bedeutsame und weitreichende Ausdehnung des Naturbegriff vorgenommen ist.

Nach Descartes kann die Physik nur „par raison de mécanique" beschrieben werden, d.h. nur nach mechanischen Prinzipien. Der menschliche Geist erzeuge das Wissen über die Natur in gleicher Weise aus sich selbst, wie er das mathematische Wissen, die Mathematik, die mathematischen Regeln und Gesetze konstruiert. Der konstruktive Gesichtspunkt ist hier durchaus noch enthalten. Man meint nun, dass die Naturgesetze mathematische Prinzipien der Natur selbst seien, das Buch der Natur sei in mathematischen Lettern, in rein mathematischer Sprache geschrieben (Galilei). Wird also Natur selbst konstruktiv nicht nur manipuliert, überwunden (durch Ausnutzen der Naturgesetze, Bacon), beschrieben, erfasst, sondern selbst quasi konstruktiv geschaffen? Descartes geht so weit zu behaupten, es gäbe gar nicht mehr so etwas wie eine „natura naturans", im Grunde sei Natur, sei in der Natur keine schöpferische, dynamische Potenz, sondern eigentlich nur ein mechanisch-mathematisch zu rekonstruierendes Prinzip. Das ist die Ideologie von der mechanischen „Uhrwerknatur", hier zum theoretischen Extrem getrieben. Die Mathematisierung der Naturwissenschaft wird als äußerstes und oberstes Ziel angegeben. Man verliert angesichts der rationalistischen Interpretation bei Descartes fast die Möglichkeit, zu unterscheiden zwischen den rein geisteswissenschaftlichen Konstruktionen der Mathematik – Mathematik ist ja reine Geisteswissenschaft – und dem eben für die moderne Naturwissenschaft charakteristischen Experimentellen. Und das hatte Folgen – auch in der Interpretation der Natur; übrigens bis heute. Die Verbindung zwischen den beiden Elementen der Wissenschaft, zwischen der physikalischen Interpretation und den mathematisch formulierten Kalkülen selbst scheint bei Descartes noch nicht in zutreffender und einsichtiger Weise erfasst. Die Fragen der erfahrungswissenschaftlichen Interpretation von Kalkül, Formel, mathematischer Struktur bleiben offen. Andererseits wird von Descartes auch besonders hervorgehoben, dass die Analyse der Natur im Dienste der Beherrschung der Welt durch den Menschen zu stehen habe. Der Mensch sei Meister und Besitzer („maître et possesseur") (Be-)Herrscher der Natur, und für ihn allein sei diese geschaffen.

12.3 Zum technizistischen Naturverhältnis bei Marx

Auch Marx' Naturauffassung schließt an die Thematik der Beherrschbarkeit der Natur an – eine Auffassung, die einer einseitigen Interpretation der Bibel entstammt („Macht Euch die Erde untertan (Gen. 1,28) vgl. dagegen aber z.B. Gen. 2,15). Entscheidendes entlehnt er von Descartes – nämlich die mechanistische Auffassung der Natur und der Beziehung zwischen Mensch und Natur, ferner die Ansicht, dass nicht nur Naturprozesse und biologische Prozesse, sondern auch der Mensch und selbst die Vernunft jeweils als ein mechanistisch-deterministisches System aufgefasst werden müssten. Von Marx wird auch übernommen, dass die Natur das Operationsfeld eröffnet, das Material bietet, anhand dessen der Mensch nun durch Arbeit sich selbst verwirklicht; und ebenfalls ist bei ihm sehr deutlich die Tendenz, die Natur ausschließlich anthropozentrisch zu deuten. Man könnte meinen, dies enthalte einen Widerspruch zu seinem ursprünglichen Materialismus. Aber diese Schwierigkeit rührt wahrscheinlich von seinem technokratischen Verständnis de Verhältnisses zur Natur her, das letztlich unter der Beherrschbarkeitsthematik steht, aber auch aus der Verbindung des Operativismus mit der mechanistischen Deutung, wie sie etwa von Bacon und Descartes angeregt worden ist, um schließlich dann zu einem technologisch-utilitaristischen Fortschrittsglauben zu führen, dass der Mensch durch die Technik sich die ganze Erde untertan machen werde. Die Bibel hat ja noch nicht die Technik erwähnt; dieser technizistische Schub in der engeren Interpretation wurde aber sehr deutlich bei Marx. *Marx ist im Grunde ein Technologe* gewesen, man muss fast sagen, ein Technizist und Technokrat, der eigentlich der Technik sogar eine sehr viel bedeutendere Rolle zusprach als dem Wirtschaftsprozess, welcher letztlich gegenüber der Technik sowie der Entwicklung der menschlichen Produktivkräfte und der Arbeit nur abkünftig sei. Dass der Mensch sich selbst in seinem „Stoffwechsel mit der Natur" mit den Gegenständen der Natur auseinandersetzt und sich selbst als solcher erst durch Arbeit durch diesen Naturprozess der Auseinandersetzung mit der Natur zu dem macht, was er ist, – das ist ein Moment, das übrigens später im Zusammenhang mit den Thesen über „Zweite Natur" wieder aufgenommen werden sollte. Für Marx steht der Wille zur aktiven und manipulativen Naturbeherrschung voran. Das Verhältnis von Mensch und Natur kann aber nicht völlig erfasst und verstanden werden, wenn man es *nur* als Verhältnis des Menschen zum Bearbeiten der Natur, lediglich als Arbeitsverhältnis unter dem Aspekt der Produktion, der Industrie usw. deutet. Es bedeutete auch eine Vereinseitigung, eine Einschränkung, wenn Natur im Grunde nichts anderes wäre, als das Material, das Arbeitsmaterial des Menschen zu dessen, sei es „gattungsmäßiger", sei es gesellschaftlicher, Selbstvervollkommnung. Natur *bloß* als Arbeitsmaterial des Menschen – das ist im Grunde ein ebenso technizistischer wie idealistischer Rest bei Marx. Dieser Autor war daher letztlich viel weniger Materialist, als er glaubte. Übrigens spricht er gelegentlich von einer „Versöhnung von Mensch und Natur". Doch da die Natur das bloße Material für die Arbeit, die Selbstwerdung, Selbstgestaltung des Menschen darstellt, ist für ihn „die wahrhafte Auflösung des Widerstreites zwischen dem Menschen und der Natur" nur dann gegeben, wenn der Mensch die Natur völlig unterjocht hat, wenn er nur noch seine eigenen Werke, nur noch sich selbst in ihr wiederfindet, wenn die „Natur zum Menschen" geworden ist (Marx 1968, 515ff.. 536, 544). Duerr (1978, 303) verweist auf den Zynismus und die ironische Paradoxie, die sich daraus ergibt, dass dieses Ausbeutungsverhältnis gegenüber der Natur als „Versöhnung" bezeichnet und von einigen ökologisch sich progressiv verstehenden Marxisten als naturfreundliche Heilslehre „zur Kritik der politischen Ökologie" gedeutet und eingesetzt wurde. Marxens Technoaktivismus ist ein klarer Unterfall des abendländischen Operativismus und der Machbarkeitsideologie, die er allerdings auf die gesamte Gesellschaft ausdehnt. Manche seiner unorthodoxen Nachfolger extrapolierten die Machbarkeitsthese gar auf den Menschen als biologisches Wesen und dessen Triebstruktur (H. Marcuse) oder schließlich (Moscovici, s.u.) auf die ganze Natur selbst und die neue Genetik gar fördert diese biotechnokratische Auffassung. Eine politische Technologie der Natur oder negativ gewendete Technokratie steckte nicht nur implizit in Marcuses Forderung, die Natur vom kapitalistischen Ausbeutungstrieb zu befreien, sondern explizit umgekehrt positiv in Moscovicis Auffassung des Menschen als des Machers der Natur (und auch der Gesellschaft als einer gemachten „Naturordnung").

12.4 Der Mensch als „Macher der Natur" bei Moscovici

Versuche zur Typisierung der Naturverhältnisse – wenn auch nicht so differenzierte wie bei Oldemeyer (1983) finden sich in der französischen Literatur bereits zu Ende der sechziger Jahre: Lenoble (1969) unterscheidet Typen der vorgriechischen „magischen", bei der „atomistischen", der klassisch-griechischen (besonders bei Platon und Aristoteles vorwaltenden) Natureinstellung, bei der Renaissance-Naturliebe, der „mechanistischen" sowie der „mathematischen" Naturauffassung bis hin zur Neuzeit. Moscovici sieht die Abfolge der Naturverhältnisse, die er terminologisch missverständlich als „Naturzustände" bezeichnet, im Übergang von der „organischen Natur" über die „mechanische Natur" zur „kybernetischen Natur" (1982, 91-111) und zur technopolitischen Naturauffassung. Während bei Lenoble kein übergreifendes, durchlaufendes Kriterium der Typisierung festzustellen ist (historisch typisierende Beschreibung herrscht vor), liefert für Moscovici „die Korres-

Korrespondenz zwischen den inventiven oder materiellen Ressourcen und dem Reproduktionssystem", also Erfindung und Reproduktion, die Grundlage für die Konstitution der „Naturzustände" (ebd. 88, 117), sowie für die jeweils geschichtlich vorherrschenden „natürlichen Kategorien", d.h. der Menschengruppen, die das jeweilige Naturverhältnis tragen, wesentlich bestimmen (z.B. Bauern, Handwerker, Ingenieure und Wissenschaftler). „Natur" wird sozusagen als ein „Produktionsmittel" (ebd. 75) unter dem Gesichtspunkt der menschlichen Arbeit, der „Herrschaft" über die Natur (ebd. 57ff., 490ff.) gesehen. Natur und Naturzustände werden sozusagen in das Leben und die Geschichte der Gesellschaft hineingenommen, „sozialisiert": Der Naturbegriff wird geradezu anthropomorphisiert und soziologisiert, Grenzen werden aufgelöst: „Künstliche Technik und Natur erweisen sich beide als Modalitäten dieses universellen Geschehens" bei der historischen Selbstentwicklung der Naturzustände (ebd. 512). Der technische und wissenschaftliche Fortschritt wird als „Naturfortschritt" bezeichnet (ebd. 423f., n. Brunschvicg 1949), Die Natur wird in konsequenter Fortsetzung der Ansätze von Bacon und Descartes wie bei Marx in einen zu beherrschenden Produktionsfaktor umgedeutet. Natur und Technik lassen sich nicht mehr klar abgrenzen. Die Erfindung wird „zu einem distinktiven, eigengewichtigen und methodischen Naturprozess" (Moscovici ebd. 430), ähnlich für die Reproduktion und Produktion: Natur wird technisiert, der Mensch dadurch zum „Herrscher", ja, sogar zum „Schöpfer" der Natur – in dem Maße, in dem er synthetisch neue Naturprodukte herzustellen, Naturgegenstände „selbst zu erzeugen" in der Lage ist (ebd. 382). „Der Mensch führt nicht die Anweisung einer ihm äußerlichen Naturordnung aus, er ist vielmehr Autor dieser Dekrete und das anerkannte Subjekt der Naturordnung" (ebd. 525). Er führt die biologische Evolution durch technologische Evolution weiter; er wird gleichsam zum Schöpfer des jeweiligen neuen „Naturzustandes", des „Naturfortschritts", der historischen Erzeugung der Natur selbst. Er bestimmt (ebd. 60, n. Boulding) durch seine Erkenntnis „in wachsendem Maße den Gang der Natur" selbst. Synthetische Chemie, künstliche Elemente, kybernetische Systemregelung seien für die heute Natur produktive und regulative, gleichsam „demiurgische" Funktionen und für die technologische Naturrealisierung durch den Menschen charakteristisch: Nicht nur die Chemie, wie Berthelot 1886 meinte, sondern die Naturwissenschaft generell „erzeugt ihren Gegenstand" (ebd. 382). (Dies gilt heutzutage ebenso für die durch Big-Science Geräte hergestellten neuen „Transurane" und „schweren Elemente" wie auch für die neuen Elementarteilchen wie z.B. W-Boson, Top-Quark usw.): Der Unterschied zwischen Theorie und experimenteller Synthese verschwindet, der Mensch wird zum geschichtlichen Weiterentwickler der Natur, zum Fortsetzer oder Vollender der Naturgeschichte, zum Schaffer der Natur (gleichsam als Platons „Demiurg" (Timaios 28b2ff.), göttlicher Handwerker, der das Chaos zum Kosmos umschuf). Natur wird tendenziell zum menschlichen synthetischen Produkt. Der Mensch wird gleichsam zum Gott der Natur emporstilisiert, zum Erzeuger bzw. Weiterentwickler der Naturordnung (auch in der Sozialordnung, die „sich als Form der Naturordnung erweist", Moscovici ebd. 528). Die Selbstvergöttlichung, Selbstvergötzung des technologischen Menschen wird hier in Fortsetzung des marxistischen Optimismus zu einem Extrem getrieben, indem die Grenzen zwischen quasi-idealistischem Operationalismus und ontologischem Materialismus gleichsam verfließen. Die Natur wird technisiert, operationalisiert, in Erzeugnisse, Verfahren des Menschen aufgelöst; sie ist theoretisches und technisches Produkt, Wirkfeld des aktiven Menschen – und sonst nahezu nichts: „der Mensch – diese vertikale Anmaßung" (wie der Dramatiker R. de Obaldia in seinem dem Thema „Mensch und Technik" gewidmeten Stück *Monsieur Klebs und Rosalie* schrieb). Die Anthropomorphisierung des Naturbegriffs führt konsequent zur Konzeption einer neuen technologischen Hybris des Menschen, des Herrn und technischen Herrschers der Natur. Hier liegen denaturalistische, antirealistische, ja, semantische und konszientialistische (zum Letzteren Külpe 1912, 48, 205) Fehlschlüsse vor.

12.5 Ein antinaturalistischer Fehlschluss über die Natur

Selbst wenn Einstellung zur Natur, das sogenannte „Naturverhältnis" und Naturbegriffe, wie oben betont, dem historischen Wandel unterliegen, so kann man doch nicht von der historisch geprägten und wandelbaren Gegebenheitsweise, der Erfassbarkeit auf die historische Wandelbarkeit des durch die Formen der Erkenntnis unvollkommen Erfassten, des Bezeichneten, schließen. Es ist ein Fehlschluss von der Form der Erfassung auf das in dieser Form bezeichnete – ein „antinaturalistischer Fehlschluss" aus den unvollkommenen und wandelbaren menschlichen Erkenntnis- und Handlungsstrukturen heraus auf das zugrundeliegende nur indirekt Bezeichnete. Das Bezeichnete (*signifié*) weist nicht notwendig und völlig die (wandelbare) Struktur des Bezeichnenden (*signifiant*) auf, löst sich nicht selbst in sprachlich-begriffliche Elemente auf.

Sprachliche und begriffliche Hypostasierungen waren traditionell in der Deutung des Naturverhältnisses angelegt, zeigen sich im Studium des geschichtlichen Wandels der Naturbegriffe, können aber gerade aufgrund dieses geschichtlichen Studiums als wandelbare, modellmäßige Interpretationskonstrukte (Verf. 1993) eingesehen werden. Trotz aller geschichtlichen Wandlungen des Naturbegriffs löst sich Natur gerade nicht gänzlich in historische Konzeptualisierung und technische Realisierung auf. ‚Natur' ist ein theoretischer Abstraktionsbegriff, den der Mensch im Rahmen bestimmter

stimmter geschichtlich gewachsener, kulturell bedingter (vgl. Oldemeyer 1983) Konzeptionen bildet, doch die Natur selber ist damit nicht zum bloßen Verfügungsmaterial, zum technischen Produkt, zur humanhistorischen Restkategorie zusammengeschmolzen. Wenn der Mensch in der Tat über „Natur an sich", über das Wirkliche nur in Konzeptionen, Theorien, Formen und Ausdrücken sprechen kann, die kulturell geprägt sind, so bedeutet dies nicht, dass die Natur an sich selbst gar nicht mehr existierte oder nur noch eben künstlich-technisches Artefakt sei. Fehlschlüsse dieser Art scheinen dem technologischen Menschen unabhängig von der sozialpolitischen Orientierung (man vergleiche die diesbezüglich unterschiedlichen Auffassungen Gehlens und Moscovicis, s.u.) nahezuliegen. Derartige denaturalisierende oder denaturalistische Fehlschlüsse können sich antirealistisch oder positivistisch gestalten. Sie mögen gar zu einem neuen Idealismus Anlass geben (manche Deutungen der Quantenmechanik im Anschluss an die Kopenhagener Schule scheinen in diese Richtung zu gehen, s. Drieschner 1981, 5, 115, 121, 128f., u.a.). Es bleibt jedoch ein Fehlschluss, von der Form der Gegebenheit, der Erfassbarkeit, von der Interpretation der jeweiligen geschichtlichen Geprägtheit auf die humangeschichtliche Geprägtheit des Bezeichneten selbst zu schließen. Es Ist gleich, ob man diese Fehlschlüsse eher in semantischem Kleide aufspürt oder als technologische oder erkenntnistheoretische Überdehnungsschlüsse oder schließlich als sozialphilosophische Hypostasierungen oder anthropomorphistische oder gar anthropozentrische Projektionen und Illusionen entlarvt. Die Fehlschlüsse werden nicht dadurch wahr, dass sie von Vertretern verschiedener natur- oder sozialphilosophischer Richtungen geteilt werden.

Naturphilosophische Konzeptionen sind Interpretationskonstrukte zur Deutung von kognitiven Erfassungsweisen, die der Mensch zur Erkenntnis oder zur Orientierung angesichts der ihn umgebenden nichtmenschlichen Natur ausbildet. Sie sind natürlich Modellkonstruktionen. Das Modell, das kognitiven oder auch pragmatischen Zwecken (etwa der Selbststabilisierung oder Orientierung in der Welt) dienen kann, ist nicht mit dem vom Modell Gemeinten, dem zweifellos unvollständig, unvollkommenen Modellierten zu verwechseln. Natur scheint nicht unabhängig von kulturelle Modellen erfassbar zu sein; dies bedeutet nicht, dass Natur vollständig zum Kulturprodukt gerät. Die Geschichte der Naturbegriffe, die unterschiedlichen Konzeptionen von Natur in verschiedenen Kulturen können uns darüber belehren. Natur an sich ändert sich nicht mit den historisch und kulturell wandelbaren Erfassungsweisen, den Naturdeutungen, den Naturverhältnissen. Es besteht auch keine Berechtigung, aus der geschichtlichen und kulturellen Geprägtheit der Naturkonzeptionen entweder auf ein humangeschichtliches Geprägtsein der Natur selbst zu schließen oder diese selbst zu leugnen. Beides wäre anthropozentrische Hypertrophierung – ein Unding in einer Zeit, in welcher der technologische Anthropozentrismus allenthalben an Grenzen zu stoßen scheint oder sich in Widersprüche verwickelt bzw. zu schädlichen oder systemgefährdenden Nebenfolgen führt (vgl. Lenk/Maring 2003). Es entbehrt nicht einer ironisch-dramatischen Zuspitzung, dass solche Zwangsläufigkeitslehren unmittelbar auf den technologischen Triumph der Industrialisierung von fast Allem folgten. Das Konzept der totalen Technisierung, der Mythos der uneingeschränkten Machbarkeit (vgl. Verf. 1994) erweist sich trotz oder gerade wegen der ins nahezu Unermessliche, ins Herostratische gewachsenen technologischen Macht des Menschen als Ideologie, als ein Mythos des Abendlandes, des westlichen Experimentalismus und Technizismus.

Freilich wäre es zwecklos, das Kind mit dem Bade auszuschütten, ein totales „Zurück zum ‚Zurück zur Natur'" zu predigen, den technologischen Stillstand als Ideal aufzustellen oder gar die Rückkehr zu magischen, mythischen oder antiwissenschaftlichen Naturauffassungen zu favorisieren. Den alternativ-radikalistischen Schwarz-Weiß-Zeichnungen, extremen Zuspitzungen, Dichotomisierungen sind wir in der Tradition der Philosophie, gerade auch angesichts der Naturkonzepte der Philosophen schon allzu oft erlegen. Plausible Eingängigkeit, von der Einfachheit totaler Entgegensetzungen, der Alles-oder-nichts-Konzepte, der Zweierklassenbildungen, Polaritäten und Gegentypen erwiesen und erweisen sich zu oft als ideologische Strategien der sprichwörtlichen simplificateurs terribles, der großen Vereinfacher. Die Strategie mag jeweils bewusst oder unbewusst sein: Die kognitive Verzerrung, der erkenntnistheoretische Schaden, die semantische Verschmutzung sozusagen, sind in beiden Fällen groß, sie mögen im Falle der unbewussten zufälligen simplizifierenden Begriffsmanipulation gar größer sein.

12.6 Zu Heisenbergs antinaturalistischer Selbstbegegnungsthese

Im Zuge der Bacon-Descartes-Tradition hatte schon 1953 Heisenberg In einem bekannt gewordenen Vortrag über „Das Naturbild der heutigen Physik" (1955, 7–23; 1971, 109–127) gemeint, „die Stellung unserer Zeit zur Natur" finde „kaum wie in früheren Jahrhunderten ihren Ausdruck in einer entwickelten Naturphilosophie, sondern sie wird sicher weitgehend durch die moderne Naturwissenschaft und Technik bestimmt". In der Naturwissenschaft, besonders der modernen Physik, habe sich jedoch eine grundlegende Wandlung des Naturbegriffs ergeben: „So verwandelte sich allmählich die Bedeutung des Wortes ‚Natur' als Forschungsgegenstand der Naturwissenschaft; es wurde zu einem Sammelbegriff für all jene Erfahrungsbereiche, in die der Mensch mit den Mitteln der Naturwissenschaft und Technik eindrin-

gen kann, unabhängig davon, ob sie ihm in der unmittelbaren Erfahrung als
‚Natur' gegeben sind. Auch das Wort Natur-‚Beschreibung' verlor mehr und
mehr seine ursprüngliche Bedeutung als Darstellung [...]" (1971, 112). Die
Entwicklung der Quantentheorie habe dazu geführt, dass „nicht mehr von
den Elementarteilchen an sich [...], sondern von unserer Kenntnis der Elementarteilchen" und nur von ihr noch gesprochen werden kann. „Die Frage,
ob diese Teilchen ‚an sich' in Raum und Zeit existieren, kann in dieser Form
also nicht mehr gestellt werden, da wir stets nur über die Vorgänge sprechen können, die sich abspielen, wenn durch die Wechselwirkung des E-
lementarteilchens mit irgendwelchen anderen physikalischen Systemen, z.B.
den Messapparaten, das Verhalten des Teilchens erschlossen werden soll.
Die Vorstellung von der objektiven Realität der Elementarteilchen hat sich
also in einer merkwürdigen Weise verflüchtigt [...]. Der Atomphysiker hat sich
damit abfinden müssen, dass seine Wissenschaft nur ein Glied ist in der
endlosen Kette der Auseinandersetzung des Menschen mit der Natur, dass
sie aber nicht einfach von der Natur ‚an sich' sprechen kann. Die
Naturwissenschaft setzt den Menschen immer schon voraus, und wir müssen uns, [...] wie Bohr es ausgedrückt hat, dessen bewusst werden, dass wir
nicht nur Zuschauer, sondern stets auch Mitspielende im Schauspiel des
Lebens sind" (ebd. 115). Etwas später stellt Heisenberg sogar fest, „dass
man die Verhältnisse vielleicht nicht allzu grob vereinfacht, wenn man sagt,
*dass zum ersten Mal im Laufe der Geschichte der Mensch auf dieser Erde
nur noch sich selbst gegenüber steht*, dass er keinen anderen Partner oder
Gegner mehr findet" (ebd. 120f.). Dies gelte schon allgemein in der
Auseinandersetzung des Menschen „mit äußeren Gefahren": „In früheren
Epochen sah sich der Mensch der Natur gegenüber; die von Lebewesen
aller Art bewohnte Natur war ein Reich, das nach seinen eigenen Gesetzen
lebte und in das er sich mit seinem Leben irgendwie einzuordnen hatte. In
unserer Zeit aber leben wir in einer vom Menschen so völlig verwandelten
Welt, dass wir überall, ob wir nun mit den Apparaten des täglichen Lebens
umgehen, ob wir eine mit Maschinen zubereitete Nahrung zu uns nehmen
oder die vom Menschen verwandelte Landschaft durchschreiten, *immer
wieder auf die vom Menschen hervorgerufenen Strukturen stoßen, dass wir
gewissermaßen immer nur uns selbst begegnen*". „Am schärfsten" stelle sich
diese Situation in der modernen Naturwissenschaft, eben in der quanten-
mechanischen, nachklassischen Physik dar – insofern, als „die Bausteine
der Materie, die ursprünglich als die letzte objektive Realität gedacht waren,
überhaupt nicht mehr ‚an sich'" betrachtet werden können, „dass sie sich irgendeiner objektiven Festlegung in Raum und Zeit entziehen und *dass wir
im Grunde immer nur unsere Kenntnis dieser Teilchen zum Gegenstand der
Wissenschaft machen können*". „Gegenstand der Forschung" sei „nicht mehr
die Natur an sich, sondern die der menschlichen Fragestellung ausgesetzte

Natur, und insofern begegnet der Mensch auch hier wieder sich selbst". In der modernen Wissenschaft bilden „die mathematischen Formeln [...] nicht mehr die Natur, sondern unsere Kenntnis von der Natur ab, und insofern hat man auf eine seit Jahrhunderten übliche Art der Naturbeschreibung verzichtet, die noch vor wenigen Jahrzehnten als das selbstverständliche Ziel aller exakten Naturwissenschaft gegolten hatte" (ebd. 121f.). Wenn daher, meint Heisenberg, „von einem Naturbild der exakten Naturwissenschaften in unserer Zeit gesprochen werden kann, so handelt es sich also eigentlich nicht mehr um ein Bild der Natur, sondern um ein Bild unserer Beziehungen zur Natur [...]. Im Blickfeld dieser Wissenschaft steht [...] vor allem das Netz der Beziehungen zwischen Mensch und Natur, der Zusammenhänge, durch die wir als körperliche Lebewesen abhängige Teile der Natur sind und sie gleichzeitig als Mensch zum Gegenstand unseres Denkens und Handelns machen. Die Naturwissenschaft steht nicht mehr als Beschauer vor der Natur, sondern erkennt sich selbst als Teil dieses Wechselspiels zwischen Mensch und Natur. Die wissenschaftliche Methode des Aussonderns, Erklärens und Ordnens wird sich der Grenzen bewusst", die ihr dadurch gesetzt sind, *dass der Zugriff der Methode ihren Gegenstand verändert und umgestaltet, dass sich die Methode also nicht mehr vom Gegenstand distanzieren kann.* Das naturwissenschaftliche Weltbild hört damit auf, ein eigentlich naturwissenschaftliches zu sein" (ebd. 125f.).

Man kann Heisenberg hier natürlich ohne weiteres zustimmen, was die methodischen Beschränkungen des physikalischen Erkennens insbesondere in der Quantenmechanik und der ihr zufolge unumgänglichen Wechselwirkungen zwischen dem beobachteten System und dem beobachtenden, von der experimentellen Anordnung und dem damit verbundenen notwendigen Eingriff in das zu beobachtende System, betrifft. Auf die Heisenbergsche Unschärfebeziehung über die Beschränkung der Messbarkeitsgenauigkeit im Bereich der Elementarteilchen ist damit besonders hingewiesen.

Seit der Relativitätstheorie und der Quantenmechanik ist, wie Mittelstaedt (1964, 57) zu Recht betont – besonders deutlich geworden, dass die Physik als eine Wissenschaft aufzufassen ist, „die sich ausdrücklich als eine Theorie versteht, die die Natur beschreibt, wie sie sich zeigt, wenn sie mit realen Maßstäben und Uhren untersucht wird". In der Tat kann sich eine physikalische Theorie nur auf die Natur beziehen, „wie sie sich uns zeigt": Sie kann sich nur auf die experimentell „gestellte", in der experimentellen Anordnung sozusagen provozierte, vorstrukturierte, spezifisch befragte Natur beziehen, insofern sie mit realen Maßstäben und Messanordnungen sowie Messungen untersucht wird, die eben mit Messgeräten vorgenommen werden, welche ihrerseits als physikalische Gegenstände selbst wieder den

Theorien, für die sie andererseits die experimentellen Vorbedingungen darstellen, unterliegen.

In der Tat haben Heisenberg und Mittelstaedt insofern recht, als die Interaktionen und Wechselwirkungen zwischen Messprozess und beobachtetem System nicht mehr vernachlässigt werden können. Die Frage Ist nur, ob dies einen grundsätzlichen Wandel im experimentellen und wissenschaftlichen Zugriff zur Natur bedeutet oder ob nicht nur die üblichen methodischen Deutungen des Mess- bzw. Beobachtungsprozesses sich verändert haben. Wurde nicht auch vor Entwicklung der modernen Physik die Natur so untersucht, „wie sie uns erscheint", wie sie auf das Experiment reagiert? Kant beispielsweise war durchaus der Meinung, wenn er auch nicht dieses „Erscheinen" als messoperationalistische Vorstrukturierung deutete und quantitativ abschätzte, sondern auf Vorstrukturierungen bezog, wie sie durch die Formen der Sinneswahrnehmung gegeben sind. In der Tat hat man auch früher in den Naturwissenschaften nicht „die Natur an sich, sondern die der menschlichen Fragestellung ausgesetzte Natur" untersucht, um Heisenbergs Ausdrücke zu verwenden, selbst wenn frühere Naturwissenschaftler dies nicht so gesehen haben, insbesondere wenn sie nicht von Kants Erkenntnistheorie und Philosophie der Erfahrungswissenschaft Kenntnis genommen hatten. Der Wechsel ist also keineswegs ein Wechsel in der Natur an sich oder auch im experimentellen Verfahren gegenüber der Natur, sondern ausschließlich in der methodologischen Deutung des Erkenntniszugangs der experimentellen Naturwissenschaften zu verorten. Die neue Situation und der Wechsel stellen sich keineswegs so drastisch neu dar, wie Heisenberg es vermeinte: Auch früher konnte man eigentlich „immer nur unsere Kenntnis der Natur" in der Wissenschaft darstellen, selbst wenn man glaubte, die Natur unabhängig von den Strukturen der menschlichen „Fragestellung", „Erkenntnisformen" usw. an sich erkennen zu können. Nicht die Natur, der Zugang zu ihr bzw. das „Naturbild" sind neu, sondern nur die metatheoretische und methodologische Deutung, die wir uns vom experimentellen Prozess, von der Rolle der Wissenschaft und von der Deutung der Natur selbst machen. Nicht die Methode der neuen Physik hat sich geändert oder gar der methodische Zugriff auf den Gegenstand, sondern ausschließlich die Deutung der Methode wandelte sich, wurde differenzierter.

Bekanntlich zieht Heisenberg aber noch die zitierte weitere Schlussfolgerung: In der modernen Naturwissenschaft begegne der Mensch nunmehr nur noch sich selbst, er stehe allgemeiner auf dieser Erde gar „nur noch sich selbst gegenüber", finde „keine anderen Partner oder Gegner mehr". Dies Ist zweifellos ein Überdehnungsfehlschluss, der – wenn angenommen – zu einem totalen positivistischen Idealismus oder wenigstens Anthropozentrismus führen müsste.

Selbst wenn der Mensch heute immer wieder auf von ihm geschaffene Strukturen trifft, so stößt er doch nicht nur auf solche von ihm hervorgerufene Strukturen, begegnet er nicht nur immer bloß sich selbst, wir begegnen nicht einmal „gewissermaßen immer nur uns selbst". Selbst wenn die Erkenntnis der Welt und der Natur nur durch unseren experimentellen Zugriff, durch konstruktive Schematisierung und begriffliche Vorstrukturierung geleistet werden kann, selbst wenn Erkenntnis immer von vorgängig von uns bereitgestellten Formen, Vorstrukturierungen, Konventionen, operationalen Bedingungen abhängig ist, rechtfertigt dies keineswegs den letztlich positivistischen Fehlschluss von der Form der Erfassbarkeit bzw. der Gegebenheitsweise auf die totale Abhängigkeit des Bezeichneten bzw. gar auf dessen Nichtexistenz. Dies wäre in der Tat ein antinaturalistischer, ein denaturalistischer Fehlschluss, der anthropomorphistisch aus der menschlichen Bedingtheit der Erkenntnisformen auf die menschliche Bedingtheit des Realen, Existierenden an sich schließen würde. Selbst wenn Naturelemente sich nur in den Formen unserer Erkenntnisweisen zeigen, sich für uns nur in den experimentellen (oder anderen) Beziehungen zu uns dokumentieren, selbst wenn sie nur in dieser experimentellen Wechselwirkungssituation identifiziert werden können, so bedeutet dies nicht, dass keine menschenunabhängige Grundlage, kein „natürliches", von Menschen unabhängiges Fundament vorhanden wäre. Erfassungsweise, Art der Darstellung, Form der Reaktion, in der sich etwa nicht direkt erkennbare Natur dokumentiert, sind zweifellos menschenbedingt, deswegen aber ist der Mensch nicht Schöpfer oder Konstrukteur der Natur an sich, d.h. der von ihm unabhängigen Natur. Er kann diese als von ihm unabhängig annehmen, unterstellen, selbst wenn er sie als solche nicht, sondern nur in der Form der von ihm geschaffenen experimentellen Methoden indirekt erkennen kann.

Indem der Mensch Erkenntnisfragen stellt, sich Instrumente konstruiert, mit denen er die Natur zu einer Antwort provoziert, sozusagen „stellt" (Heidegger), ist auch die Antwort nur im Rahmen dieser „menschlichen Fragestellung", unter den Formen des Darstellungs- und Experimentierinstrumentariums möglich. Der Mensch begegnet (unter Erkenntnisgesichtspunkten) der Natur in der Tat nur in seinen eigenen theoretischen Konstruktionen und deren Strukturen, er kann Natur nur in diesen Formen erfassen. Dies aber bedeutet keineswegs, dass der Mensch „nur noch sich selber" begegnete. Erkenntnis ist nicht nur Selbstbegegnung, gleichsam „erkenntnistheoretische Selbstbefriedigung". Der Mensch ist nicht der totale Macher der Natur, selbst wenn er zum guten Teil die Formen, die theoretischen Konstruktionen bildet, in denen und nur in denen er Natur indirekt erkennen kann. Die Überdehnung des positivistischen Ansatzes in der Wissenschaftstheorie zu einem erkenntnistheoretischen oder gar ontologischen Idealismus (sei dieser subjektivindividualistisch oder kollektiv-anthropomorphistisch) ist allemal ein Fehlschluss. Heisenberg schränkte ja auch die oben zitierten Aussagen an manchen Stellen durch ein „Gewissermaßen" selber ein. Sein Vortrag war überpointiert, führte zu Fehlinterpretationen oder könnte zu Missverständnissen und falschen Folgerungen Anlass geben. Wenn wir Natur nur in unseren menschengemachten theoretischen Konstruktionen und unter der letztlich kontrollierenden Mitwirkung unserer biologisch vorgegebenen Erkenntnisausstattung erkennen können, so besagt das nicht, dass wir in der Natur nur uns selbst begegnen, nur menschlichen Formungen konfrontiert sind, selbst wenn wir Reaktionen auch nur wieder in unseren menschlichen Formen erfassen können. Natur an sich scheint in der Tat die Rolle einer regulativen Kantischen Idee zu spielen. Die Rolle des Naturbegriffs ist dem Begriff des „Dinges an sich" bei Kant vergleichbar.

Doch schon bei Kant führte der transzendentale Idealismus nicht zu einem objektiven oder absoluten Idealismus. Ein kritischer Realismus – wenigstens ein hypothetischer Realismus – ist mit der menschlichen „Formung" der Erkenntnis durchaus vereinbar, ist zudem Grundüberzeugung der meisten Naturwissenschaftler auch heute noch.

12.7 Moscovicis „Macher"-ideologische Folgerungen aus Heisenbergs These

Wie sehr Heisenbergs Formulierungen Anlass zu Fehlschlüssen der genannten Art tatsächlich gegeben haben, lässt sich auch am Beispiel von Moscovicis schon erwähntem Buch feststellen, der Heisenberg mit den oben zitierten Bemerkungen als einen Kronzeugen dafür anführt, dass die menschliche Gattung „Urheber oder Kraftzentrum des Universums ist": „Die Materie" sei nicht länger das Substrat, die vorgängige Grundlage, die zur Aufrechterhaltung der Eigenschaften unserer Gattung diene, sondern sie sei „vielmehr explizit [...] Ergebnis ihrer Tätigkeit" (Moscovici 1982, 427; vgl. a. ebd. 433, 46). Der Mensch wird sozusagen zum technologischen Erzeuger der Natur hochstilisiert, eine anthropozentrisch absolut überhöhte Hybris, die mittels der oben schon erwähnten Fehlschlüsse aus der humanen Bedingtheit der Erkenntnisformen eine Humanschöpfung „der" Natur überhaupt herleitet (wobei Moscovicis unklarer Naturbegriff sowie die Gleichsetzung von Naturzustand und menschlichem Verhältnis zur Natur auch eine entscheidende Rolle spielen). Die Natur wird für Moscovici – so eine Kapitelüberschrift und die Zentralthese seiner Theorie – zu „einer menschlichen Kunst". Die „menschliche Kunst drängt nicht in die Natur zurück: Vielmehr wird ein Zustand dieser Natur durch das Erscheinen eines anderen Zustands umgestürzt. Das bedeutet jedoch nicht die Umwandlung der natürlichen in eine technische Welt, sondern die Evolution der natürlichen Welt als solcher" (ebd. 42). „In ein und derselben Handlung erzeugt der Mensch seine Kunst und seine Natur" (ebd. 43), seine technologische „zweite Natur" wird „dem übrigen Universum ganz wie eine Gegennatur auferlegt" (ebd. 39). Die „Schaffung einer neuen Natur, der Natur des Werkes, wie *Paul Klee* bemerkt", macht den „Naturzustand durch die Kunstfertigkeit, die ihn begründet, hindurch präsent". Moscovici meint sogar: „Gewiss bringt der Mensch durch seinen Eifer die Technik hervor, denn er verleiht der Welt einen anderen Existenzmodus; aber er bringt auch die Natur hervor, denn er erwirbt eine Existenz gegenüber den materiellen Faktoren, und diese fügen sich ihm hinzu, wie er sich ihnen hinzufügt" (ebd. 44). „Der Mensch schafft nicht nur seine nichtorganische Natur, er kann sie auch nicht anders begreifen, weder auf praktischer Ebene noch unter dem Blickwinkel der Erkennbarkeit. *Die Natur, das ist der Mensch mit der Materie*, und die kann auch gar nichts anderes sein" (ebd. 45): „[...] *die* Natur gibt es für uns nicht" (ebd. 88), sondern Naturen existieren nur in geschichtlich und kulturell bedingten Formen, denn sie sind nur als solche erfassbar, erkennbar, (re)produzierbar. Der geschichtliche Stand der Naturerfassung bzw. Naturdeutung und der Deutung des menschlichen Verhältnisses zur Natur wird einfach mit der Natur identifiziert, die Naturgeschichte mit einer anthropogen ausgestalteten Naturgeschichte, der Geschichte der menschlichen Deutungen der Natur, einfach gleichgesetzt. Der Fehlschluss liegt auf der Hand – er führt entweder zur Reduktion der Wissenschafts-, Technik- und Kulturentwicklung auf einen Naturprozess, zu einer Art von Selbstevolution der Materie – oder zu einer demiurgischen Schöpferkraft und -funktion des Menschen, der seinerseits die Natur und deren „Naturfortschritt" (ebd. 423) erst erschafft. Die Anthropomorphisierung, Soziologisierung und Technisierung des Naturbegriffs, ja, der Natur selbst bei Moscovici sind kaum zu überbieten, führen „zu einer Auflösung der festumrissenen Grenzen: Künstliche Technik und Natur erweisen sich beide als Modalitäten" des „universellen Geschehens", des „Selbstschöpfungsprozess(es) einer Naturkategorie" (ebd. 521), des durch den Menschen forcierten und überhöhten Entwicklungsprozesses der Materie im Universum. Der Mensch setzt sich an die Spitze der Naturgeschichte, macht sich als Teil der Natur zu deren Herrn, gibt ihr eine neue Richtung, schafft sie um, ja, schafft sie und ihren Fortschritt selbst. Technologische Hybris, die „vertikale Anmaßung" (*de Obaldia*) kann kaum weiter auf die Spitze getrieben werden.

In der Tat deuten wir den Prozess der Entwicklung des Universums und auch der Teile in ihm, bzw. der Erde, geschichtlich: Auch die Natur hat ihre Geschichte, hat in unserer Interpretation den Charakter eines zeitlichen Entwicklungsprozesses, weist nach dem „Urknall" und mit bzw. seit der ersten Lebensentstehung molekulare, kosmische und biologische Evolution auf

(wobei die Evolutionsbegriffe durchaus differieren und nur analog übergreifend verwendet werden können). All dies bedeutet aber nicht, dass, wie
Moscovici meint, der Mensch der Materie „erst eine Geschichte" gäbe (ebd.
108), außer in dem trivialen Sinne, dass er diese erst schreibt. Die Ebene
der Deutung wird hier wieder einmal in die Ebene des Geschehens projiziert.
Die semantische Konfundierung ist perfekt. Allerdings gibt es zwei interessante Bereiche, in denen der Mensch „in die ‚Geschichte' der Materie"
eingreift, quasi demiurgische Funktionen ausübt (ohne dass Alles, alle Natur
sein demiurgisches Erzeugnis würde), nämlich den ganzen Bereich der synthetischen Erzeugung von in der Natur nicht vorhandenen Stoffen, seien diese chemisch erzeugte Kunststoffe oder künstliche Elemente, großtechnisch
erst erzeugte Elementarteilchen – und die neue molekularbiologische Gen-
technik.

Moscovici sieht mit Recht in der synthetischen Methode, die in der Chemie des vorletzten Jahrhunderts begann, eine wissenschaftliche und technologische Revolution, die zu einer weitgehenden Veränderung, einer zuvor
unglaublichen Erweiterung der menschlichen Macht über Naturprozesse und
somit auch zu einer Umgestaltung des menschlichen Verhältnisses zur Natur führen würde. Er zitiert Berthelot, der 1896 schon klar sah, dass die synthetische Chemie ihren Gegenstand erst erzeugt: „Die Chemie erzeugt ihren
Gegenstand", man dürfe „heute erwarten [...], dass wir die allgemeinen
Typen aller möglichen Stoffe erdenken und realisieren können". Wir dürfen
erwarten, dass wir alle Stoffe, die sich seit Anbeginn der Zeiten entwickelt
haben, neu bilden können, und zwar unter denselben Bedingungen, nach
denselben Gesetzen und mit denselben Kräften, die in der Natur bei deren
Bildung zusammenkommen (Berthelot 1886, Moscovici 1982, 382). Für Moscovici wird damit die „Diskrepanz zwischen Künstlichem und Natürlichem,
zwischen dem, was Ergebnis des menschlichen Eingriffs, und dem, was es
nicht ist" (ebd. 382) umgangen; „die Kluft zwischen künstlichen und natürlichen Dingen" „verschwindet"; „die Produkte der menschlichen Kunst verbinden sich gewissermaßen mit der Natur bis hin zur Verschmelzung" (ebd.
379).

Naturstoffe, Naturelemente – wenigstens einige oder gar viele – werden
menschliche Artefakte; der Mensch wird zum Erzeuger, „Schöpfer" oder wenigstens Demiurg (Ordner, „Strukturierer") dieser künstlichen Stoffe und Elemente. Wird er aber damit auch zum Demiurg aller Naturstoffe oder gar aller
Natur, der ganzen Natur? Bestimmt er, ordnet, steuert, lenkt nur er die Natur? Ist er nun die Speerspitze des „Naturfortschritts", der Naturentwicklung?

Sosehr der synthetischen Chemie, der Kernphysik angesichts der Synthese künstlicher Stoffe und zumal der neuen genetischen Biotechnologie
revolutionäre Bedeutung zukommt, sosehr diese technologische Fähigkeit

und Machtausweitung des Menschen dessen „Naturverhältnis in der Tat wandeln kann (Züchtungen und Kreuzungen von Mischarten gab es freilich früher schon), so wenig gestattet dieses prototypische technologische Verhalten den Schluss, der Mensch erzeuge oder reproduziere nun alle Naturstoffe, die Natur insgesamt, er sei nun der Beherrscher oder Führer aller materiellen Entwicklung, schwinge sich zum demiurgischen „Nachschöpfer" oder „Weiterschöpfer" der Natur auf. Die Natur wird nicht dadurch zur menschlichen Produktion oder Reproduktion, dass der Mensch einige künstliche Stoffe oder Elemente und Genreduplikationen sowie -veränderungen erzeugt und Verfahren solcher Synthesen beherrscht. Mit all seiner technischen Macht ritzt er nur ein wenig an der Oberfläche der kosmischen Natur, kann sich dadurch aber nicht zum Herrscher des Kosmos aufwerfen. Allerdings ist die negative Macht größer, das luziferische Potenzial sozusagen: Waffen, radioaktive und industrielle Verschmutzungen können ökologische Teilsysteme gar fast in kontinentalem Ausmaß zerstören oder für viele Arten – auch gerade für den Menschen selbst – unbewohnbar machen. Negativ gewann der Mensch eine ungeheure Macht über die Natur. Auch die Zerstörungsmacht wird sein Verhältnis zur Natur beeinflussen. Aber auch wenn er gar sich selbst als Gattung vernichten kann, so begegnet er mit der Entwicklung seiner Wissenschaft und Technik doch nicht „nur sich selbst"; er zerstörte ja auch viele andere Arten und Teilsysteme „der Natur".

12.8 Zur technischen Macht des Menschen über die Natur

Ist der Mensch auch weder Schöpfer noch Demiurg der Natur noch im strikten Sinne „maître et possesseur de la nature" (Descartes), so kann er als winziges Staubkörnchen im Milliarden Lichtjahre weit erstreckten Kosmos sich kaum noch als „Krone der Schöpfung" fühlen. Hat er auch im Laufe der Geschichte abendländischer Wissenschaft mehrere „Kränkungen" hinnehmen müssen, die seine anthropozentrische Stellung und Überzeugung einschränkten (Verlust des Mittelpunktes der Welt, der Stellung als Ziel der Schöpfung, Verlust der absoluten Sonderstellung gegenüber den Tieren und des rein durch Vernunft bestimmten Wesens), so hat er doch in der Ordnung der Natur eine besondere, ausgezeichnete Position inne – insofern, als er „die Natur" erkennen, d.h., erfolgreich Erklärungen und Voraussagen mittels seiner Theorien vornehmen und unter Nutzung seines Wissens erfolgreich technisch manipulieren, für seine Zwecke „ausbeuten" kann. Die relative Macht – und sei es die negativ potenziell destruktive technologische Macht über Naturteilsysteme – ist ebenfalls Wurzel einer besonderen exponierten Stellung. Macht, Können und Wissen erzeugen Verantwortung – eine besondere Verantwortung des Wissenden und Mächtigen (Verf. 1997, 1998).

Indem der Mensch nun heute in der Lage ist, genetisch Erbanlagen systematisch zu verändern, neue Arten gentechnisch zu erzeugen (eine Kröte mit dem Erbgut aus sechs Eltern, Großmäuse mit Rattenerbanlagen, „Krebsmäuse" wurden bereits gentechnisch erzeugt, Mäuse und Kühe erfolgreich geklont), wird er nun also doch noch biotechnisch zum Herrn über Leben und Arten, zum Beherrscher der Natur? Ist er doch quasi „allmächtig", der Demiurg der Natur? Technische und zumal gentechnische Erfolge sollten nicht Anlass zu einer neuen Selbstüberschätzung, einer biotechnologischen Hybris des Menschen sein in einer Zeit, in der Grenzen, schädliche Nebenwirkungen und Beeinträchtigungen natürlicher Systemzusammenhänge durch den Eingriff des Menschen immer deutlicher werden. Nach wie vor bleibt auch der Mensch, jeder Mensch natürlichen Gesetzen unterworfen, ist Teil, Glied, trotz aller technischen Macht als Art und zumal als Einzelwesen, ein recht ohnmächtiges Partikelchen im Gesamtkosmos. Exponiert ist er allenfalls in Bezug auf sein Wissen – und eben moralisch: in Bezug auf seine Verantwortung (Jonas 1979, 185, 232, 351f. u.a., Verf. 1979, 73, 1997, 1998, Lenk/Maring 2003).

Relative Macht – und gerade auch Zerstörungsmacht – erzeugt besondere Verantwortung für jene Wesen und Systeme, die von den technischen Eingriffen beziehungsweise dem Nichteingreifen wenigstens potenziell abhängig sind. Und insofern wächst dem Homo faber technologicus eine besondere Verantwortung zu, der er sich bisher noch kaum bewusst ist und gewachsen zeigt. Natur und Natursysteme werden insoweit zum Gegenstand menschlicher Verantwortung. Es gehört zur besonderen menschlichen Würde, repräsentativ für andere nichtmenschliche Verantwortung übernehmen zu müssen und zu können. Doch dies ist ein anderes Thema (vgl. Verf. 1982a, 223ff., s.a. Verf. 1983, 1983a).

Die Physiker und die Naturwissenschaftler reden nicht von einem allgemeinen Naturbegriff. Man kann sagen, sie würden sich wahrscheinlich weigern, überhaupt etwas über „die Natur" auszusagen – jedenfalls wissenschaftlich. Man kann auch in einem anderen Sinne sagen, dass es nicht den einen einzigen allgemeinen, allumfassenden Naturbegriff gibt, jedenfalls nicht in der abendländischen Diskussion, bei bewusster Einschränkung des Blickes unter dem Gesichtspunkt der entwickelten Operationalisierungsthese. Ein eventueller wirklich allgemeiner Naturbegriff müsste auch andere Alternativen berücksichtigen und dürfte sich nicht auf eine Variante allein stützen. Im übrigen macht der operationalistische Zugriff tatsächlich die Natur in gewissem Sinne und zum Teil der menschlichen Perspektive und innerhalb dieser dem aktivistischen Moment, der technischen Verwertung oder Verhütung – zugänglich, ist insofern den Handlungsmöglichkeiten nach quasi anthropomorphistisch orientiert, von kulturellen Zielen und Werten indirekt geprägt. Auch darum könnte man denken, dass die gesamte kulturelle

Tradition einen anderen Zugriff hätte wählen können. Allein schon deshalb kann man nicht von einem allgemeinen universalen kulturunabhängigen Naturbegriff schlechthin und in Bezug auf Zugriff und Eingriff in die Natur sprechen.

Es scheint aber die gesamte Entwicklungsdynamik der angewandten Naturwissenschaft zu einer Vereinseitigung geführt zu haben, deren starke, geradezu extreme Ausprägung angesichts wachsender Systemprobleme in der technisierten Welt und der Umwelt nun zur Folge hat, dass man allmählich ein Bewusstsein für die Einseitigkeit des technisch-operativistischen Zugriffs entwickelt, dass man merkt, „dass hier umgeschaltet werden muss". Dies führt in gewissem Sinne in die Technokratiedebatte hinein, und zwar in ihre ökologische Variante.

Jedenfalls ist die ursprüngliche Bibeltradition des „Macht euch die Erde untertan" zwar einseitig ausgewählt, doch hat sie Weichen gestellt. Sie geriet auch in einen folgenreichen Zusammenhang mit gewissen Vorstellungen, die spezifisch christlich sind, etwa mit der Idee vom individualistisch-aktivistischem Zugriff zur Welt, mit der Konzeption von einer Entwicklung und Zielrichtung in der Geschichte (eschatologisches Moment), mit deren Monotheismus, der eine Entmagisierung zur notwendigen Folge hatte (Gehlen). (Der Monotheismus war, meint Gehlen, eine Art notwendiger Vorstufe zur Säkularisierung.) Auch die Übertragung von der Regnum-dei-Idee (Gottesherrschaft) auf die Regnum-hominis-Vorstellung (von der rein menschlichen Naturbeherrschung) bezüglich dessen, was der Mensch machen kann, mit der Natur machen kann, ist hier anzuführen. Die Säkularisierung, die experimentelle Naturwissenschaft, der technische Zugriff – alle diese Entwicklungen führen in ihrer Gemeinsamkeit dazu, dass der Kosmos, die Welt, (zu) einseitig verstanden wird als Macht- und Machfeld, als Material, als Wirkbereich des Menschen – und als eben sonst nichts. Es ist und bleibt natürlich eine sehr einseitige Sicht, das Weltall ausschließlich als Maschine zu analysieren, selbst wenn ursprünglich diese Maschine zum höheren Ruhme Gottes diente. Gott aber wurde dann immer mehr an den Rand gedrängt, herausgedrängt, verdrängt. Im Deismus spielte er noch eine anstoßende Rolle (ähnlich wie der „erste Beweger" bei Aristoteles), später spielte er eine anstößige Rolle, und schließlich spielte nur noch die Mechanisierung der Welt eine Rolle. Die Mechanisierung des Weltbildes – in dem gleichnamigen klassischen Standardwerk von Dijksterhuis (1956) beschrieben – und die technologische Operationalisierung – im Sinne von Bacon und Descartes – führten dann zu einem im philosophischen Sinne technokratischen Naturverhältnis. Die Natur gilt als den technischen und technokratischen Möglichkeiten des Menschen und dem Signum der Machbarkeit unterworfen. Die Perspektive wird einseitig, Welt und Leben werden „eindimensional" im Sinne H. Marcuses, fungibel, für beliebige Ziele einsetzbar, ausnutzbar. Die Normativität technologischer Möglichkeiten, wie ich das früher einmal genannt habe (Verf. 1973), triumphiert, das heißt die Vorstellung, dass man alles machen solle, was man machen kann. Das ist sozusagen nun der (einzige) höhere Ruhm des Menschen. Der führt dann zu der eingangs erwähnten, in der Tat kaum glaublichen Äußerung E. Tellers, dass der Mensch alles das, was er machen kann, auch machen soll. Bei einer Äußerung des sog. „Vaters der Wasserstoffbombe" kann man sich denken, worauf das ideologische Rechtfertigungsargument hinausläuft. Er hat auch gesagt, dass man alles das, was man machen kann, auch anwenden solle.

Es gibt also so etwas wie einen technizistisch-operationalistischen Machbarkeitswahn in der abendländischen Entwicklung des Naturbegriffs und der mit ihm verbundenen Auffassungen, ein geradezu tendenziöses Syndrom, das aufgrund der Einseitigkeit Auswahl aus durchaus verschiedenen Möglichkeiten – eben unter Vernachlässigung mancher Alternativen – entstanden ist, das aber gerade jetzt in einer Phase der Hochtechnisierung an gewisse Schwellen gerät, über die hinaus man nicht gehen kann, ohne entscheidende Schädigungen in Kauf nehmen zu müssen. Das gilt besonders für die Probleme in Ballungsgebieten und Industrielandschaften, in denen als ein positiv-kumulativer Systemverstärkungseffekt unerwünschte Nebenfolgen der industriellen Umgestaltung und Technisierung der Welt unübersehbar geworden sind. Wie stark die relativ einseitig auf Machbarkeit und Beherrschung der Umwelt ausgerichtete Komponente innerhalb des Sammelbegriffs „Natur" in der abendländischen Geschichte vorherrschend geworden ist, wie stark die Operationalisierung der Naturkonzeption Pate gestanden hat bei der Entwicklung der technisch-industriellen Zivilisation und ihrer Auswirkungen, besonders auch für das forcierte Vorantreiben und die ideologische Rechtfertigung der umfassenden Technisierung, ist deutlich geworden. Doch auch die Selbsteinordnung und das Selbstverständnis des Menschen wurden von diesem Operationalisierungs- und Technisierungsprozess erfasst.

Dies wurde schon an der Diskussion von Moscovicis Naturtheorie klar, die den Menschen als „Macher der Natur" versteht. Gehlens Anthropologie von der „Zweiten Natur" spiegelt ähnlich – wenn auch in ganz anderer politischer Verortung – die Operationalisierungs- und Technisierungstendenz der Natur wider.

12.9 Ist die Natur ein Kulturprodukt?

Zur These von der „Zweiten Natur" bei Gehlen

A. Gehlens anthropologische Grundkonzeption vom Menschen als dem handelnden Wesen, das in der Kultur darauf angewiesen ist, die Natur zu bewältigen, zu erfahren, umzuschaffen, weil er in keiner natürlichen Anpassung zu seiner Umwelt in diese eingebettet ist, weil er nach Instinktanlage und Funktionsdifferenzierung „unspezialisiert" ist – für diesen Menschen ist nach Gehlen „die Kultur [...] die ‚zweite Natur'" geworden, d.h.: „Die menschliche, die selbsttätig bearbeitete, innerhalb deren er allein leben kann". (Der Ausdruck ‚zweite Natur' tritt schon bei *Poseidonios* (ca. 135–51 v. Chr.) auf (vgl. Reinhardt 1953, Pöhlmann 1970) und in der jüngeren Zeit von Plessner (1928). Von Letzterem übernahm Gehlen den Begriff. Die „zweite Natur" ist künstlich konstruiert. „An genau der Stelle, wo beim Tier die ‚Umwelt' steht, steht daher beim Menschen die Kulturwelt, d.h. der Ausschnitt der von ihm bewältigten und zu Leben umgeschaffenen Natur." Der Weltoffenheit, der Mittellosigkeit, Unspezialisiertheit, langen Abhängigkeit und Plastizität des Menschen hinsichtlich seiner Naturanlage entspricht nach Gehlen die vom Menschen „selbst geschaffene ‚zweite Natur'", die eine flexible Anpassung an verschiedene Lebensmilieus ermöglicht, jedoch den Menschen auch abhängig macht, da er „in ihr" statt „in der ‚Natur' existiert" (1962, 38). „Der Mensch lebt wesentlich in einer ‚zweiten Natur', einer von ihm selbst umgeschaffenen und ins lebensdienliche seiner Bedürfnisse umgewendeten Welt", ja, „in einer ‚gezüchteten' Natur": „In der unmittelbaren, ersten Natur, gibt es weder Nutztiere noch Sprengstoffe" (ebd. 303). Entwicklungen werden aus ihr herausgezüchtet, zu denen die „sich selbst überlassen(e) und urwüchsig gebliebene)" Natur nicht führen würde. Die Zweite Natur ist künstlich geschaffen, gemacht. Kultur ist als solche konventionell, kontingent. Eine erste Verbindung zur Operationalisierungsthese ist damit aufgewiesen.

Die Zweite Natur ist auch kulturrelativ. Es „bekommen alle menschlichen Erscheinungen erst den ihnen eigentümlichen Gehalt, den der zweiten Natur". Gleichsam die gesamte Welt des Menschen wird der Zweiten Natur untergeordnet. „Die Welt, in der der Mensch lebt, ist eine zweite Natur, die er sich schafft – aber in dieser Leistung wird er notwendig sein eigenes Thema" (ebd. 348), er steht gleichsam immer nur der selbstgemachten Welt, sich selber, bzw. seinen realisierten konstituierten, interpretierten Exteriorisierungen, Selbstauslegungen gegenüber. Man sieht den gleichen Topos wie oben bei Heisenberg involviert. Für Gehlen ist die „Grundsituation des Menschen als eines nach Nietzsche ‚nicht festgestellten' Wesens" – Nietzsche sagt: „Tier" – dadurch gekennzeichnet, dass es in der Wahrnehmung, Sprache und Handlung „immer nur reflektierte Vorgänge gibt, indem jedes Verhalten nach außen nur durch ein Verhalten zu sich selbst geht, und umgekehrt, dass auch die Wahrnehmung, die Selbstwahrnehmung, das „Antriebsleben" „davon keine Ausnahme" machen – gleichsam „reflexiv über sich selbst" sind: „Auch hier gibt es keine erste, nur eine zweite Natur" (ebd. 348).

Auch für die Selbstdeutung des Menschen und die Auffassung seiner eigenen „Natur" gilt also eine ähnliche Abhängigkeit von der Zweiten Natur. Begreife man „den Menschen und damit sein Antriebsleben durch die Handlung [...], so bekommen alle menschlichen Erscheinungen erst den ihnen eigentümlichen Gehalt, den der zweiten Natur. Die Welt, in der der Mensch lebt, ist eine zweite Natur, die er sich schaffte. Der Mensch muss sich gleichsam immer in äußeren Spiegelbildern – seien diese magisch oder seien sie selbstproduzierte Werkstücke – spiegeln und finden.[46] Er kann sich nur durch Veräußerlichung selbst bestätigen und muss das dann auf sich selbst zurückspiegeln. Daher dieses Reflektieren, daher die Notwendigkeit, dass der Mensch sich auch selbst immer zum Thema werden muss und sich selbst immer das interessanteste Thema ist. Wenn Gehlen aber behauptet, es gebe beim Menschen nur (noch) eine Zweite Natur, weil „keine Aussage des Menschen über sich selbst mögliche sei, „die unabhängig wäre von einer bestimmten kulturellen Ausprägung", so verwechselt er allerdings semantische Ebenen – nämlich die des Ausdrucks und die der Referenz.

Das Verhalten des Menschen und dessen Lenkung wird sicherlich von gewissen Ideen dessen, was „natürlich" ist oder als „natürlich" gilt, geprägt. Normativ Unbefragtes, das „Selbstverständliche" einer Kultur, wird unter einem „neuen Begriff Natürlichkeit" als das dem Menschen ‚Natürliche‘ verstanden. Gehlen meint, selbst das, was uns in einer Kultur als „Natur" gilt, ist als Norm gesetzt, ist das, was für uns selbstverständlich geworden ist. (Gehlen kann „Natur" überhaupt nur noch in Anführungsstrichen schreiben): „Die Auffassung und Interpretation dessen, was als ‚Natur‘ gilt, und was selbstverständlich so gilt, ist bezogen auf die großen Kulturverhältnisse, mindestens auf die absoluten Kulturschwellen" (1956, 116). Damit meint Gehlen in erster Linie die Sesshaftwerdung und viel später dann die indus-

---

46 Im Übrigen Ist bekannt, dass Gehlen auch die Technik ähnlich deutet als Ausdruck einer für den Menschen notwendigen Exteriorisierung: Der Mensch sei auf Konstruktion und Auslegung in ein Nicht-Ich und also auf magisches, stellvertretend erlebtes oder auf technisches Gestalten der Wirklichkeit angewiesen, um sich selber entlastend überhaupt reflektieren und bestätigen zu können (Gehlen 1957, 160, 18f.). Auch „die ‚natürliche‘ Selbstauffassung des Menschen besteht immer darin, dass er sich mit etwas anderem identifiziert, sie verläuft immer indirekt, über das hin, was außer ihm liegt, das Natürliche oder Göttliche, das interpretiert jede Kultur zusammen mit sich selbst" – und wohl jede Kultur für sich anders – eben in ihrer spezifisch anderen Weise (1956, 118f.).

trielle Revolution. „Da der Mensch ‚von Natur ein Kulturwesen' ist und seine eigene Auffassung von Natürlichkeit und Unnatürlichkeit selbst kulturell relativ ist, was man als tausendfach belegtes Faktum einfach hinnehmen muss, so ist auch kaum etwas anderes zu erwarten" (ebd.). Die Zweite Natur bestimmt nach Gehlen nun also – und das ist im gegenwärtigen Zusammenhang zentral – auch die Deutung und Konstitution der Ersten Natur. Sie prägt darüber hinaus insbesondere auch das Verständnis und die begriffliche Erfassung der Ersten Natur. Selbst das, was als „Natur" gilt, ist kulturbedingt, ist kulturrelativ, ist das, was die jeweilige Kultur als das Selbstverständliche, Unbefragte, Unhinterfragte ansetzt. Die Natur – im schlicht vorwissenschaftlichen oder im umfassenden Sinne (?) – wird „das Operationsfeld einer rationalen Praxis", des experimentellen Zugriffs. Sie wird „im ganzen Umfang der erkannten Breite, ein sachliches, technisches Arbeitsgebiet, das sich längst in die ‚Wirtschaften' der Agrikultur, des Bergbaus, der chemischen oder Elektroindustrie, der Medizin usw. ausgefaltet hat" (1956, 111). Gehlen meint sogar, „Naturwissenschaft und Technik" seien „im Grunde der Sache zwei Seiten desselben Prozesses, wie schon Descartes klar erkannte, der von seiner analytischen Erkenntnismethode erwartete, dass sie uns zum ‚Herren und Besitzer' der Natur machen werde (ebd.), weil „die Anwendbarkeit einer exakten Naturerkenntnis [...] unmittelbar" in der Natur selbst liege. Er spricht von der „entzauberten", „potentiell völlig beherrschbaren Welt" und verweist auf den Zusammenhang der Operationalisierung der Natur mit der technischen Beherrschbarkeit, der Machbarkeit. Er ruft in Erinnerung, dass die magischen, polytheistischen Praktiken zunächst durch den Monotheismus entmagisiert, „magisch neutralisiert" (ebd. 110) werden und zugleich in einen umfassenden Systemzusammenhang gebracht werden mussten, damit die operative und technische Naturauffassung überhaupt entwickelt und durchgesetzt werden konnte. Eine ähnliche Rolle als notwendige Vorbedingung spielte auch die moralische Neutralisierung der Außenwelt seit der Aufklärung sowie die Auffassung der Natur als eines „Seienden", das „sich selbst genügt", aber eben als ein bloß Daseiendes, Feststellbares selbst auch bearbeitet werden kann (ebd. 113). Natur wird gleichsam zum enthistorisierten Rohprozess, zum heraus(zu)fordernden Handlungsgegenstand. Doch möchte Gehlen zugleich auf erkenntnistheoretischer Ebene die Historisierung der Natur in Gestalt der kulturbedingten, historisch wandelbaren Naturauffassungen wieder einführen, um den Wandel des Naturverhältnisses verstehen zu können und um letztlich jede „Erste Natur", wenigstens jegliche Form ihrer Erfassung unabhängig von Einflüssen der „Zweiten Natur" aufzuheben. Dies kann durchaus in Hegels dreideutigem Sinn von ‚aufheben' (Speichern, Höherstufen, Beenden) verstanden werden. Im „Sinne des kulturell Bedingten" gilt uns die

Faktenaußenwelt als natürlich" (1956, 117); sie ist daher nicht unabhängig von kulturellen Instrumenten, Voraussetzungen, Zugriffsmöglichkeiten, Darstellungsformen (Begriffen, Theorien usw.) zu erfassen.

Der Naturbegriff, „die Natur", ja, Natur selbst wird für Gehlen kulturell. jede Auffassung der Natur sei letztlich „tendenziös", von der Zweiten Natur determiniert. „Da der Mensch wesentlich Kulturwesen ist, seine eigene Natur bis tief ins Innere hinein eine „nature artificielle", ja, da er sogar die objektive Natur selbst theoretisch und praktisch in dem Grade vereinseitigt, in dem er sie überhaupt erreicht, so dass jedes „Naturbild" nur ein tendenziöser Ausschnitt ist, deshalb Ist ein Moment des Künstlichen, ja, Fiktiven schlechterdings apriorisch" (ebd. 238). jedes Naturbild ist selektiv, kulturell, konventionell. Es fällt auf, dass sich Gehlens Diskussion trotz des zitierten Verweises auf Descartes' grundsätzlich operationalistische, herrschaftsorientierte Deutung der Natur als eines technischen Operationsfeldes des Menschen nahezu ausschließlich auf die Rezeption beschränkt, auf eine Analyse der Naturauffassungen. Die Naturauffassungen entstehen, kommen geschichtlich sozusagen „über uns", werden allenfalls von der Kultur, nicht von Individuen gültig „gemacht". Gehlen erwägt nicht als Möglichkeit, kulturelle Varianten der Naturauffassung bewusst zu erzeugen. Es könnte aber alternative „Zweite Naturen" geben, die konstruiert und gewählt werden. Könnte nicht die Zweite Natur Flexibilität zeigen und die Kulturbedingtheit und der konventionelle Charakter dazu führen, dass es so etwas gibt wie Zweite „Subnaturen"? Der Mensch hätte dann zu entscheiden in einem Pluralismus zwischen einer Vielfalt von Zweiten Naturen. Die Alternativen würden dabei gerade das Relative deutlich machen. In gewisser Hinsicht haben wir solch ein Stadium heute erreicht. Man kann manche Natureinstellungen wählen: Das Liebespaar mag den mondbeschienenen See mythisch oder ästhetisch deuten – und dennoch wieder bewusst auf eine andere Sicht, z.B. als Trinkwasserreservoir, umschalten. Wir können unter verschiedenen jeweils situations-, hintergrunds- oder gar zweckbestimmten Perspektiven wählen. Der Einstellungspluralismus zerstört die Selbstverständlichkeit, die Unfraglichkeit, hebt Künstlichkeit, Wahl und Relativität hervor.

Die Natur an sich, die „Erste Natur", wird von Gehlen kaum behandelt. Sie ist und bleibt allenfalls ein Hintergrundfaktor. Das was man unabhängig von oder vor jeder kulturellen Prägung die anorganische und die biologische Natur nennen könnte, bildet einen Hintergrund der Faktizität und der Legitimation. Es bleibt für Gehlen also eine Hintergründigkeit, ein Hintergrund, der nur durch eine Residualkategorie umschreibbar ist, von dem man sich kein treffendes Bild machen kann, den man aber als Mensch unerlässlich voraussetzt, über den man eben nur in Sprachformen, die notwendigerweise von der Zweiten Natur geprägt sind, etwas aussagen kann. Die nicht schon durch das Raster des menschlichen Erkenntnisvermögens erfasste

Erste Natur spielt offensichtlich für Gehlen doch eine Hintergrundfunktion und -rolle; sie wird aber nicht besonders thematisiert. Die Zweite Natur ist zwar nicht der Ersten aufgepfropft, aber sie kann sich nur und erst entwickeln aus den Möglichkeiten, welche die Erste Natur gleichsam zur Verfügbarkeit stellt. Gehlen hat recht, wenn er sagt, das wir selbst die Erste Natur, wenn wir sie erkennen, wenn wir überhaupt darüber etwas sagen wollen, nur mit Kategorien, mit kulturgeprägten Erkenntnisbegriffen, in und durch Formen der Zweiten Natur erfassen können. Wir können nur im Medium der Zweiten die Erste Natur erkennen – also immer nur indirekt, in von der Zweiten Natur bestimmten Modellen. Die Erste Natur spielt für Gehlen eine Rolle wie bei Kant „das Ding an sich" (genauer: das „Ding, an sich betrachtet"). Sie ist unerlässlich, um dem Erkennen überhaupt eine (durchaus in doppeltem Sinne, praktisch wie erkenntnistheoretisch) realistische Bedeutung und Wirksamkeit zu garantieren. Doch die Erste Natur, an sich gedacht, kann grundsätzlich nicht erkannt werden. Sie kann nur indirekt erfasst, gedeutet werden – vermittelt durch Begriffe, Theorien, durch und in kulturgeprägten, historisch (z.T. auch evolutionsgeschichtlich) gewachsenen – oder bewusst entworfenen Formen. Unterstellt Gehlen einen residualen Naturgehalt, sozusagen einen „Erstnaturgehalt", der dargestellt wird in Kategorien, in Begriffsinstrumenten, Zugriffsmöglichkeiten, die immer auch von der Zweiten Natur geprägt sein müssen? Dann könnte man sich durchaus in verschiedenen Kulturen, verschiedenen „Zweitnaturen" – wenn man so will – unter Umständen auf „dasselbe" beziehen, vielleicht „denselben" oder einen entsprechenden „Erstnaturgehalt" erreichen, Vergleichbarkeit vorausgesetzt. (Doch entstünde hier wie bei Grundparadigmen in der Wissenschaft ein Inkommensurabilitätsproblem.) Wie dem auch sei, ich glaube nicht, dass alles, was in der Ersten Natur „vorhanden" ist, vollständig funktionalisiert und vollständig aufgelöst, weggezaubert werden kann, dass es nur noch in der Zweiten Natur existiert, selbst wenn es nur in sprach- und kulturrelativen Repräsentationen erkannt werden kann. Nun ist Gehlen aber der Ansicht, es sei für „unsere Kultur [...] typisch, [...] dass wir die ‚Faktenaußenwelt' kennen" (1956, 116). ‚Die Faktenaußenwelt kennen' – was soll das nun noch heißen? Man müsste eigentlich sagen, dass wir eine Faktenaußenwelt als solche – eben als Selbstverständlichkeit setzen, voraussetzen. „Ein großer Teil von ihr ist ‚Rohstoff', der in unsere Kultur eingeht". Damit zielt Gehlen auf die Naturstoffe ab, die wir benutzen, in Kulturgegenstände wandeln, einbeziehen, angefangen vom Erdöl, von der Kohle usw. „bis zu dem Chemismus, mit dem wir der ‚Natur' nachhelfen": „Dieser Bereich geht mit verschieblicher Grenze in den ungegriffenen über: die Sterne, die Gräser, die Insekten sind schlicht vorhanden, doch sie sind Gegenstand eines verselbständigten Kulturgebietes, der Naturwissenschaften. Der Unterschied zwischen beiden Sphären ist ein bloß praktischer, theoretisch dagegen und schon in der Wahrnehmung fallen sie zusammen, es ist das eben die Natur als Faktenaußenwelt mit ihren Eigenschaften und Gesetzen eigener Ebene" (ebd.). Es gibt für Gehlen also eine „unergriffene", vorausgesetzte „Fakten-außenwelt" als Residualbereich, als Hintergrund-„Natur", quasi als „Ding an sich". Dieses kann freilich nur in kulturgeprägten Formen erkannt, erfasst, beeinflusst werden.

Nur im „Sinne des kulturell Bedingten gilt uns die Faktenaußenwelt als natürlich, wir können aus dieser Form der Wahrnehmung gar nicht mehr heraustreten. Das Natürliche ist generell das Selbstverständliche, und dieses ist das selbstverständlich gewordene, dessen Gewordensein aber unserem Bewusstsein abgedeckt ist"; d.h. dessen Gewordensein als solches wir wie eine Selbstverständlichkeit sehen und eben dann gar nicht mehr eigens sehen, weil wir es sozusagen projektiv naturalisiert haben. Gehlen meint, auf diese Weise ergebe sich ein neuer – geschichtlicher – Begriff von „Natürlichkeit". Eine von der Zweiten Natur aus bestimmte, bedingte, geprägte Erste Natur werde möglich. „Natur" wird zur Funktion der Kultur. Gehlen scheint den Naturbegriff, das zweifellos kulturgeprägte Verhältnis des Menschen zur Natur mit der unterstellten Rest- und Hintergrundnatur selbst verwechselt zu haben. Ist aber die Erfassungsweise stets kulturgeprägt, so bedeutet dies nicht notwendig, dass das in ihr Dargestellte, das vom Naturbegriff Bezeichnete auch kulturrelativ sei oder gar nicht existiere. Dies wäre ein semantischer Fehlschluss von einer metasprachlichen Eigenschaft der Begriffsbedeutung auf eine Objekteigenschaft des Bezeichneten oder auf dessen Nichtexistenz. Wenn Gehlen allgemein sagt, es gebe gar keine Erste Natur an sich, wenn er aber letztlich doch so etwas wie eine Hintergrund-Erstnatur voraussetzt, so verwickelt er sich in einen impliziten Widerspruch. Aber man kann sicher nicht völlig von der Existenz jeder Ersten Natur abstrahieren, und man kann nicht behaupten wie Gehlen, es gebe eine Erste Natur überhaupt nicht (mehr), oder es gebe überhaupt nicht so etwas wie ein „Ding an sich", nicht die Realität – wenn man nicht in idealistische Bahnen zurückgleiten will. Selbst wenn wir nicht in der Lage sind, unabhängig von den kulturrelativen Sichtweisen, die Erste Natur oder auch nur irgendetwas von ihr zu erkennen, müssen wir sie doch irgendwie als Leitidee unterstellen – eben wie Kant sein „Ding an sich" – genauer: wie sein Begriff des Dinges oder Objektes an sich betrachtet[47]. Wie weit diese Unterstellung auch nur eine erkenntnistheoretische Ideologie, die realistische Hypostasierung ist, die unserer technischen Welt zugrunde liegt, das soll hier dahingestellt bleiben.

---

47 Dieses kann durchaus *dasselbe Objekt* (vgl. KrV B69) sein wie der Gegenstand der Erscheinung – eben nur von anderer (logisch von der Erfahrung unabhängiger) Strukturperspektiven aus betrachtet (Vgl. Verf. i. Dr.)

Man könnte sagen, dass sich Gehlen in der Tat trotz seiner These von der allumfassenden Bedeutsamkeit und Prägekraft der Zweiten Natur noch auf eine Restkategorie der Natur im Sinne einer unterlegten, vielleicht vorwissenschaftlich benutzten Konzeption von der Ersten Natur stützt. Gerade sein Begriff der „Zweiten Natur" weist implizit doch immer zurück auf eine noch unbearbeitete, also schon vorausgesetzte Erste Natur – und wie ist der Begriff „Natur" zu deuten, wenn Gehlen sagt, der Mensch sei „von Natur [!] ein Kulturwesen" (1956, 116). – Oder ist hier eine weitere Äquivalenz oder gar Äquivokation von „Natur" impliziert? Kann man sagen, dass auch diese Hintergrundkategerie bloß eine Art anthropomorphistische Sichtweise unter dem Diktat der „Zweiten Natur" ist? Oder unterstellt Gehlen doch unversehens wieder einen verabsolutierenden Standpunkt, wenn er etwa meint, dass wir die „Faktenaußenwelt kennen" (1956, 116), dass wir uns ihr „durch die Naturwissenschaft [...] wenigstens approximativ nähern" (ebd.)? Offenbar gibt es für ihn doch eben eine Faktenwelt, unabhängig von der Zweiten Natur, selbst wenn wir alles, was wir über die Faktenwelt aussagen können, nur mit Begriffen, die von der Zweiten Natur geprägt sind, sozusagen „zweitnatural" sind, beschreiben oder auch nur meinen (denotieren) können. Oder eröffnet sich hier die Dynamik eines Regresses: die Konzeption der Ersten Natur als eine Hintergrundkategorie, die selbst nur wieder in Begriffen der Zweiten Natur erfasst, definiert werden kann?

Fraglos ist es notwendig, letzte pragmatische Anknüpfungspunkte der Weltauffassung, der Einbettung in die Handlungs- und Lebenswelt anzunehmen, von denen aus jedes Selbstverständnis, jedes Naturverständnis ausgehen muss. Aber ist diese letztlich praktisch, undiskutiert vorauszusetzende lebenswirkliche Grundlage selbst wieder eine „Erste Natur" zu nennen? Nach Gehlen offensichtlich nicht; denn ihm zufolge gehört ja z.B. die falsche Unterstellung, die Erde ruhe, phänomenologisch zu dieser Basis – und diese Auffassung kann nicht einer unveränderlichen, ungedeuteten Natur entstammen. Stützt sich diese lebensweltliche Grundlage, selbst wenn sie nur in Form kultureller Deutungen, also in Begriffen der Zweiten Natur gefasst werden können, nicht wieder auf gewisse „erstnaturale" grundlegende Faktizitäten? Gerät Gehlen nicht in einen unendlichen methodischen Regress oder in einen ständigen Zirkel, in dem sich alle Fundierungsversuche zwischen Konzeptionen der Bedingtheit durch Erste und Zweite Natur derhen? Geht Gehlen nicht zu naiv, zu wenig sprachphilosophisch-analytisch mit dem Begriff oder dem Ausdruck „Natur" samt dessen vielfältigen Konnotationen um? In der Tat scheint Gehlen trotz aller gedanklichen Differenziertheit und Vielfalt methodisch-philosophisch gesehen auf naiver Stufe zu verharren. Er kennt keinen Unterschied zwischen Objektsprache und Metasprache, macht ebenfalls keinen zwischen theoretischer Sprache, All-

Sprache, Alltagsbegriffen und Beobachtungsbegriffen, keinen zwischen Theorie und Metatheorie. Ideologische, ideologiekritisch zu verwerfende Begriffe und Faktenfeststellungen werden ebenfalls nicht genügend differenziert, nicht voneinander abgehoben. Die unterschiedlichsten Bedeutungen der Ausdrücke ‚Natur', ‚natürlich' usw. werden kaum fundiert – weder auf objektsprachlicher noch auf metasprachlicher Stufe noch vorwissenschaftlich-phänomenologisch noch auch theoretisch (in der Verwendung seines Modells). Gehlen müsste eigentlich differenzierter typisieren, etwa Natürlichkeitsbegriffe auf verschiedenen semantischen Stufen und in verschiedenen Bedeutungsvarianten unterscheiden. Zweifellos könnte und müsste man hier weiter differenzieren und würde vielleicht aus dem Zirkel herauskommen, in den Gehlen faktisch immer wieder verfällt, wenn er sich unreflektiert anscheinend auf einer einzigen Theorie- und Sprachebene bewegt und die wissenschaftliche Sprachverwendung, die natürliche und eine stilisierte Alltagssprache nicht auseinanderhält. Andererseits geraten solche überfeinen Einteilungen oft auch ein wenig steril, wie man bei den metatheoretischen und semantischen Differenzierungen mancher Begriffe in der analytischen Philosophie feststellen kann. Gehlen geht es ja in erster Linie um eine Beschreibung des inhaltlichen Problems. Dies hat er deutlich und in neuer Sicht, wenn auch nicht in exakter Klarheit gesehen. Die analytische Feinstrukturierung könnte und müsste anderweitig folgen.

Allgemein kann man kritisch bemerken, dass der Ausdruck ‚Zweite Natur' mehrdeutig oder missverständlich ist. Er übertreibt die Analogisierung zur Ersten Natur[48]. Gehlen schränkt sich ferner nahezu ausschließlich auf die Rezeption, die Wahrnehmungs- und Auffassungsverarbeitung des Menschen, auf die Weltdeutung allein ein. Er lässt hier also gerade die ihm sonst naheliegende aktivistische Weltkonstruktion und -rekonstruktion hier fast gänzlich außer Acht.

Man mag weiterhin kritisieren, dass er z.T. Legitimationsvorgänge durch Verweis auf bloße Faktizität – sozusagen auf die „Normativität des Faktischen" – zu kurzschlüssig zu erledigen sucht, dass er die Residualkategorie dessen, was unabhängig vom Menschen existent ist, kaum behandelt, anscheinend bloß als Hintergrundfaktum voraussetzt.

Doch all dies mindert nicht die Bedeutsamkeit der Gehlenschen Einsicht. Die eigentliche Entdeckung Gehlens scheint zu sein, dass jede Deutung der Ersten Natur selbst kulturbedingt, kulturrelativ ist. Dies betont, beispielhaft

---

48 Wäre der Kulturbegriff nicht selbst mehrdeutig, so könnte man statt von „Zweiter Natur" besser einfach von „Kultur" sprechen und würde vielleicht einige rhetorische Fallen vermeiden. Die These von der Kulturrelativität der Naturauffassungen würde dann angesichts der Existenz verschiedener Kulturen und Sprachwelten zu einer Trivialität.

an verschiedenen Begriffen und Deutungsansätzen der sogenannten natürlichen Außenwelt und der Weltorientierung des Menschen im pragmatischen Zusammenhang herausgestellt zu haben, das ist sicherlich die wesentliche Leistung seiner auf Handlungen ausgelegten philosophischen Anthropologie.

12.10 Gemacht ist nur die Erfassungsform, nicht der ganze Gegenstand: Überwindung der totaloperationalistischen Einseitigkeiten

Das Totalbild des mechanisierten und operationalisierten Naturbegriffs wie auch die Auflösung der Ersten Natur in Kategorien der Zweiten Natur oder die umgekehrte Reduktion sind selektiv einseitig: Sie verwechseln menschliche Verfahren des Umgangs mit der Natur, des Naturerfassens, mit der „Restnatur", mit dem durch unsere begriffliche Erkenntnis nur indirekt zu bezeichnenden, aber nicht unmittelbar an sich erkennbaren „Realen", das sich nicht so zeigt, nicht so zeigen kann, „wie es ist". Der Mensch als erkennendes Wesen muss eben notwendig – das ist der unaufgebbare erkenntnistheoretische Gehalt des Kantischen transzendentalen Aktivismus der Erkenntnis – Erkenntnisinstrumente und Erfassungsweisen benutzen, um überhaupt erkennen zu können. Diese aber pressen das zu Erkennende notwendig in das Prokrustesbett der größtenteils kulturgeprägten Erkenntnisformen. Zu den Erkenntnisinstrumenten gehören auch die Erkenntnisorgane selber samt deren physiologischer Realisierung sowie deren struktureller Außengerichtetheit ebenso wie Verarbeitungsfähigkeiten (etwa Verstand, Bewusstseinsinhalte samt deren Form und Speicherung, operatives Zentrum usw.) und auch sprachlich-begriffliche Formen. Natürlich sind die letzteren kulturell entstanden, konventionalisiert; sie stehen unter dem grundsätzlichen Prägestempel der Zweiten Natur – auch dann, wenn sie nur zum Teil bewusst verändert werden können. Es mag wahrscheinlich sein, dass diese Kulturbedingtheit für die Bewusstseinsinhalte und auch für fast alle Formen ihrer Erfassung gilt, nicht nur für die äußere sprachlich-begriffliche Darstellung (vgl. Verf. 2000, 2003).

Soweit Naturerkenntnis systematisch vorgeht, auf Wiederholbares, Identifizierbares, Typisierbares und Quantifizierbares sowie Strukturalisierbares ausgeht, soweit kann sie nicht auf den schematisch-konstruktiven Zugriff verzichten (Verf. 1993, 1995, 1995a). Die experimentelle Naturwissenschaft führt notwendig zu einer so verstandenen Opernationalisierung des Zugriffs zur Natur (Verf. 2000, 2003). Sie entwirft Schemata für Reaktionsweisen, manipuliert Experlmentalbedingurigen, isoliert Größen, um „die Natur" zu einer kontrolliert-kanalisierten Reaktion zu provozieren.

Der aktivistische erkenntnistheoretische Ansatz Kants, der systematische Naturerkenntnis auf die Erfassung durch vorgegebene Erkenntnisinstrumente zurückführt, – dieser so verstandene transzendentale Idealismus der Erkenntnistheorie kann auch heute noch aufrechterhalten werden, wenn auch nur in sehr reduzierter Weise insofern, als keine für jedes endliche Vernunftwesen ein und für alle mal von Natur aus fix gegebene Erkenntnisapparatur und auch keine für jedes menschliche Wesen auf immer unabänderliche Gesamtausstattung mit Erkenntnisinstrumenten (insbesondere was die begrifflichen Kategorien angeht) behauptet werden kann. Zum großen Teil haben sicherlich stammesgeschichtliche evolutionäre Selektionsprozesse zur Ausstattung des erkennenden Wesens mit Erkenntnisinstrumenten, nämlich mit Erkenntnisorganen einschließlich der hypertrophierten Großhirnrinde, geführt und können insofern – trotz mancher phantastischer Projektionen einiger Biotechnologie-Ideologen nicht zielstrebig bewusst vom Menschen selbst variiert werden, obwohl eine naturhistorische Langzeitevolution auch hierfür angenommen werden muss. Was jedoch die begrifflichen Grundkategorien und die sprachlichen Ausdrücke angeht, so sind diese im höchsten Grade konventionalisiert, Produkte einer historischen Kulturentwicklung, die auch zu anderen Erfassungsformen hätte führen können. Hier ist der Einfluss der sogenannten Zweiten Natur unübersehbar. Theorien sind kulturelle Entwicklungs- und Zuchtprodukte. Man kann nicht alle Wirklichkeit in Theorien einfangen, sondern nur die durch Fragestellungen und Begriffs- wie Hypothesenbildungen vorgeformte, eingeschränkte, manipulativ gerasterte Wirklichkeit. Insoweit hat der operationalistische Ansatz recht. Doch Wirklichkeit – und sei diese auch nur als idealtypischer Leitbegriff etwa im Sinne des üblicherweise missinterpretierten Kantischen „Ding an sich" (Verf. i. Dr.) verstanden – lässt sich weder selbst total in Operationen des Menschen auflösen noch als eine bloße fiktionale Ausstülpung seiner Zweiten Natur, seiner kulturellen Weltkonstitution, auffassen, ohne dass eine nicht-operationalisierte, nicht konstituierte, nicht-interpretierte Erste Natur zugrunde läge. Andererseits ist die Natur auch nicht nur Auswicklung und Determinationsprodukt der Ersten Natur, der Naturordnung, der „Naturzustände" im Sinne Moscovicis.

Selbst wenn wir Erkenntnis von der Welt nur in der Form des Bewusstseins und des Wahrnehmens, des experimentell-operativen Zugriffs, der konstruktiven Schematisierung und der sprachlich-konventionellen Begriffsbildungen leisten können (Verf. 2004). Das heißt, selbst wenn Erkenntnis eine Handlung des Menschen unter spezifisch menschlichen Handlungsformen und -bedingungen ist, wäre es verfehlt, die immer nur indirekt, in diesen Formen zu erfassende Wirklichkeit vollständig in solche Bewusstseinsgebilde oder in Deutungsprodukte des kulturellen Konventionalismus bzw. Kulturhistorismus und -relativismus oder in Konstruktformen des Operationalismus aufzulösen oder gar Zuflucht zur totalen Macherideologie („Der Mensch als Macher, Schöpfer der Natur") zu suchen. Die Totalsetzung des experimentalistischen Operationismus (Operationalismus) und Gehlens Totalsetzung der Zweiten Natur anlässlich jeder Erfassung der Ersten Natur begehen (wie schon der von Külpe 1912 kritisierte „Konszientialismus") denselben letztlich „positivistischen Fehlschluss", nämlich von der Gegebenheitsweise auf die Abhängigkeit des durch das Gegebene Bezeichneten zu schließen. Man schließt fälschlich von der Form der Zugänglichkeit auf Existenz und Eigenschaft des indirekt Bezeichneten; man überdehnt den Schluss von der Form der Erfassung auf das mittels dieser Form Bezeichnete – ein geradezu „antinaturalistischer Fehlschluss", ein anthropomorphistisch bedingter, antirealistischer Fehlschluss aus den menschlichen Erkenntnis- und Handlungsstrukturen heraus. Dieser Fehlschluss stützt sich auf einen impliziten semantischen Fehlschluss: Das Bezeichnete trägt nicht notwendig die Struktur, weist nicht notwendig die Eigenschaften des bezeichnenden Ausdrucks auf, lässt sich nicht vollständig durch sprachliche Instrumente erfassen, löst sich nicht in sprachlich-begriffliche Elemente auf. Freilich Ist die Hypostasierung der Sprachforrn schon in der Tradition und in der metaphorischen Deutung des „Buchs der Natur" angedeutet. Wenn man meinte (wie Galilei), das Buch der Natur sei in mathematischer Sprache geschrieben, so wird die mathematische Struktur als wirklich existent unterstellt, ein begriffsrealistischer platonistischer Standpunkt unkritisch reproduziert.

Die operationalistische Tradition war und ist es, die in der Deutung der experimentellen Naturwissenschaft seit Descartes und Bacon den Naturbegriff auf das technisch Mögliche, das dem Menschen Realisierbare und instrumentell Produzierbare bzw. Provozierbare ausdehnt, nämlich alles Reale, Natürliche, Erkennbare nicht nur hinsichtlich der erfassten Strukturen bzw. Erfassungsformen selber (dafür ist die These ja trivial gültig), sondern auch hinsichtlich der Existenz, der Referenz, des gemeinten Inhalts total in kulturelle oder „soziale Konstruktion der Wirklichkeit" (vgl. Berger/Luckmann 1969) aufzulösen versucht. Als Schöpfer der Sprache und der Erkenntnis ist der Mensch aber nicht der „Schöpfer der Natur", sondern nur Autor seiner Darstellung von ihr. Wenn der Mensch die Frage stellt und sich die Instrumente schafft, konstruiert, mit der bzw. mit denen er die Natur „stellt", zu einer Antwort herausfordert, so ist es kein Wunder, dass die Antwort nur im Rahmen dieses menschengemachten Darstellungsinstrumentariums erfolgen kann. Der Mensch begegnet der Natur also nur in seinen theoretischen Konstruktionen, und es sind auch die theoretischen Konstruktionen, die in Falsifikations- oder Bestätigungsversuchen verglichen werden. Dies alles bedeutet aber nicht, dass der Mensch „nur noch sich selber" begegnete,

dass Erkenntnis nur noch Selbstbegegnung, erkenntnistheoretische Selbstbefriedigung darstelle. Man sieht, dass überdehnter Positivismus, erkenntnistheoretischer und gar subjektiver Idealismus sowie konstitutionalistischer
Soziologismus gar nicht so weit voneinander und von einem ebenso einseitigen konstitutionellen „Konszientialismus" (à la Külpe) entfernt sind. Eine
ähnliche fehlerhafte einseitige Struktur würden auch überdehnte Varianten
der Phänomenologie (eines konstitutionellen Phänomenologismus) wie auch
einer transzendental-hermeneutisch-pragmatistischen Lebensweltphiloso-
phie und schließlich einer verabsolutierten Sprachspieltheorie (eines konstitutionellen Lingualismus) aufweisen. Entsprechendes gilt für die jüngsten
Versuche, die Biotechnologie oder Hirnforschung zu technizistischen Super-
disziplinen hoch zu stilisieren. Trotz aller Wichtigkeit von deren Forschungen
und Ergebnissen gibt es keinen Anlass, einen umfassenden Biotechnologis-
mus oder gar eine Biotechnokratie zu propagieren. Alle diese verabsolutierten erkenntnistheoretischen „Ismen" begehen einen ähnlichen, teils erkenntnistheoretischen, teils semantischen Fehlschluss. Die Erste Natur, die „Wirklichkeit" (wenigstens im engeren Sinne der erstnaturalen Grundrealität),
muss als existent angenommen werden. Sie muss die Eigenschaft haben,
dass eine erfolgreiche Anwendung konstruktiver schematisierter Erfassungsformen zusammen mit inhaltlich gedeuteten Theorien auf ihre Erscheinungs-
vielfalt möglich ist (vgl. Verf. 1995a, 1998, 2000, 2003).

Systematische Erfassung setzt Strukturierbarkeit voraus bzw. (Re-)Kon-
struierbarkeit. Diese wiederum implizieren Abtrennbarkeit, Vielheit, Wieder-
holbarkeit, Ähnlichkeit, Aufreihbarkeit schon etwa für das Zählen und für
räumliche Konstruktordnungsbildungen sowie deren Anwendungen. Erkennen, (Re-)Konstruieren, Handeln weisen ein gemeinsames abstrakteres
Fundament auf, das schlechthin für das Handeln, auch für das „virtuelle
Handeln", das Denken im Sinne G.H. Meads, charakteristisch ist. Wenn man
Wirklichkeit nur im Handeln, in der Reaktion auf eine manipulierte Aktion, im
„Stellen" systematisch-experimentell erfasst und erkannt haben kann, so
sind Handlungserfordernisse und deren Strukturen auf Bedingungen der
Wirklichkeitserkenntnis angewiesen und umgekehrt. Zumindest schließt der
letztere Bezug den ersteren immer auch zum Teil ein. Wir erkennen eben
keine anderen Bedingungen des systematisierenden Erkennens und des
systematisierenden Handelns als solche, in denen Untergliederungen, Zuordnungen, Reihungen, Identifikationen und andere Strukturerfassungen
möglich sind. Es ist wohl eine in der Stammesevolution eingespielte Entsprechung von der Erfahrung und Verarbeitung sowie von den Entwick-
lungsbedingungen des systematischen Denkens und den entsprechenden
Bedingungen erfolgreicher Strukturerfassung der Wirklichkeit in der „Erschei-
nungswelt", die für den erfolgreichen operationalistischen Erkenntniszugriff
sprechen. Man kann aber weder eine kurzschlüssige direkte Abbildtheorie

zwischen operationalem Konstrukt einerseits und der Wirklichkeit andererseits vertreten, noch kann man den methodologisch berechtigten Konstruktivismus der Erfassungsformen zu einem empirismus- oder realismusfeindlichen absoluten Konstitutionalismus überdehnen. Konstrukt und Bewährung bei der Konfrontation von Theorie und Erfahrung, Struktur und Instrument, kulturelle Geprägtheit und Test, Sprache und Aktionsform, Theorie und Erfahrung selbst – erst alle diese Elemente zusammen können einen erfolgreichen modellmäßigen Zugriff zur Natur, insbesondere zur Realität im Sinne der Ersten Natur gewährleisten, ohne irgendwie an sich schon ein absolut gültiges Bild der Natur zu geben, aber auch ohne diese und ihre Existenz total in die begriffs- und zugriffsabhängige Erfassungsweise des Menschen auflösen zu können. Die Formen der Erfassung bis hin zu den Formen der sprachlichen Referenz und Denotation sind menschengemacht, konventionell, kulturell und auf selektive Ziele ausgerichtet – etwa auf Voraussagemöglichkeit, Manipulierbarkeit, technische Anwendung usw. Das Gemeinte, der denotierte Gehalt, der Erfahrungs- und Realitätsgehalt muss sich darum nicht ausschließlich und vollständig im Gewirr der konventionellen und kulturellen Prägefaktoren auflösen.

Der Mensch ist weder „der Macher der Natur" – sei es im Sinne von Moscovici oder von Gehlen, noch löst die Realität sich total in menschliche Begriffsbildung oder Selbstbegegnung (à la Heisenberg) auf (s.a. Verf. 2000, 2003). Idealismus und Macherideologie gründen in sehr ähnlichen Selbstüberschätzungen des erkennenden bzw. des handelnden Subjekts. Beide stützen sich auf antinaturalistische Fehlschlüsse, die ihrerseits z.T. auf semantischen Verwechslungen beruhen.

Operationale Zugriffe auf „die Natur" sind notwendig für Erkenntnis und menschliche Existenz. Ein überzogener Technizismus von der totalen Machbarkeit der Natur – auch der Natur des Menschen selbst – lässt sich daraus in keiner Weise folgern. Die Natur ist kein Kulturprodukt, selbst wenn jeder Begriff von ihr, jedes Verhältnis zu ihr auch (aber nicht total!) kulturgeprägt, kulturrelativ ist. Natur lebt nicht von der Kultur allein. Und wir sind insgesamt weder nur Kulturwesen noch bloß Naturtiere, sondern beides. Auf die Interpretationen und deren Integration sowie auf die human(itäts)gerechte Perspektive (vgl. Verf. 1998a) kommt es an. In dubio pro homine atque humanitate.

13. Literatur

Althoff, J.: Responsibility Management – eine unverzichtbare Unternehmerpflicht. In Hellmund, S. (Hrsg.): World Congress Safety of Modern Technical Systems. Saarbrücken 2001, 697–712.

Banse, G. – Friedrich, K. (Hrsg.): Konstruieren zwischen Kunst und Wissenschaft. Idee – Entwurf – Gestaltung. 1996, Berlin 2000

Berger, P.L. – Luckmann, Th.: Die gesellschaftliche Konstruktion der Wirklichkeit. Frankfurt a. M. 1969

Berthelot, M.: Sciences et philosophie. Paris 1886

Birnbacher, D. (Hrsg.): Ökologie und Ethik. Stuttgart 1980.

Birnbacher, D.: Sind wir für die Natur verantwortlich? In: Birnbacher 1980, 103–139.

Birnbacher, D.: Verantwortung für zukünftige Generationen. Stuttgart 1988.

Bormann, K. – Dieter, M. – Englert, H. – Küppers, J.-G. – Hoffmann-Müller, R.: Umweltökonomische Waldgesamtrechnungen. In Statist. Bundesamt (Hrsg.): Umwelt. Erhebung bestimmter Stoffe. Ergebnisbericht. In Wirtsch. u. Statistik 2/2007, 212–222. Wiesbaden 2008.

Boulding, K. E.: The Interplay of Technology and Values. In Baier, K. – Rescher, N. (Hrsg.) Values and the Future. Free Press, New York – London 1969, 336–350,.

Brundtland, G. H.: Brundtland-Bericht. Weltkommission für Umwelt und Entwicklung: Unsere gemeinsame Zukunft (Deutsche Ausgabe). Greven 1987.

Brunschvicg, L.: L'experience humaine et la causalité physique. Paris 1949.

Bundesregierung (Hrsg.): Perspektiven für Deutschland. Unsere Strategie für eine nachhaltige Entwicklung. Berlin 2002.

Bundesregierung (Hrsg.): Perspektiven für Deutschland. Unsere Strategie für eine nachhaltige Entwicklung. Fortschrittsbericht. Berlin 2004.

Bundesregierung (Hrsg.): Wegweiser Nachhaltigkeit 2005. Berlin 2005 (s.a. www.-dialog.nachhaltigkeit.de)

Busse von Colbe, Walther: Bewertung als betriebswirtschaftliches Problem. In Raupach, A. (Hrsg.): Werte und Wertermittlung im Steuerrecht. Köln 1984, 39–53.

Butscher, R.: Die Zukunft lässt sich Zeit. In Bild der Wissenschaft Nr. 10, 2008, 90–97.

Carlowitz, H.C. von: Sylvicultura Oeconomica. Leipzig 1713.

Chossudovsky, M.: Global brutal. Der entfesselte Welthandel, die Armut, der Krieg. Frankfurt a. M. 2002 (Orig. 1997).

Coenen, R. – Grunwald. A. (Hrsg.): Nachhaltigkeitsprobleme in Deutschland. Berlin 2003.

Constanza, R. et al.: The Value of the World's Ecosystem Services and Natural Capital. In Nature Nr. 6630, Bd. 387 (1997) 253–260.

Cuhls, K. – Blind, K. – Grupp, H. (Hrsg.): Delphi '98-Umfrage: Studie zur globalen Entwicklung von Wissenschaft und Technik. 2 Bde: Methoden und Datenband. Zusammenfassung der Ergebnisse. (Fraunhofer Institut für Systemtechnik und Innovationsforschung) Karlsruhe 1998.

Deutscher Bundestag, Referat Öffentlichkeitsarbeit (Hrsg.): Abschlußbericht der Enquete-Kommission „Schutz des Menschen und der Umwelt – Ziele und Rahmenbedingungen einer nachhaltig zukunftsverträglichen Entwicklung" des 13. Deutschen Bundestages: Konzept Nachhaltigkeit. Vom Leitbild zur Umsetzung. (Zur Sache: 98, 4, BT-Drucks. 13/11200) Bonn 1998.

Deutscher Bundestag/Referat Öffentlichkeitsarbeit (Hrsg.): Stichwort Nachhaltigkeit. Berlin 2000.

Diederichsen U. – Scholz, A.: Kausalitäts- und Beweisprobleme im zivilrechtlichen Umweltschutz. In Wirtschaft und Verwaltung 1984, 23–46.

Dijksterhuis, J.: Die Mechanisierung des Weltbildes. Berlin u.a. 1956

Döring, R. – Ott, K.: Nachhaltigkeitskonzepte. In Zeitschrift für Wirtschafts- und Unternehmensethik 2 (2002), 315–339.

Drieschner, M.: Einführung in die Naturphilosophie. Darmstadt 1981.

Duerr, H.P.: Traumzeit. Frankfurt 1978[2].

Eddy, R. – Potter, E. – Page, B.: Destination Disaster. New York 1976.

Eichhorn, W.: Das magische Neuneck. Umwelt und Sicherheit in einer Volkswirtschaft. Frankfurt a. M. 1990.

Erichsen, S.: Der ökologische Schaden im internationalen Umwelthaftungsrecht. Frankfurt a. M., 1993.

Enquete-Kommission des 14. Dt. Bundestags „Nachhaltige Energieversorgung unter den Bedingungen der Globalisierung und der Liberalisierung": Endbericht. BT-Drucks. 14/9400. Berlin 2002.

Feinberg, J.: Die Rechte der Tiere und künftiger Generationen. In Birnbacher 1980, 140–179.

Fiebig, H.: Erkenntnis und technische Erzeugung. Meisenheim 1973.

French, P.A.: Collective and Corporate Responsibility. New York 1984.

Gabor, D. et al.: Das Ende der Verschwendung. Stuttgart 1976.

Gehlen, A.: Unmensch und Spätkultur. Bonn 1956.

Gehlen, A.: Die Seele im technischen Zeitalter. Hamburg 1957.

Gehlen, A.: Der Mensch. Bonn 1962.

Grunwald, A. (Hrsg.): Jahrbuch des Instituts für Technikfolgenabschätzung und Systemanalyse (ITAS) 2001/2002, Karlsruhe Forschungszentrum 2003.

Grunwald, A. – Kopfmüller, J.: Nachhaltigkeit. Frankfurt a. M. 2006.

Grupp, H.: Megatrends in Wirtschaft und Politik. In Karlsruher Transfer 1999, 20–27.

Haefner, K.: Mensch und Computer im Jahre 2000. Basel 1984.

Hamm, B.: Internationale Verflechtung und Globalisierung. In Schäfers, B. – Zapf, W. (Hrsg.): Handwörterbuch zur Gesellschaft Deutschlands. Opladen 1998, 339–351.

Hardin, G.: The Tragedy of the Commons. In Science 162 (1968) 1243–1248.

Hart, H.L.A.: The Concept of Law. Oxford 1972[6] (dt.: Der Begriff des Rechts. Frankfurt a. M. 1973).

Heisenberg, W.: Das Naturbild der heutigen Physik. Hamburg 1955.

Heisenberg, W.. Schritte über Grenzen. München 1971.

Hengsbach, F.: Abschied von der Konkurrenzgesellschaft. München 1995.

Hengsbach, F.: ‚Globalisierung‘ aus wirtschaftsethischer Sicht. In Aus Politik und Zeitgeschichte. Beilage zur Wochenzeitung Das Parlament. 16. Mai 1997, 3–12.

Hübner, K.: Wissenschaftliche und nichtwissenschaftliche Naturerfahrung. In Philosophia naturalis 18 (1980), 67–86

Hume, D.: Eine Untersuchung über die Prinzipien der Moral. Hamburg 1972.

Inglehart, R.: Kultureller Umbruch. Frankfurt a. M. 1988.

Jacob, K.: Vater Rhein – ein Fluss gesundet. In Spektrum der Wissenschaft Nr. 8 (2001) 76–79.

Jaggar, A.M.: Gegen die weltweite Benachteiligung von Frauen. In Deutsche Zeitschrift für Philosophie 51(2003) 585–609.

Jakob, R.: Überleben durch Naturrecht? Zur Ergänzungsbedürftigkeit der mit der menschlichen Existenz gegebenen elementaren Normen durch das moderne Rechtsdenken. In Mayer-Maly/Simons 1983, 763–772.

Jaspers, K.: Die Schuldfrage. In Jaspers, K.: Hoffnung und Sorge. Schriften zur deutschen Politik 1945–1965. München 1965, 67–149.

Jöhr, W.A.: Die kollektive Selbstschädigung durch Verfolgung des eigenen Vorteils. In Neumark, F. – Thalheim, K. – Hölzler, H. (Hrsg.): Wettbewerb, Konzentration und wirtschaftliche Macht. Berlin 1976, 127–159.

Jonas, H.: Philosophische Aspekte des Darwinismus. In Jonas, H.: Organismus und Freiheit. Gütersloh 1973, 60–91

Jonas, H.: Das Prinzip Verantwortung. Versuch einer Ethik für die technologische Zivilisation. Frankfurt a.M. 1979.

Jonas, H.: Warum wir heute eine Ethik der Selbstbeschränkung brauchen. In Ströker, E. (Hrsg.): Ethik der Wissenschaften? Philosophische Fragen. (Bd. 1: Ethik der Wissenschaften, Hrsg. v. Lenk, H. – Staudinger, H. – Ströker, E.) München – Paderborn 1984, 75–86.

Jonas, H.: Warum die Technik ein Gegenstand für die Ethik ist: fünf Gründe. In Lenk/Ropohl 1987, 1993, 81–91.

Jungk, R.: Anfänge eines neuen Wachstums. In Horn, C. (Hrsg.): Umweltpolitik in Europa. München 1973, 34–41.

Kanitscheider, B.: Wissenschaftstheorie der Naturwissenschaft. Berlin – New York 1991.

Kant, I.: Die Metaphysik der Sitten (1797). Akademie-Text-Ausgabe (AA) Bd VI. Berlin 1968.

Kant, I.: Grundlegung zur Metaphysik der Sitten. (1785) Akademie-Text-Ausgabe (AA) Bd. IV. Berlin 1968.

Klages, H. – Kmieciak, P. (Hg): Wertewandel und gesellschaftlicher Wandel. Frankfurt a.M. – New York 1979.

Klages, H.: Wertedynamik. Osnabrück – Zürich 1988.

Kluckhohn, C.: Values and Value-Orientation in the Theory of Action. An Exploration in Definition and Classification. In Parsons, T. – Shils, E.A. (Hrsg.): Towards a General Theory of Action. Cambridge, MA 1951, 388–433.

Kmieciak, P.: Wertstrukturen und Wertewandel in der Bundesrepublik Deutschland. Göttingen 1976.

Knobloch, E.: Das Naturverständnis der Antike. In Ropp, F. (Hrsg.): Naturverständnis und Naturbeherrschung. München 1981, 10–35.

Kopfmüller, J. – Brandl, V. – Jörissen, J. – Paetau, M. – Banse, G. – Coenen, R. – Grunwald, A. (Hrsg.): Nachhaltige Entwicklung integrativ betrachtet. Konstitutive Elemente, Regeln, Indikatoren. Berlin 2001.

Kopfmüller, J. – Luks, F.: Die deutsche Nachhaltigkeitsstrategie. In Zeitschrift für Angewandte Umweltforschung 15/16 (2003/2004) 16–43.

Krohn, W.: Bacons reflexive Thematisierung der Dezentrierung der Erkenntnis (Referat Deutschlandsberg, Kolloquium über Wissenschaftsforschung 1979).

Külpe, O.: Die Realisierung. Leipzig 1912.

Künzli, A.: Von der Kunst des Überlebens in der technologischen Gesellschaft. In Künzli, A.: Aufklärung und Dialektik. Freiburg 1971, 81–100.

Leist, A.: Ökologische Ethik II: Gerechtigkeit, Ökonomie, Politik. In Nida-Rümelin, J. (Hrsg.): Angewandte Ethik. Die Bereichsethiken und ihre theoretische Fundierung. Stuttgart 1996, 389–456.

Lenk, H.: Technokratie und Szientismus. In Lenk, H. (Hrsg.): Technokratie als Ideologie. Stuttgart 1973, 154–172.

Lenk, H.: Pragmatische Philosophie. Hamburg 1975

Lenk, H.: Handlung als Interpretationskonstrukt. Entwurf einer konstituenten- und beschreibungstheoretischen Handlungsphilosophie. In Lenk H (Hrsg.): Handlungstheorien interdisziplinär. Bd. 2, I: Handlungserklärung und philosophische Handlungsinterpretation. München 1978, 279–350.

Lenk, H.: Pragmatische Vernunft. Stuttgart 1979.

Lenk, H.: Handlungserklärung und Handlungsrechtfertigung unter Rückgriff auf Werte. In Lenk, H. (Hrsg.) Handlungstheorien interdisziplinär. Bd. 2, II: Handlungserklärung und philosophische Handlungsinterpretation. München 1979, 597–616.

Lenk, H.: Herausforderung der Ethik durch technologische Macht. Zur moralischen Problematik des technischen Fortschritts. In Gesellschaft für Rechtspolitik Trier (Hrsg.): Bitburger Gespräche. Jahrbuch 1981. München 1981, 5–38.

Lenk, H.: Zur Sozialphilosophie der Technik, Frankfurt 1982a, 198–248

Lenk, H.: Technisierung der Ersten und der Zweiten Natur? In Lenk, H.: Zur Sozialphilosophie der Technik. Frankfurt 1982b, 249–296

Lenk, H.: Herausforderung der Ethik durch technologische Macht. Zur moralischen Problematik des technischen Fortschritts. In Lenk, H.: Zur Sozialphilosophie der Technik, Frankfurt 1982c, 198–248.

Lenk, H.: Eigenleistung. Osnabrück – Zürich 1983.

Lenk, H.: Erweiterte Verantwortung. Natur und künftige Generationen als ethische Gegenstände. In Mayer-Maly/Simons 1983b, 833–846.

Lenk, H.: Verantwortung für die Natur. In: Allgemeine Zeitschrift für Philosophie Nr. 3, 8 (1983a) 1–18.

Lenk, H.: Verantwortung in Wissenschaft und Technik. In Wendt, H. – Loacker, N. (Hrsg.): Kindlers Enzyklopädie Der Mensch. Bd. VII: Philosophie, Wissenschaft und Technik. Zürich – München 1984, 463–487.

Lenk, H.: Mitverantwortung ist anteilig zu tragen – auch in der Wissenschaft. In Baumgartner, H.M. – H. Staudinger (Hrsg.): Entmoralisierung der Wissenschaften. Ethik der Wissenschaften Bd. II. München – Paderborn 1985, 102–109.

Lenk, H.: Zwischen Wissenschaftstheorie und Sozialwissenschaft. Frankfurt a.M. 1986a.

Lenk, H.: Zum Stand der Systemforschung in Umweltfragen (Bilan d'une Recherche systématiquie relative aux questions de l'environnement). In Rentz, O. – Streit, J. – Zilliox, L. (Hrsg.): Konferenz der Rektoren und Präsidenten der oberrheinischen Universitäten: Erstes gemeinsames wissenschaftliches Kolloquium der oberrheinischen Universitäten „Umweltforschung in der Region" (Prémier Colloque Scientifique des Universités du Rhin superieur: „Recherches sur l'enviroment dans la région") Straßburg 1986b, 18–27 (xeroc.).

Lenk, H.: Zwischen Sozialpsychologie und Sozialphilosophie. Frankfurt a. M. 1987.

Lenk, H.: Über Verantwortungsbegriffe und das Verantwortungsproblem in der Technik. In Lenk/Ropohl 1987a, 112–148.

Lenk, H.: Welterfassung als Interpretationskonstrukt. In Allgemeine Zeitschrift für Philosophie 13 (1988) 96–78.

Lenk, H.: Verantwortung zwischen Individualismus und Institutionalismus. In Ethische Aspekte des Leistungssports. dvs-protokolle Nr. 33. Red. E. Franke. Clausthal-Zellerfeld 1988a, 65–93.

Lenk, H.: Können Informationssysteme moralisch verantwortlich sein? In Informatik-Spektrum 12 (1989), 248–255.

Lenk, H. (Hrsg.): Wissenschaft und Ethik. Stuttgart 1991.

Lenk, H.: Ethikkodizes – zwischen schönen Schein und ‚harter' Alltagsrealität. In Lenk, H. – Maring, M. (Hrsg.): Technikverantwortung. Güterabwägung – Risikobewertung – Verhaltenskodizes. Frankfurt a.M. 1991, 327–353.

Lenk, H.: MitternachtsSonnenEnde. Stuttgart 1991.

Lenk, H.: Zu einem methodologischen Interpretationskonstruktionismus. In Zeitschrift für allgemeine Wissenschaftstheorie 22 (1991) 283–302.

Lenk, H.: Zwischen Wissenschaft und Ethik. Frankfurt a.M. 1992.

Lenk, H.: Interpretationskonstrukte. Zur Kritik der interpretatorischen Vernunft. Frankfurt a.M. 1993.

Lenk, H.: Philosophie und Interpretation. Frankfurt a.M. 1993a.

Lenk, H.: Macht und Machbarkeit der Technik. Stuttgart 1994.

Lenk, H.: Von Deutungen zu Wertungen. Frankfurt a.M. 1994a.

Lenk, H.: Schemaspiele. Frankfurt a.M. 1995.

Lenk, H.: Interpretation und Realität. Frankfurt a.M. 1995a.

Lenk, H.: Soziobiologie – Ersatz oder fruchtbare Herausforderung für die Ethik. In Ethica No 1 (1996) 9–22.

Lenk, H.: Einführung in die angewandte Ethik: Verantwortlichkeit und Gewissen. Stuttgart – Berlin – Köln 1997.

Lenk, H.: Konkrete Humanität. Frankfurt a.M. 1998.

Lenk, H.: Einführung in die Erkenntnistheorie: Interpretation – Interaktion – Intervention. München 1998a.

Lenk, H.: Praxisnahes Philosophieren. Stuttgart 1999.

Lenk, H.: Erfassung der Wirklichkeit. Würzburg 2000.

Lenk, H.: Das Denken und sein Gehalt. München 2001.

Lenk, H.: Denken und Handlungsbindung. Freiburg 2001a.

Lenk, H.: Kleine Philosophie des Gehirns. Darmstadt 2001b.

Lenk, H.: Grasping Reality. Singapur 2003.

Lenk, H.: Bewusstsein als Schemainterpretation. Paderborn 2004.

Lenk, H.: Kant als ein methodologisch-erkenntnistheoretischer Interpretationist?. In Lenk, H. – Wiehl, R. (Hrsg.): Kant Today/Kant aujourd'hui/Kant heute. Berlin – Münster 2006, 40–70.

Lenk, H. – Maring, M.: Gemeinwohl als Aufgabe für Ethik und Recht. In Straube, M. – Weimar, R. (Hrsg.): Jurist und Technik zwischen Wissenschaft und Technik. Festschrift Josef Kühne. Wien 1984, 35–44.

Lenk H. – Maring, M.: Autoren in der Interdisziplinaritätsfalle? In Ethik und Sozialwissenschaften 1 (1990a) 197–105.

Lenk H. – Maring, M.: Verantwortung und soziale Fallen. In Ethik und Sozialwissenschaften 1 (1990b) 49–57.

Lenk, H. – Maring, M.: Responsibility for Land Use and the Problem of Social Traps. In Fitch, D.B.S. – Pikalo, A. (Hrsg.): Socio-Economic Aspects of Land Use Planning. Frankfurt a.M. 1990, 31–50.

Lenk, H. – Maring, M. (Hrsg.): Technikverantwortung. Frankfurt a. M. u.a. 1991.

Lenk, H. – Maring, M.: A Pie-Model of Moral Responsibility. In Schurz, G. – Dorn, G. J. W. (Hrsg.): Advances in Scientific Philosophy. Amsterdam 1991, 483–494.

Lenk, H. – Maring, M. (Hrsg.): Wirtschaft und Ethik. Stuttgart 1992.

Lenk, H. – Maring, M.: Begründung, Erklärung, Gesetzesartigkeit in den Sozialwissenschaften. In Stachowiak, H. (Hrsg.): Pragmatik Bd. V. Hamburg 1995, 344–369.

Lenk, H. – Maring, M.: Wer soll Verantwortung tragen? Probleme der Verantwortungsverteilung in komplexen (soziotechnischen-sozioökonomischen) Systemen. In Bayertz, K. (Hrsg.): Verantwortung. Prinzip oder Problem? Darmstadt 1995, 241–286.

Lenk, H. – Maring, M.: Technikethik und Wirtschaftsethik. Opladen 1998.

Lenk, H. – Maring, M.: Werte und Bewertung von Umweltgütern. In Theobald, W. (Hrsg.): Integrative Umweltbewertung. Berlin u. a. 1998, 143–171.

Lenk, H. – Maring, M. (Hrsg.): Advances and Problems in the Philosophy of Technology. Münster 2001.

Lenk, H. – Maring, M.: Nichtverfügbare Gemeingüter. In Kriterion 14 (2001) 3–19.

Lenk, H – Maring, H.: Natur – Umwelt – Ethik. Münster 2003.

Lenk, H. – Ropohl, G. (Hrsg.): Technik und Ethik. Stuttgart 1987, 1993[2].

Lenoble, R.: Esquisse d'une histoire de l'idèe de nature. Paris 1969

Lepenies, W.: Das Ende der Naturgeschichte. München 1976

Maak, T. – Lunau, Y. (Hrsg.): Weltwirtschaftsethik: Globalisierung auf dem Prüfstand der Lebensdienlichkeit. Bern 1998.

MacCormac, E. R.: Werte und Technik: Wie man ethische und menschliche Werte in öffentlichen Planungsentscheidungen einbringt. In Bungard, W. – Lenk, H. (Hrsg.): Technikbewertung. Frankfurt a. M. 1988, 308–327.

Maring, M.: Modelle korporativer Verantwortung. In Conceptus 23 (1989) 25–41.

Maring, M.: Technikethik und Wirtschaftsethik in der Globalisierungsfalle? In: Lenk H, Maring, M. 1998, 95–112.

Maring, M.: Kollektive und korporative Verantwortung. Münster 2001.

Martin, H.-P. – Schumann, H.: Die Globalisierungsfalle. Reinbek 1996.

May, L.: Collective Inaction and Shared Responsibility. In Nous 24 (1990) 269–278.

Mayer-Maly, D. – Simons, P.M. (Hrsg.): Das Naturrechtsdenken heute und morgen. Berlin 1983.

Mellema, G.: Groups, Responsibility, and the Failure to Act. In International Journal of Applied Philosophy (1985) 57–66.

Mellema, G.: Shared Responsibility and Ethical Dilutionism. In Australian Journal of Philosophy 63 (1985) 177–187.

Merton, R.K.: Die Eigendynamik gesellschaftlicher Voraussagen. In Topitsch, E. (Hrsg.): Logik der Sozialwissenschaften. Köln 1976, 144–161.

Meyer-Abich, K.M. (Hrsg.): Frieden mit der Natur. Freiburg 1979.

Möller, H, W.: Umweltschutz in der sozialen Marktwirtschaft. Köln u.a. 1993.

Moscovici, S., Versuch über die menschliche Geschichte der Natur. Frankfurt a. M. 1982 (Orig.: Essai sur l'histoire humaine de le nature, Paris 1968).

Moser, S.: Der Begriff der Natur in aristotelischer und moderner Sicht. In Philosophia naturalis 6 (1961) 261–187.

Oldemeyer, E.. Entwurf einer Typologie des menschlichen Verhältnisses zur Natur. In Großklaus, G. – Oldemeyer, E. (Hrsg.): Natur als Gegenwelt. Beiträge zur Kulturgeschichte der Natur. Karlsruhe 1983, 15–42.

Ott, K. – Thapa, P.P. (Hrsg.): Greifswald's Environmental Ethics. Greifswald 2003.

Parsons, T. – Shils E.A. (Hrsg.): Towards a General Theory of Action. Cambridge, MA 1951.

Passmore, J.: Man's Responsibility for Nature. London 1974.

Perrow, C.: Normale Katastrophen. Frankfurt a.M. – New York 1987.

Plessner, H.: Die Stufen des Organischen und der Mensch. Berlin 1928.

Pöhlmann, E.. Der Mensch – das Mängelwesen? In Archiv für Kulturgeschichte 52 (1970) 297–312.

Rapp, F. (Hrsg.): Naturverständnis und Naturbeherrschung. Philosophiegeschichtliche Betrachtungen und gegenwärtiger Kontext. München 1981.

Rawls, J.: Eine Theorie der Gerechtigkeit. Frankfurt a.M. 1975.

Reichholf, J.: Stabile Ungleichgewichte. Frankfurt a. M. 2008.

Reiner, H.: Gut und Böse. Freiburg 1965.

Reinhardt, K.: Poseidonios. In RE 22 (1953) 558–826.

Rescher, N.: Introduction to Value Theory. Englewood Cliffs, NJ 1969.

Ropohl, G.: Technik als Gegennatur. In Großklaus, G. – Oldemeyer, E. (Hrsg.): Natur als Gegenwelt. Beiträge zur Kulturgeschichte der Natur. Karlsruhe 1983, 87–100.

Ropohl, G.: Die unvollkommene Technik. Frankfurt a.M. 1985.

Ropohl, G.: Ethik und Technikbewertung. Frankfurt a.M. 1996.

Schäfer, L.; Wandlung des Naturbegriffs. In Zimmermann, J. (Hrsg.): Das Naturbild des Menschen. München 1982, 11–44.

Schüßler, R.: Kooperation unter Egoisten. München 1990.

Schulte, H.: Zivilrechtsdogmatische Probleme im Hinblick auf den Ersatz „ökologischer Schäden". In Juristenzeitung 43 (1988) 278–286.

Schulte, H.: Ausgleich ökologischer Schäden und Duldungspflicht geschädigter Eigentümer. Berlin, 1990.

Schulte, H.: Verstehen Sie das Grundgesetz? In Fridericiana. Zeitschrift der Universität Karlsruhe (TH) Heft 48 (1993)19–30.

Schulte, H.: Umweltrecht. Heidelberg 1999.

Schweitzer, A.: Kultur und Ethik. München 1923, 1960.

Sen, A.: On Ethics and Economics. Oxford 1987.

Simons, P. M.: Natural Kinds and Natural Rights. In: Mayer-Maly/Simons 1983, 195–206.

Skorupinski, B. – Ott, K.: Technikfolgenabschätzung und Ethik. Zürich 2000.

Spaemann, R.: Technische Eingriffe in die Natur als Problem der politischen Ethik. In Birnbacher 1980, 180–206.

Spaemann, R.: Das moralische Recht der Natur. Vortrag Studium Generale, Universität Karlsruhe, Dez. 1981 (unveröff.).

Statistisches Bundesamt Deutschland: Umweltnutzung und Wirtschaft. Tabellen zu den Umweltökonomischen Gesamtrechnungen. http://www.destatis.de. Wiesbaden 2003.

Statistisches Bundesamt Deutschland: Destatis. http://www.destatis.de. Wiesbaden 2004.

Stehling, F.: Ökonomische Aspekte des Umweltschutzes – Ökonomie und Ökologie im Konflikt? Discussion Paper Nr. 360. Institut für Wirtschaftstheorie und Operations Research. Universität Karlsruhe 1989.

Steinmann, H. – Löhr, A. (Hrsg.): Unternehmensethik. Stuttgart 1989.

Teller, E.: Interview. In Bild der Wissenschaft 12 (1975) 116.

Teutsch, G. M.: Lexikon der Umweltethik. Göttingen – Düsseldorf 1985.

Thompson, P. B.: Risking or Being Willing: Hamlet and the DC-10. In The Journal of Value Inquiry 19 (1985) 301–310.

Troll, M.: Bewertung, steuerliche. II. Bewertung nach Einheitswerten. In Handwörterbuch der Wirtschaftswissenschaft. Bd. 1. Stuttgart u.a. 1977, 650–659.

Vallender, K.A.: ‚Weltbinnenmarkt' und Umweltschutz. In Ruch, A. u.a. (Hrsg.): Das Recht in Raum und Zeit. Festschrift Lendi. Zürich 1998, 553–577.

Weber, K.: Der Mythos von der globalen Wissensgesellschaft. In Ethica 9 (2001) 191–197.

Weidner, H.: Bahnbrechende Urteile gegen Umweltverschmutzer. In Tsuru, S. – Weidner, H. (Hrsg.): Ein Modell für uns, Die Erfolge der japanischen Umweltpolitik. Köln 1985, 92–108.

Werhane, P. H.: Persons, Rights, and Corporations. Englewood Cliffs, NJ 1985.

Wicke, L.: Umweltökonomie und Umweltpolitik. München 1991.

Wicke, L.: Umweltökonomie: eine praxisorientierte Einführung. München 1993[4].

Zimmermann, G. E.: Armut. In Schäfers, B. – Zapf, W. (Hrsg.): Handwörterbuch zur Gesellschaft Deutschlands. Opladen 2001, 36–52.

14. Tabellenverzeichnis

15. Abbildungsverzeichnis

16. Ausführliches Inhaltsverzeichnis